U0534647

中国人事科学研究院
·学术文库·

外国公务员分类制度

朱祝霞 ◎ 著

中国社会科学出版社

图书在版编目（CIP）数据

外国公务员分类制度 / 朱祝霞著. —北京：中国社会科学出版社，2022.9
（中国人事科学研究院学术文库）
ISBN 978-7-5227-0959-8

Ⅰ. ①外⋯　Ⅱ. ①朱⋯　Ⅲ. ①公务员制度—研究—国外　Ⅳ. ①D523.2

中国版本图书馆 CIP 数据核字（2022）第 195447 号

出 版 人	赵剑英
责任编辑	孔继萍　高　婷
责任校对	周　昊
责任印制	郝美娜
出　　版	中国社会科学出版社
社　　址	北京鼓楼西大街甲 158 号
邮　　编	100720
网　　址	http://www.csspw.cn
发 行 部	010-84083685
门 市 部	010-84029450
经　　销	新华书店及其他书店
印刷装订	北京君升印刷有限公司
版　　次	2022 年 9 月第 1 版
印　　次	2022 年 9 月第 1 次印刷
开　　本	710×1000　1/16
印　　张	19
字　　数	312 千字
定　　价	108.00 元

凡购买中国社会科学出版社图书，如有质量问题请与本社营销中心联系调换
电话：010-84083683
版权所有　侵权必究

目　录

前　言 …………………………………………………………（1）

第一章　绪论 …………………………………………………（1）
　　一　研究背景与分析缘起 …………………………………（1）
　　二　公务员分类制度相关概念 ……………………………（2）
　　三　本书的框架 ……………………………………………（7）

第二章　日本公务员分类制度 ………………………………（9）
　第一节　概述 …………………………………………………（9）
　　一　日本公务员的概念与范围 ……………………………（9）
　　二　日本公务员的规模与结构 ……………………………（10）
　第二节　公务员分类制度的演进脉络 ………………………（14）
　　一　《职阶制法》的酝酿 …………………………………（14）
　　二　工资表分类制的建立、发展与改革 …………………（22）
　第三节　现行国家公务员分类制度 …………………………（27）
　　一　横向分类体系 …………………………………………（27）
　　二　纵向分级体系 …………………………………………（31）
　　三　现行工资表构成 ………………………………………（49）
　第四节　现行国家公务员分类管理 …………………………（51）
　　一　公务员分类考录 ………………………………………（51）
　　二　公务员分类考核 ………………………………………（58）
　　三　公务员分类晋升 ………………………………………（67）
　　四　公务员分类定薪 ………………………………………（73）

第三章　韩国公务员分类制度 (86)

第一节　概述 (86)
一　韩国公务员的概念与范围 (86)
二　韩国公务员的规模与结构 (88)

第二节　公务员分类制度的演进脉络 (92)
一　初建时期（1946—1962） (92)
二　发展时期（1963—1973） (93)
三　改革时期（1974年至今） (104)

第三节　现行国家公务员分类制度 (109)
一　横向分类体系 (109)
二　纵向分级体系 (110)
三　职位分类制的应用 (112)

第四节　现行国家公务员分类管理 (119)
一　公务员分类考录 (119)
二　公务员分类考核 (129)
三　公务员分类晋升 (133)
四　公务员分类定薪 (137)

第四章　英国公务员分类制度 (161)

第一节　概述 (161)
一　英国公务员的概念与范围 (161)
二　英国公务员的规模与结构 (162)

第二节　公务员分类制度的演进脉络 (167)
一　初建时期（1854—1870） (167)
二　发展时期（1870—1971） (168)
三　改革时期（1971年至今） (169)

第三节　现行公务员分类制度 (176)
一　横向分类体系 (176)
二　纵向分级体系 (180)
三　职位评价与定级 (185)

第四节　现行公务员分类管理 (191)

一　成功者特征分析框架 ···(191)
　　二　公务员分类考录 ···(194)
　　三　公务员分类考核 ···(203)
　　四　公务员分类定薪 ···(210)

第五章　美国公务员分类制度 ···(215)
第一节　概述 ···(215)
　　一　美国公务员的概念与范围 ·······································(215)
　　二　美国公务员的规模与结构 ·······································(216)
第二节　公务员分类制度的演进脉络 ···································(219)
　　一　萌芽时期（1838—1922） ·······································(219)
　　二　发展时期（1923—1977） ·······································(221)
　　三　完善时期（1978年至今） ·······································(226)
第三节　现行联邦公务员分类制度 ·······································(230)
　　一　职位分类的原则与依据 ··(230)
　　二　横向分类体系 ···(232)
　　三　纵向分级体系 ···(235)
　　四　职位分类评价方法 ···(237)
第四节　现行联邦公务员分类管理 ·······································(255)
　　一　公务员分类考录 ···(255)
　　二　公务员分类考核 ···(261)
　　三　公务员分类定薪 ···(265)

第六章　比较与启示 ···(278)
第一节　当前公务员分类制度的比较分析 ······························(278)
　　一　均基于工作性质进行横向分类，但繁简程度不一 ·········(278)
　　二　均根据难易程度等因素实施纵向分级，但标准与结果
　　　　有别 ···(279)
　　三　均以分类制度为基础推行分类管理，但具体内容
　　　　不同 ···(281)
第二节　对我国公务员分类制度的启示 ·································(285)

一　模式选择上，应注重与本国实际情况相结合 …………（285）
二　横向分类上，应着重区分不同职位间的差异性 …………（286）
三　纵向分级上，应通盘考量不同职位间的共通性 …………（287）
四　实施路径上，应以分类制度为基础推进分类管理 ………（287）

参考文献 ………………………………………………………（289）

后　记 …………………………………………………………（291）

中国人事科学研究院学术文库已出版书目 ……………………（293）

前　　言

公务员分类制度是公务员制度的基础，也是干部人事制度改革的重点与核心内容，是实现建设高素质专业化干部队伍的重要途径，是实现干部队伍管理专业化和科学化的重要标志。作为人事行政工作的起点和基础，公务员分类制度有利于提高人事管理的科学化和法制化水平，有利于提升政府行政效率、效能和效果，有利于推动实现国家治理体系和治理能力现代化。

如何对公务员进行科学合理的分类一直是各国政府不断探索的主题。近年来，随着我国公务员分类制度改革的不断推进，中国特色公务员分类制度已初步建立，但在横向分类、纵向分级以及以公务员分类制度为基础的分类管理上仍有改进完善的空间。为此，我们应拓宽眼界，放眼全球，了解发达国家在公务员分类制度与分类管理上的经验与教训，为完善我国公务员分类制度、优化分类管理实践与推动建设高素质专业化干部队伍提供参考。

完善公务员分类制度不是目的，而是为了服务于建设高素质和专业化干部队伍的改革要求，服务于推动国家治理体系和治理能力现代化的需要，最终致力于实现第二个百年奋斗目标——全面建设社会主义现代化国家。因此，研究公务员分类制度不能就分类制度谈分类制度，为此，应开展立体化的研究以找准公务员分类制度的坐标系。在时间维度上，了解分类制度产生的历史背景、发展历程与最新进展；在空间维度上，要了解分类制度与考录制度、考核制度、晋升制度、工资制度、培训制度、监督制度如何进行有机结合，如何推动公务员分类管理。

本书在陈述"公务员分类制度是什么"的基础上，基于历史演进的视角，对日本、韩国、英国和美国的公务员分类制度的发展脉络进行梳理；基于比较分析的视角，对日本、韩国、英国和美国现行公务员分类体系与分类管理进行系统的介绍与分析，系统回答了"为什么要对公务员进行分类？怎样分类？分类之后怎样管理？"等问题。

本书阐述了各国在推行职位分类制中的经验教训以及各自选择适宜本国情况的分类模式的探索过程。在比较分析的基础上，笔者指出现阶段我国应加速推动公务员分类制度的科学化进程；在横向分类上，要基于职位性质的差异性进行分类；在纵向分级上，应注重建立统一的标准进行定级；在实施路径上，应将分类制度与考录制度、考核制度、晋升制度、工资制度等进行有机结合，实施公务员分类管理。

特别需要指出的是，各国分类制度的演进充分表明，没有放之四海而皆准的分类制度模式和标准。无论是采用哪种分类制度，对作为治国理政主体的公务员进行科学、合理的分类是提高管理效能和科学化水平的首要前提。但公务员分类制度改革不宜盲目推进，应注重与本国实际情况相结合，综合考虑国家治理目标、人事制度改革的要求和行政文化传统等现实因素。基于我国现阶段"国家治理效能得到新提升"这一主要目标和"建设高素质专业化干部队伍"的改革要求，应选择与我国行政文化传统匹配的分类制度模式，以提升管理效能和科学化水平。要在充分吸收科学分类的精神并充分比较各国现行分类模式的基础上，形成具有我国特色的分类制度。

本书的出版，获益于作者主持的中国人事科学研究院院级课题"国外公务员分类制度"，这为本书的撰写提供了契机并奠定了资料基础，通过对以往研究资料和相关成果的系统整理、构思和反复修改打磨，将其与国外最新进展相结合，使得本书的出版成为可能。

受作者个人能力所限，相关研究难免挂一漏万，如有不妥之处，文责自负。恳请批评指正。

朱祝霞

2022 年 9 月

第 一 章

绪　　论

一　研究背景与分析缘起

党的十八大以来，以习近平同志为核心的党中央高度重视国家治理体系和治理能力现代化建设。党的十八届三中全会提出："全面深化改革的总目标是完善和发展中国特色社会主义制度，推进国家治理体系和治理能力现代化。"党的十九届四中全会提出："坚持和完善中国特色社会主义行政体制，构建职责明确、依法行政的政府治理体系。"党的十九届五中全会通过的《中共中央关于制定国民经济和社会发展第十四个五年规划和二〇三五年远景目标的建议》将"国家治理效能得到新提升"作为今后五年我国经济社会发展的主要目标之一，并提出要显著提升行政效率。

公务员队伍是国家治理体系和治理能力现代化的重要载体，而公务员分类制度"既是人事行政工作的起点，也是人事行政工作的基础"[1]，没有科学的分类制度，就没有科学的考录、考核、晋升、交流、培训和薪酬制度。《公务员法》（2018 年修订）第八条规定："国家对公务员实行分类管理，提高管理效能和科学化水平"，第十六条规定："国家实行公务员职位分类制度"。近年来，我国分类制度改革不断深入，2016 年 7 月 14 日中办、国办印发的《专业技术类公务员管理规定（试行）》《行政执法类公务员管理规定（试行）》标志着公务员分类管理进入实质性实施阶段。2019 年 4 月 24 日中组部印发的《专业技术类公务员职级设置管理办法（试行）》《行政执法类公务员职级设置管理办法（试行）》，对专业技

---

[1] W. F. Willoughby, *The Principles of Public Administration*. Maryland: John Hopkins University Press, 1927: 221.

术类和行政执法类公务员的职级进行了制度设计,并建立了综合管理类、专业技术类和行政执法类之间的职级对应关系。整体来看,中国特色公务员分类制度已初步建立,但在横向分类、纵向分级以及以公务员分类制度为基础的分类管理上仍有改进完善的空间。为此,我们应拓宽眼界,放眼全球,了解发达国家在公务员分类制度与分类管理上的经验与教训,为完善我国公务员分类制度与推动建设高素质专业化干部队伍提供参考。

二 公务员分类制度相关概念

(一) 公务员

公务员,最早翻译自英文的 Civil Servant,即"文官"或公务员。由于各国经济基础、政治制度、文化背景等不尽相同,并没有形成对公务员统一的定义,各国对公务员内涵的揭示往往采用范围描述的方式,即哪些部门中的哪些人员属于公务员。学术界对公务员的界定归纳起来可以分为三类:(1) 行使行政职权,履行国家公务,从事社会公共事务管理的人员;[1] (2) 通过非选举程序而被任命担任政府工作的国家工作人员;[2] (3) 在中央和地方各级国家行政机关中任职的工作人员。我国公务员的范围,按照《公务员法》规定,必须符合三个条件:一是依法履行公职。二是纳入国家行政编制。三是由国家财政负担工资福利。只有同时具备上述三个条件,才可以划入公务员范围。[3]

一般来说,西方国家对公务员的理解有广义和狭义之分。广义的公务员包括政务官和事务官,政务官由选举和政治任命产生,如总统、首相、部长等;而事务官则与政务官相对应,在任用方式上由考试录用产生,在价值原则上坚持政治中立,在任期上相对稳定,不受政党更迭的影响。狭义的公务员则仅指事务官。相应地,公务员的分类也包含两层含义。一是政务官和事务官的分化,即广义上的公务员分类。其功能是在国家人事制度的层面上,把执掌国家权力、管理国家权力的公职人员分成两类,分别

---

[1] 徐颂陶主编:《国家公务员制度全书》,吉林文史出版社1994年版,第1089页。
[2] 黄达强主编:《各国公务员制度比较研究》,中国人民大学出版社1990年版,第18页。
[3] 张柏林主编:《中华人民共和国公务员法释义》,中国人事出版社、党建读物出版社2007年版,第5页。

应用不同的管理原则和管理方法,将那些不与政党同进退的事务类公务人员从政府系统中分解出来,使对其的管理成为相对独立的人事行政活动。二是按照一定的标准对事务类公务员进行划分,即狭义上的公务员分类。本书所涉及的四个国家中,日本、韩国、美国公务员属于广义的划分,英国属于狭义的划分。具体而言:

日本公务员分为"一般职"和"特别职"两大类,前者指从事一般行政事务的国家公务员和地方公务员,主要涵盖行政系统的工作人员;后者是指政治任用的公务员,即经公众选举或议会表决任职的政治家以及待遇特殊的重要人物,执行带有政治色彩的重要职务,不适用《国家公务员法》和《地方公务员法》的人员,主要涵盖国家立法、司法、军事和政治等系统的工作人员,如国务大臣、审判官、检察官、大使、公使、都道府县的知事、市町村长、自卫官以及国会职员等。

韩国公务员分为经历职公务员(职业公务员)和特殊经历职公务员(特殊职业公务员)两大范畴。前者是指根据业绩和资格任用,其身份被保障,可终生(任期制公务员视为任期内)从事公务员工作的公务员,覆盖范围为负责技术、研究或者一般行政事务的一般职公务员;法官、检察官、外交人员、警察、消防员、教师、军人、宪法法院宪法研究官、国家情报局工作人员、警卫人员等特定职的公务员。后者是指除经历职公务员以外的公务员,覆盖范围为通过选举任命或者需国会批准任命的政务职公务员和为履行秘书官、秘书等辅佐业务或特定业务的别定职公务员。

美国公务员是在美国各级行政机构中执行公务的政府雇员(Government Employee)。美国公务员范围包括总统、特种委员会成员、部长、副部长、部长助理以及独立机构的长官等政治任命官员和行政部门的所有工作人员,还包括警察、消防人员、医护人员、保健人员,也包括在政府工作的工勤人员,如清洁工、水电工等。

英国公务员一般仅指非选举和非政治任命产生的,通过竞争考试而录用的中央政府事务官,既不包括由选举或政治任命产生的议员、首相、大臣、政务次官、政治秘书和专门委员等政务官,也不包括英国武装部队成员、警察、议会两院所属的非政府部门公共机构、国家医疗卫生服务雇员和王室工作人员。

(二) 公务员分类制度

公务员分类制度是以事务类公务员的职权结构为基础，通过横向的职位划分和纵向的等级划分建构而成的人事分类制度。通常而言，学者通常采用二分法对公务员分类制度进行归类，即将公务员分类制度划分为品位分类制和职位分类制两类。也有学者采用三分法，将公务员分类制度分为品位分类制、职位分类制和二者相结合的制度。[1] 另有学者认为，分类并无固定标准，可根据不同标准进行分类，由此就形成不同的公务员分类管理制度，就英、美、法、德、日五个国家的公务员分类制度而言可以分为五种类别，分别是品位分类制、职位分类制、品位与职位结合制、工资分类制和工作评价制。[2]

笔者认为，采用三分法进行分类的观点更符合当前发展趋势。这是因为：随着各国行政需求的复杂化、精细化和多样化以及内外部变革的速度不断加快，各国均对传统的人事管理制度进行改革，公务员分类管理制度也随之发生了相应的变革。20世纪中后期以来，公务员品位分类制、职位分类制呈现相互融合、互通有无、取长补短的趋势。如以公务员品位分类制为主导的英国，自《富尔顿报告》实施以来，吸收和借鉴了美国公务员职位分类制度的特质，引进了以职位、职务、职级、职系、职组等为基本元素的公务员职位分类方法和技术，构建起职位分类、品位分类相融合的公务员分类管理制度。[3] 英国政府已不再以培养"通才"公务员为主，转而注重"专才"的培养。以公务员职位分类制为主导的美国自1978年《文官制度改革法》颁发以来，借鉴英国品位分类制的经验，基于"功绩制"原则设立"高级行政职位"，实行"级随人走"的品位分类方法。[4] 日本现行的公务员分类制度既不同于美国的职位分类制，也不同于英国的品味分类制，而是工资表分类制，即采用不同类型的工资表对

---

[1] 石庆环：《欧美公务员分类制度的基本特征及其历史演变》，《东北师大学报》2000年第3期，第9—16页。

[2] 刘守恒、吴统慧、彭发祥主编：《比较人事行政》，湖南科学技术出版社1992年版，第92—94页。

[3] 刘碧强：《美英公务员分类管理制度演变及其启示》，《中国石油大学学报》（社会科学版）2013年第2期，第51—57页。

[4] 刘碧强：《美英公务员分类管理制度演变及其启示》，《中国石油大学学报》（社会科学版）2013年第2期，第51—57页。

公务员进行分类管理。但从本质上而言，也可以看成是品味分类制与职位分类制相融合的产物。

（三）品味分类制与职位分类制

品味分类制（Rank Classification）是以"人"为中心的分类制度，即根据公务员的身份、地位、资历、学历等条件对公务员进行分类的制度安排。[1] 在这种分类制度下，所有行政人员形成一个等级机构体系，每一位行政人员在这一体系中都有代表其地位的级别（品级）。行政人员的品级表明了他在行政人员体系结构中的地位、身份和所享受的待遇。[2] 这种分类方法把品级与职务分开，公务员可以有品而无职，也可有职而无品。

品味分类制强调个人的品级、年资等因素。其优点在于：（1）操作简便，既可以依据品级任命官职，也可以依官职选择官员，品味和职位还可以分别使用，分类时不考虑工作任务繁简和官员的任职岗位。（2）官员使用比较灵活，级别随人走，岗位变动不影响级别和待遇，有利于官员交流、调动、转任或不任职务。（3）有利于稳定官员献身公务事业，实行品味分类，官员对年老没有忧虑，因为其级别（品味）是稳定上升的。[3] 其缺点在于：（1）因人设职，而非因职择人，人事难以配合；（2）不利于公务员队伍的专业化，影响工作效率；（3）过于重视年资因素而忽视实际的才干，导致积久成官的惰性思维；（4）以官阶定薪酬，容易产生不公平感，削弱了公务员的工作积极性。

职位分类制（Position Classification）是以"事"为中心的分类制度，即以职位为分类对象，将公务员职位横向上按工作性质分为若干职门、职组、职系，纵向上根据职位的复杂程度、难易程度和责任轻重等划分为若干职等，每个职等里再细分为若干职级，并制定出明确规定职位工作的职责、责任、任职资格条件的职位说明书，由此构成结构化的有序的职位类别系统的制度安排。[4] 美国是职位分类制度的发源地，泰勒的科学管理思

---

[1] 朱祝霞：《公务员职位分类制的进路与分野——日本、韩国的经验教训及其启示》，《中国行政管理》2022年第6期，第144—150页。

[2] 姜海如：《中外公务员制度比较》，商务印书馆2013年版，第140页。

[3] 姜海如：《中外公务员制度比较》，商务印书馆2013年版，第142页。

[4] 朱祝霞：《公务员职位分类制的进路与分野——日本、韩国的经验教训及其启示》，《中国行政管理》2022年第6期，第144—150页。

想被引入行政管理当中形成了职位分类制。

职位分类制遵循"因事设人""适才适用"的原则。其优点在于：（1）为机构编制管理提供了科学依据。（2）为国家财政支付提供了客观依据。（3）为公务员管理的各环节提出了客观标准。通过职位分类，每个公务员职位的职责、任务、素质要求和资格条件等都比较明确。（4）为提高行政机关和公务员工作效率创造了条件。其缺点在于：（1）分类操作繁琐，工作量大，需要耗费大量的人力、物力和财力；（2）比较缺乏以人为本的精神，使公务员在工作中的能动性和创造性缺乏张力与弹性，不利于公务员个人才能的全面发展；（3）各国公务员岗位都非常复杂，有的岗位不可能完全凭定量作为工作依据。[①]

（四）职位及相关概念

公务员分类制度的最基本单元便是职位，如何界定职位也成为职位分类的核心问题。对职位的界定尽管表述方式非常多，但其核心的内涵基本比较一致。[②] 理解职位的内涵要先理解与职位相关的一些概念[③]。

1. 行动：指工作活动中不便再继续分解的最小单位。

2. 任务：指工作活动中为达到某一目的而由相关行动直接组成的集合，是对一个人从事的事情所作的具体描述。

3. 职责：指由某人在某一方面承担的一项或多项任务组成的相关任务集合。

4. 岗位：指由一个人来完成的一项或多项相关职责组成的集合。一般来说，在组织中每一个人都对应着一个岗位。

5. 职位：指一个或一组职责类似的岗位所形成的组合。一个职位可能只涉及一个岗位，也可能涉及多个岗位。

6. 职系（韩国称职类）：是工作性质相同，但工作的难易程度、责任轻重和任职资格不同的职位系列。

7. 职组（韩国称职列）：是工作性质相近的职系的组合。

[①] 姜海如：《中外公务员制度比较》，商务印书馆2013年版，第146—148页。

[②] 王雷保主编的《公务员职位分类教程》中便列举了11种定义，参见王雷保主编《公务员职位分类教程》，机械工业出版社1989年版，第75—76页。

[③] 参见董克用主编《人力资源管理概论》，中国人民大学出版社2007年版，第177—178页。

8. 职门：是汇集工作性质大致相近的若干职组，是对职位的最初的、也是最粗线条的划分。

9. 职级：是对职位的纵向分类，同一职系中，工作的难易程度、责任轻重及任职资格相似的职位归为同一职级。

10. 职等：在不同的职系之间，工作难易程度、承担职责的轻重以及任职资格相似的职级属于同一职等。

由此可见，职位的核心内涵便是承担的工作任务，同时，也对承担工作任务的人有一定的能力要求；职门、职组、职系是依据工作性质的相似程度从粗到细的横向划分；而职级和职等是针对职位的纵向划分，职级是相同工作性质下不同难易程度、责任轻重、所需资格条件的比较，职等则是将工作性质不同，但难易程度、责任轻重、任职资格条件相当的职级归为同一职等。

三 本书的框架

本书共分为六章，第一章是绪论，简要介绍研究背景与分析缘起、公务员分类制度相关概念以及本书的框架。

第二章至第五章是本书的主体部分，详细阐述了日本、韩国、英国、美国的公务员分类制度。这四章基于比较分析的视角构建具体的分析框架，各章结构大体类似。第一节是概述，介绍各国公务员的概念与范围、规模与结构；第二节是各国分类制度的演进脉络，详细阐述分类制度的建立、改革与完善的过程；第三节是各国现行公务员分类制度，包括横向分类体系、纵向分级体系以及分类评价方法或分类的具体应用；第四节是各国现行国家公务员分类管理，包括分类考录、分类考核、分类定薪等内容。

第六章是比较与启示。第一节对各国公务员分类制度的演进脉络、现行制度进行分析与比较。第二节在比较分析的基础上，提出外国公务员分类制度对我国公务员分类制度的启示与借鉴。

本书的价值主要体现在两个方面：一是详细介绍了各国特别是与我国行政文化传统相似的日本和韩国公务员制度的历史沿革，有利于我国从中汲取有益经验或教训，在推动分类制度改革中少走弯路。日本和韩国均经历了从最初近乎完全照搬照抄美国职位分类制模式到逐渐形成具有自身特色的分类制度模式的过程。在对传统的品位分类制度改革之初，均直接移植美国的职位分类制并强制推行。在制度运行过程中，均发现该模式并不符合本国的实际情况，推行过程中矛盾重重，故不得不对职位分类制度进行相应调整或改造，进而形成具有本土特点的适应本国发展需要的公务员分类制度。二是详细介绍了各国当前公务员分类制度体系，不仅有利于帮助我们了解各国当前分类制度模式，也便于我们了解以分类制度为基础的公务员分类管理的最新进展，进而为推动我国治理体系与治理能力现代化提供有益借鉴。

　　本书的不足之处在于：一方面，受语言、资料、时间和篇幅所限，有些内容不一定涉及，有些内容未能完全呈现；另一方面，本书对分类制度和与以分类制度为基础的分类管理在细节层面上展现较多，而与推动分类制度和分类管理改革及变化的相关背景论述较少，有待进一步研究完善。

第 二 章

日本公务员分类制度

第一节 概述

一 日本公务员的概念与范围

日本把凡是通过国家考试录用，在中央政府各机关、国会、司法、军队、公立学校、医院、国有公共事业单位中任职，从国库中领取工资的都称为国家公务员。按隶属关系的不同，日本公务员分为国家公务员和地方公务员。国家公务员指在中央各机关及其派出机构工作的人员；地方公务员指各都道府县所属机关工作的人员。按工作性质的不同，日本公务员分为"一般职"和"特别职"两大类，前者是指从事一般行政事务的国家公务员和地方公务员，主要涵盖行政系统的工作人员；后者是指政治任用的公务员，即经公众选举或议会表决任职的政治家以及待遇特殊的重要人物，执行带有政治色彩的重要职务，不适用《国家公务员法》和《地方公务员法》的人员，主要涵盖国家立法、司法、军事和政治等系统的工作人员，如国务大臣、审判官、检察官、大使、公使、都道府县的知事、市町村长、自卫官以及国会职员等。下文主要阐述日本国家公务员的分类。

日本《国家公务员法》（1947年10月21日法律第120号，2015年9月11日法律第66号修订）第二条规定，日本国家公务员分一般职和特别职。一般职是指除特别职以外的所有职务。特别职是《国家公务员法》第二条第三款所列的下列人员：内阁总理大臣；国务大臣；人事官和检察官；内阁法制局长官；内阁官房副长官、内阁危机管理总监和内阁信息通信政策总监、国家安全保障局长、内阁官房副长官助理、内阁宣传长官和内阁信息长官；内阁总理大臣助理官；副大臣、大臣政务官、大臣助理官；内阁总理大臣秘书官和国务大臣秘书官以及特别职务的机关长的秘书官中，根据人事院规则指定的职务；就任时需要进行选举，或者需要经过国会两院或一院的表决或同意的官员；宫内厅长官、侍从长、东宫大夫、式部官长和侍从次长，以及法律或人事院规则指定的宫内厅的其他职员；特命全权大使、特命全权公使、特派大使、政府代表、全权委员、政府代表或全权委员的代理以及特派大使、政府代表或全权委员的顾问及随员，日本联合国教科文组织国内委员会的委员；日本学士院会员、日本学术会议会员；法官及其他法院职员；国会职员；国会议员的秘书；《防卫省设置法》（1954 年法律第 164 号）第 41 条规定的委员以及该法第四条第一款第二十四号或第二十五号规定的职员；《独立行政法人通则法》（1999 年法律第 103 号）第二条第四款规定的行政执行法人中的干部。

二　日本公务员的规模与结构

2021 年，日本公务员总计计约 333.1 万人，其中，国家公务员为 58.8 万人，占 17.7%；地方公务员为 274.3 万人，占 82.3%。国家公务员中，一般职公务员为 29.0 万人，占 49.3%；特别职公务员为 29.8 万人，占 50.7%。一般职公务员中，适用《一般职公务员工资法》的公务员[①]为 28.0 万人，占国家公务员的 47.6%；检察官和行政执行法人员分别约为 3000 人和 7000 人，各占 0.5% 和 1.2%。特别职中，大臣、副大臣、大臣政务官、大公使等约为 500 人；法官及在法院就职的公务员约 2.6 万人；在国会任职的公务员约 4000 人；防卫省公务员约 26.8 万人；行政执行法人董事为 30 人。

2000—2019 年，日本国家公务员一般职人数从 797553 人降至 281427 人[②]，女性公务员从 159803 人降至 58334 人，女性公务员的比例从 20.04% 增至 20.73%。具体见表 2—1。

[①] 在一般职国家公务员中，行政执行法人、检察官不适用《一般职公务员工资法》。
[②] 一般职人员规模与 2000 年相比大幅减少，主要原因在于削减编制、国立大学的法人化以及由于邮政公用事业公司的民营化等。

第二章 日本公务员分类制度 / 11

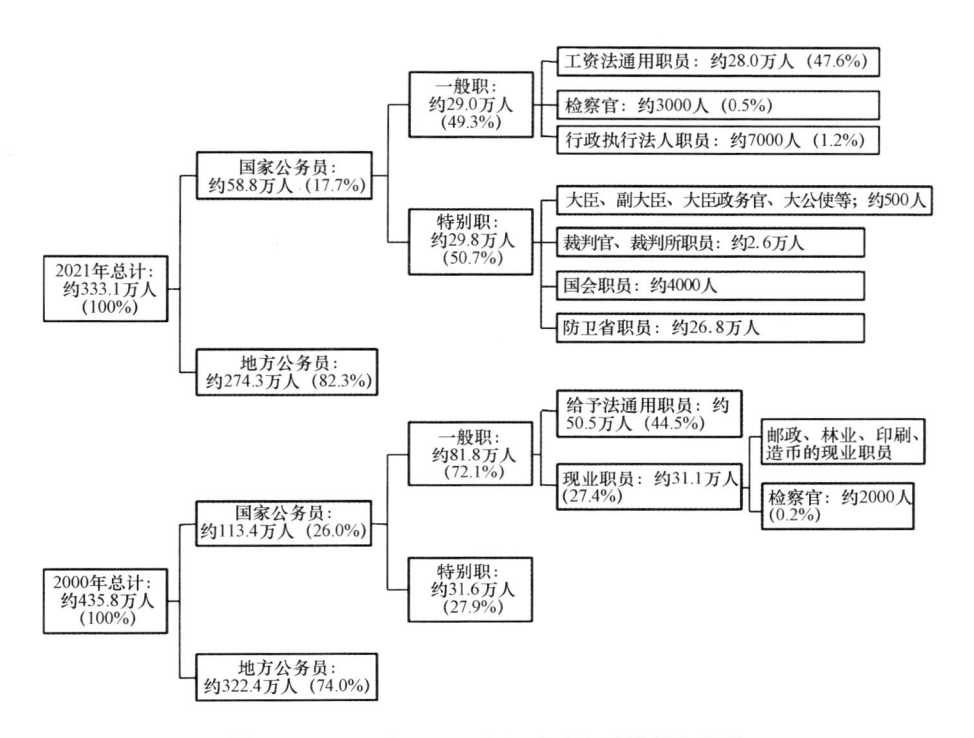

```
                                    ┌─ 工资法通用职员：约28.0万人（47.6%）
                        ┌─ 一般职：  ├─ 检察官：约3000人（0.5%）
                        │  约29.0万人 └─ 行政执行法人职员：约7000人（1.2%）
            ┌─ 国家公务员：│  （49.3%）
            │  约58.8万人  │          ┌─ 大臣、副大臣、大臣政务官、大公使等：约500人
            │  （17.7%）  │  特别职： ├─ 裁判官、裁判所职员：约2.6万人
2021年总计：│            └─ 约29.8万人├─ 国会职员：约4000人
约333.1万人 │               （50.7%） └─ 防卫省职员：约26.8万人
（100%）   │
            └─ 地方公务员：
               约274.3万人（82.3%）

                                    ┌─ 给予法通用职员：约      ┌─ 邮政、林业、印刷、
                        ┌─ 一般职：  │  50.5万人（44.5%）      │  造币的现业职员
                        │  约81.8万人├─ 现业职员：约31.1万人 ──┤
            ┌─ 国家公务员：│  （72.1%）│  （27.4%）              └─ 检察官：约2000人
            │  约113.4万人│                                         （0.2%）
            │  （26.0%）  │
2000年总计：│            │  特别职：
约435.8万人 │            └─ 约31.6万人
（100%）   │               （27.9%）
            │
            └─ 地方公务员：
               约322.4万人（74.0%）
```

图 2—1　2021 年、2000 年日本公务员类别与人数

资料来源：2022 年度人事院推行的人事行政——国家公务员简介：7。

人事院の業務紹介パンフレット《国家公務員プロフィール》[EB/OL].[2022-03-19]. https://www.jinji.go.jp/pamfu/R3profeel_files/R3_profeel_all_8.1MB.PDF

表 2—1　　　　　2000—2019 年日本国家公务员一般职的

规模与性别结构　　　　单位：人，%

年份	人数	女性人数	占比
2000	797553	159803	20.04%
2001	797384	161215	20.22%
2002	790304	161696	20.46%
2003	779989	160786	20.61%
2004	639075	125209	19.59%
2005	630690	126157	20.00%

续表

年份	人数	女性人数	占比
2006	610815	126775	20.76%
2007	359659	86969	24.18%
2008	355140	86964	24.49%
2009	343835	85340	24.82%
2010	338969	83332	24.58%
2011	337905	84124	24.90%
2012	337091	86225	25.58%
2013	336058	88123	26.22%
2014	337922	90676	26.83%
2015	278107	50345	18.10%
2016	278581	52244	18.75%
2017	279463	54191	19.39%
2018	279982	56116	20.04%
2019	281427	58334	20.73%

资料来源：日本人事院. 公务员白书. 令和2年（2020年）：234。令和2年度年次報告書長期統計等資料（PDF形式：345KB），https：//www.jinji.go.jp/hakusho/pdf/choukitoukei.pdf。

从年龄结构看，2019年，日本国家公务员一般职中，45—49岁的人数最多，为47982人，占总人数的17.04%；其次是50—54岁的人数，为41779人，占比14.84%；65岁以上的人数最少，为536人，占比0.19%。

表2—2　　　　2019年日本国家公务员一般职年龄结构　　　单位：人，%

年龄	在职人数	占比
19岁以下	1007	0.36%
20—24岁	18772	6.67%
25—29岁	27980	9.94%
30—34岁	27465	9.76%
35—39岁	28684	10.19%
40—44岁	33590	11.94%
45—49岁	47982	17.04%

续表

年龄	在职人数	占比
50—54 岁	41779	14.84%
55—59 岁	40994	14.57%
60—64 岁	12668	4.50%
65 岁以上	536	0.19%
合计	281427	100%

资料来源：日本人事院．公务员白书．令和 2 年（2020 年）：107。

令和 2 年度年次報告書　業務状況，https://www.jinji.go.jp/hakusho/pdf/1-3-1.pdf。

从类别结构看，一般职中，适用行政职工资表（一）的人数最多，占比 54.60%；税务职次之，为 53154 人，占比 18.89%；公安职工资表（二）再次之，为 24260 人，占比 8.62%；教育职工资表（二）人数最少，为 78 人，占比 0.03%。

表2—3　　2019 年日本国家公务员一般职的类别结构　　单位：人，%

工资表名称	公务员数	占比
行政职工资表（一）	153676	54.60%
行政职工资表（二）	2744	0.98%
专门行政职工资表	8087	2.87%
税务职工资表	53154	18.89%
公安职工资表（一）	23880	8.49%
公安职工资表（二）	24260	8.62%
海事职工资表（一）	205	0.07%
海事职工资表（二）	379	0.13%
教育职工资表（一）	90	0.03%
教育职工资表（二）	78	0.03%
研究职工资表	1482	0.53%
医疗职工资表（一）	710	0.25%
医疗职工资表（二）	533	0.19%
医疗职工资表（三）	2044	0.73%
福利职工资表	265	0.09%

续表

工资表名称	公务员数	占比
专业职工资表	269	0.10%
指定职工资表	980	0.35%
任期副职员	1469	0.52%
任期副研究员	88	0.03%
行政执行法人	7034	2.50%
合计	281427	100%

资料来源：日本人事院．公务员白书．令和2年（2020年）：107-110。令和2年度年次报告书 业务状况，https：//www.jinji.go.jp/hakusho/pdf/1-3-1.pdf。

注：2019年，适用工资法的公务员为272836人，其中女性公务员56100人。其他类别人员包括任期副职员、任期副研究员、行政执行法人职员。

第二节 公务员分类制度的演进脉络

一 《职阶制法》的酝酿

日本第二次世界大战前的人事制度是德国式的绝对主义官僚制度，对文官的分类按照其身份、地位、资历等资格条件划分为敕任官（包括亲任官和一般敕任官）、奏任官和判任官三个官等。其中，除亲任官之外的一般敕任官属于高等官一等和二等；奏任官属于高等官三等至九等；判任官属于普通官，分为一等至四等。[1] 该分类制度是典型的以"人"为中心的品位分类制度。第二次世界大战后，日本成为战败国，经济低迷，百废待兴，物价飞涨，如何界定并保障公务员的工资发放成为一大难题。因此，日本大藏省向美国占领军当局提出请求，希望美国派遣精通职位分类制的专家来日本，帮助解决公务员的工资发放问题。[2] 随后，美国占领军当局派出了以胡佛为首的代表团来到日本，对日本人事制度进行全面改革。

---

[1] 刘文英：《日本官吏与公务员制度史 1868—2005》，北京图书馆出版社2008年版，第120页。

[2] 毛桂荣：《日本没有职位分类制的公务员人事管理办法》，《公共管理高层论坛》2006年第12期，第232页。

根据美方的建议，日本政府于 1947—1949 年先后制定了《国家公务员法》《地方公务员法》，废除了传统官吏制度，并成立了人事行政机构——人事院。此后，日本朝向实施职位分类制度迈进。1947 年颁布的《国家公务员法》明确了职位分类的原则和相关事项。《国家公务员法》第 29 条规定："职阶制由法律规定。人事院制定职阶制方案，将职位按职务种类、复杂程度、责任大小进行分类整理。在职阶制中对职务进行分类整理时，录用条件相同的属于同一职阶的职位，需要相同的资格条件，同时必须向在该职位任职者支付同等报酬。"第 30 条规定："职阶制从能够实行的部门起逐步实施。职阶制实施的必要事项，除本法有规定者外，由人事院规则规定。"第 31 条规定："实施职阶制时，人事院必须根据人事院规则的规定对职阶制的所有职位确定其级别。"第 32 条规定："一般职的所有职位都必须根据职阶制进行分类。"①

人事院根据《国家公务员法》的上述规定，起草了《关于国家公务员职阶制的法律》（以下简称《职阶制法》），于 1950 年 3 月 25 日及 4 月 29 日分别获众议院和参议院通过。同年 5 月 15 日，政府以法律第 180 号公布该法，并自即日起施行。该法在总则中规定："职阶制是按照职务的种类和复杂程度、责任大小，根据本法规定的原则与方法将职位分类整理的规划。职阶制是以有助于制定《国家公务员法》第 63 条规定的工资津贴准则的统一、公正的标准，而且有助于第 3 章第 3 节规定的考试、任免和第 73 条规定的进修以及与此有关的各部门人事行政工作的开展为主要目的。"②根据《职阶制法》的规定，职务（即分配给公务员所承担的必须完成的工作任务）与责任（公务员执行职务或者监督执行职务的义务）而非资格、成绩或能力是职位分类的基础；职级划定的依据在于职务的种类、复杂程度、职责大小。

《职阶制法》颁布前后，战后日本曾在美国占领当局的监督下仿照美国进行过职位分类的准备工作。人事院专门设立了职阶部，组织 300 名专家对职阶制进行全面研究，并着手进行实施职阶制的准备工作，内容主要包括以下三个方面。第一，开展职位调查。调查工作开始于 1948 年 5 月，

---

① 末川博编著：《六法全书》（日文版），岩波书店 1983 年版，第 172—173 页。
② 邹钧、李完稷、梁君编译：《日本干部管理法》，法律出版社 1984 年版，第 36—42 页。

但真正依职务记述开展的调查则开始于1949年3月。调查的官职数达90万之多，所用调查表为一般职务记述书。自填写职务记述书以来，人事院保存的记述书达150万份之多。① 第二，对国家公务员进行职位分类。按工作性质（即根据职务与责任，而非资格、成绩或能力）分为26个职组，271个职系，并起草了职系说明书（在正式公布时，将职系数调整为257个）。在各个职系中，根据工作难易、责任轻重和所需资格条件划分职级，在257个职系中共划分1073个职级，并起草了职级规范。此外，设立了8个职等，将各职系的各个职级分别列等，并制定一个颇为复杂的日本公务员职组、职系、职等、职级一览表。第三，确定职位评价因素。明确了9个职位评价基本因素，即必需的知识、能力，所受监督，指导方针，职务的复杂性，职务的影响范围，人际关系的对象，人际关系的目的，身体素质和工作环境，规定采用因素比较法进行职位评价。②

然而，国会对《职阶制法》的实施问题迟疑不决。由于《国家公务员法》公布实施时，《职阶制法》尚未制定出来，因此也就无法制定出与职阶制相适应的工资津贴准则的方案，这意味着新的工资制度难以建立。为了解决这个问题，日本政府制定了《一般职公务员工资法》，1950年4月3日起施行（比《职阶制法》早一个半月出台）。制定该法的目的就是临时替代新的工资制度，作为一种过渡性的法律。《职阶制法》附则规定，在按职位分类制度研定的工资制度正式实施之前，工资法的工资表继续有效。从上述规定可以看出，要以《职阶制法》代替《一般职公务员工资法》中关于按工资表划分公务员种类的规定，必须在制定与职阶制相适应的工资津贴准则以后。因此，人事院在完成职阶制实施的准备工作以后，向国会提交了"关于基于职阶制制定新的工资津贴准则"的提案，但国会没有讨论这个提案。国会认为，职位分类是美国式的，而美国同日本在文化上有极大的差异。这主要表现在，日本在历史上实行严格的等级制度，重视身份、等级、地位，而美国则奉行平等主义政治原则，不存在封建主义的传统；日本奉行集体主义，强调整体工作效率，而美国奉行个人主义，强调明确的分工。因此，国会担心引进职位分类会使工作效率下

---

① 张金鉴：《各国人事制度概要》，三民书局1981年版，第341—346页。
② 王雷保主编：《公务员职位分类教程》，机械工业出版社1989年版，第232—260页。

降，但国会同意在公务员的任用和工资等问题上按照职位分类的精神办理。① 这样，由于上述的提案一直未被审理，人事院"只要建立与职阶制相适应的工资津贴准则，那么职阶制法的有关条款就可以生效和实施"的意见又一直未改变，因此，《职阶制法》只好束之高阁。20 世纪 50 年代后期及以后日本政府事实上停止了对具体实施《职阶制法》的研讨。② 职位分类制至今未能在日本付诸实施，可以说《职阶制法》是一部没有实质意义的法律。因该法形同虚设，于 2009 年被废止。工资表分类制自 1950 年建立至今，一直充当着实质意义上的公务员分类制度角色。

职阶制法

《职阶制法》全文内容如下：

〔一九五〇年五月十五日法律第 180 号。自一九五〇年五月十五日起施行（参照附则）；至一九六五年修改过三次〕

第一章　总则

第一条　（本法之目的与效率）

一、本法根据《国家公务员法》（一九四七年法律第 120 号）第二十九的规定，确立同法第二条规定的属一般职位（以下简称"职位"）的职阶制；规定职位分类原则及职阶制的实施，以便促进公务员民主地、高效率地工作为目的。

二、本法的规定，并非废除、修改、代替《国家公务员法》的一切条款。本法的规定若与《国家公务员法》以外的或过去的法律相抵触时，则以本法的规定优先。

三、本法并非赋予人事院新设，变更或废除职位的权限。

---

① 柏良泽：《日本国家公务员的职务种类及划分》，《干部人事月报》1994 年第 8 期，第 55—56 页。

② 转引自毛桂荣《日本没有职位分类制的公务员人事管理办法》，《公共管理高层论坛》2006 年第 12 期，第 233 页。

第二条（职阶制的意义）

一、职阶制是按照职务的种类和复杂程度、责任大小，根据本法规定的原则与方法将职位分类整理的规划。

二、职阶制是以有助于制定《国家公务员法》第六十三条规定的工资津贴准则的统一、公正的标准，而且有助于《国家公务员法》第三章第三节规定的考试与任免和统发第七十三条规定的进修以及与此有关的各部门人事行政工作的开展为主要目的。

第三条（用语定义）

本法中的下列用语定义如下：

（一）职位　分配给职业的职务和职责；

（二）职务　分配给职业的应执行的工作；

（三）职责　执行职务或监督执行职务的义务；

（四）职级　是由人事院以职务和职责相似的职位决定的集合。在属同一职级的职位中选择符合条件的职员时应进行同一考试，在相同的录用条件下一律适用同一工资表，以及在其他人事行政方面给予同样对待；

（五）职级说明书　记述表示职级特性的职务与职责的文书；

（六）职种　与职务种类类似，但其复杂程度和责任大小不同的职级群；

（七）定级　将职位套于职级。

第四条（人事院权限）

一、人事院就本法的实施，具有下列权限与责任：

（一）实施职阶制，并担负其实施的责任；

（二）遵照《国家公务员法》及本法，就有关职阶制的实施与解释，制定必要的人事院规则及发布人事院指令；

（三）按照职务的类别和复杂程度、责任大小决定职种与职级；

（四）制定并公布作为定职级标准的职种的定义及职级说明书；

（五）定职位职级，并批准国家其他机关进行的定级；

（六）依国家公务员法第十七条的规定，就有关职位的职务及职责事项进行调查。

二、人事院在决定第一项第（三）款规定的职种时，必须将职种的名称及定义提交国会。

三、在第四条第二项的情况下，国会决议全部或部分否定了人事院的决定时，人事院应迅速地采取必要的措施使其职种的决定失效。

第二章　职阶制的基本原则

第五条（职阶制的基本原则）

职种及职级的划定，职级说明书的制定与使用，职位的定级以及其他职阶制的实施，必须根据本章规定的原则进行。

第六条（职位分类基础）

职位分类基础是职位的职务和职责，而非公务员具有的资格、成绩和能力。

第七条（职级的划定）

一、职级是按照职务的种类、复杂程度、责任大小的职位相似性和相异性划定的。

二、职务种类、复杂程度、责任大小类似的职位，不论属于国家任何机关，都划为一个职级。

三、职级数量必须与人事院按照职务的种类、复杂程度、责任大小划定的数量一致。

四、职级是职位分类的最小单位。

第八条（职位定级）

一、职位必须以职务的种类、复杂程度、责任大小作为标准来定职级。

二、定级时，必须以职位的职务和责任的性质，及对其职务进行监督的性质、程度作为前项的要素。

三、定级时，不得考虑与职务和职责无关的要素。且在任何情况下，都不考虑定级时职员所得到的工资津贴。

四、职位不可只根据局、课及其组织规模，或受其监督的职员的数量定级。可将这些要素和受监督的职务种类、复杂程度和监督责任大小与监督的种类、性质，以及其他与此类似的要素结合起来考虑。

五、定为统一职级的职位，无须在职务的种类、复杂程度、责任大小方面完全相同。

六、在一个职位涉及两个以上职级的职务与职责时，按照各自的职务和职责变更职级困难时，定级可根据占大部分工作时间的职务与职责而定。但是，根据人事院规则规定，可按最艰巨的职务和职责定级。

第九条（职级说明书）

一、职级说明书需按各种职级制作。

二、在职级说明书中必须记述职级的名称和有关该职级共同的职务与职责的特点。

三、在职级说明书中除本条第二项规定外，还要记述执行该职务必要的资格条件，并例示属该职级的具有代表性的职位。

四、职级说明书必须明确作为定级标准的主要因素。

第十条（职级名称）

一、在职级中必须明确地表示属次职位性质的名称。

二、职级名称为属其职级的官职的正式名称。

三、授予职员其职位所属的职级名称。

四、职级名称必须用于预算、工资簿、人事记录和其他有关的正式记录与报告。但是，根据需要，可以适用简称或符号。

五、为了行使组织工作和其他公共事务的方便，本条第二、三、四项的规定不妨碍使用组织上的名称或其他公用的名称。

第十一条（职种）

一、职种，是由职务种类相似，职务复杂程度和职责大小不同的职级形成。但在职阶制的实施上有必要时，可以由一个职级构成一种职种。

二、对职种，必须给予能概括地表明属于该职种的职级和职务种类的定义。

第三章　职阶制的实施

第十二条（职阶制的实施）

一、人事院或其指定的机关必须根据《国家公务员法》、本法、人事院规则和人事院指令的规定与职级说明书，将所有职位按其职务的种类、复杂程度、职责大小定职级。

二、当认为必须变更职位的职务和职责的职级时，人事院和制定的机关必须变更职位职级。

三、人事院制定的机关在定职级或变更职级时，需立即就其采取的措施报告人事院。

四、人事院为了确认职位是否根据第一项或第二项的规定定了职级，必须随时进行定级工作的再审查，当发现所定的职级不恰当时，对比必须加以纠正。

五、在上述各项对应的情况下，人事院必须将其采取的措施发文通知有关机关，并指示务必依此采取措施。

六、人事院制定的机关违反第一项或第二项的规定职级或变更职级时，或违反第三项的规定不报告时，人事院可以撤销或暂时停止其制定的全部或部分的委任。

第十三条（职种或职级的更正）

一、人事院认为必要时，可以新设、变更、废除或合并、分割职种、职级、职务名称及职级说明书。但是，关于职种必须按照第四条第二项和第三项的规定进行。

二、人事院在采取前项措施时，需将其意旨迅速通知各省、厅。

第十四条（公示文书）

一、人事院必须将本法、有关《职阶制》的人事院规则和人事院指令以及准确完整的职种、职级一览表、职级说明书，以方便使用的形式进行编辑并妥为保管。

二、本条第一项的文书必须以适当的方法，在政府办公的时间内供公众阅览。

第四章 罚则

第十五条（罚则）

符合下列任何一项规定的人员，判处一年以下的徒刑，或三万日元以下的罚款。

（一）人事院或其指定的人员，根据第四条第六项的规定所进行的调查，在人事院或指定的人员就此要求报告，无正当理由而不报告的人员；

（二）违反第十二条第三项规定，就根据该项的规定所采取的措施，向人事院做假报告，或无正当理由不报告的人员；

（三）违反第十二条第五项的规定，不服从人事院指示的人员。

附　则

一、本法第十条第四项的规定，自人事院规则（尚未制定）规定之日起施行，其他规定自公布之日起施行。

二、根据本法进行的定级，依照人事院的决定可以逐次施行。

三、根据国家公务员法、本法、人事院规则和人事院指令，随着职阶制的实施，依据本法的定级代替一般职员工资津贴法律（一九五〇年法律第95号）第六条规定的职务等级的定级。但是，根据该法的职务等级的级别，在《国家公务员法》第六十三条规定的工资津贴准则制定实施以前，其对工资津贴仍有效。

四、职员的工资津贴根据本法进行的职位的定级，在《国家公务员法》第六十三条规定的工资津贴准则实施时，不得减少。

附属法令和有关法令

职种和职级的决定与公布（一九五〇年九月二十五日人事院规则6-0，自一九五〇年九月二十五日施行）

定级权限及程序（一九五二年四月一日人事院规则6-1，一九五二年四月一日起施行）

职务调查（一九五〇年十一月二十日人事院规则6-2，自一九五〇年十一月二十日施行）

职阶制的不适用的规定（一九五二年五月十九日人事院规则6-3，一九五二年五月十九日起施行）

第一条　根据公务员法附则第十三条的规定，关于以下职位，由于职务和责任的特殊性，不适用公务员法第二十九条至第三十二条。

一、检察官的职位；

二、非常勤职位。

二　工资表分类制的建立、发展与改革

如前所述，《职阶制法》制定的缘起在于为建立新的工资制度奠定基础。而职阶制的失败，很自然地使"工资表分类制"取代了职阶制分类。根据工资表分类，国家公务员的职务被分为若干职种，各职种的工资表中

设有"级别"（职务依其复杂程度、难易程度和责任轻重被划分为若干级别，如系长、课长等）和"号俸"（即某一职务级别下的工资等级，根据年功和成绩等定），以确定公务员的工资。

日本公务员工资分类制度的发展可以根据日本公务员工资法体系的形成和完善分为以下三个阶段：15级制度时期（1948—1957年）、8等级制度时期（1957—1985年）以及11级制度时期（1985年至今）。[①]

（一）15级制度时期

为解决公务员的工资问题，日本政府于1948年5月31日颁布了《关于实施政府职员新工资的法律》（昭和23年第46号法律）。该法将公务员的职务分为15级，并以此为基础制成级别工资额表，各级均定出6—10号俸的工资月额。[②]

在如何将职员放到各个职级的问题上，日本借用了职阶制法。1948年5月1日发布《关于中央官厅局长、课长及课长辅佐的级别》（工资本部发第12号），规定局长为13—14级、课长为11—12级、课长辅佐为9—10级；根据《关于中央官厅系长的级别》（工资本部发第13号），将系长分为6—9级；根据《关于一般事务辅助职员和一般事务职员根据资格工作年数的级别决定》（工资本部发第7号），制定"级别推定参照表"，决定一般事务辅助人员和一般事务职员的级别。[③] 等级数越大，级别越高。

1950年4月，以宣布失效的上述法律《关于实施政府职员新工资的法律》为基础，制定了《关于一般职职员工资的法律》（昭和25年第95号法律）。该法第4条规定："各职员领取的工资，基于其职务的复杂程度、困难程度和责任大小，且须考虑其劳动强度、工作时间、勤务环境及其他工作条件。"第6条第3款规定："职员的职务，根据其复杂程度、难易程度和责任大小，可分成工资表中所定的职务等级。这一分类标准的

[①] 吴云华主编：《国外及我国港台地区公务员职位分类研究》，中国人事出版社2014年版，第90—98页。

[②] 刘文英：《日本官吏与公务员制度史1868—2005》，北京图书馆出版社2008年版，第297页。

[③] 吴云华主编：《国外及我国港台地区公务员职位分类研究》，中国人事出版社2014年版，第90—98页。

职务的内容，须由人事院决定。"①

15 级制度时期，日本根据《国家公务员法》《职阶法》等，建立了包括《关于一般职职员工资的法律》《人事院规则》在内的工资分类制度体系。由于制度体系处于初建阶段，存在以下两点不足：第一，工资表的职种分类过于粗放。工资表只有一个一般工资表和四个特别工资表（税务、警察、铁道、船员）五种，而绝大部分职员都适用一般工资表。第二，职务级别设置过于具体。职务级别多达 15 级，且这么多的职务级别没有与此一一对应的官职。这导致职务级别与官职不一致，出现了系长横跨 4 个级别（6—9 级），课长辅佐、课长、局长分别横跨两个级别，以及系长和课长辅佐在同一个级别的尴尬现象。②

（二）8 等级制度时期

1957 年 6 月，日本政府针对 15 级时期存在的不足，部分地修订了《关于一般职职员工资的法律》（昭和 32 年第 154 号法律），决定将职务级别由 15 级制改为 8 等级制，并将工资表的种类定为 7 种 14 表，即行政职（一）（二）、税务职、公安职（一）（二）、海事职（一）（二）、教育职（一）（二）（三）、研究职、医疗职（一）（二）（三）。其中，相当于一般工资表的行政职工资表（一）设有 8 个等级。该制度下，等级数越小，职级越高。人事院特别将 15 级工资制度的"级"更名为"等级"，是为了突出 8 等级工资制度是使用职阶制等级的、符合《国家公务员法》要求的职阶制工资准则。③

8 等级制度的初衷原本就是利用工资制度制定工资表，在工资等级上对应职级，替代职阶制职能。等级数由 15 级减少至 8 等级，基本实现"一级一职位"，使工资等级与职务等级的关系变得更加紧密，这种改变使工资表的分类职能进一步得到强化。在横向分类上，1964 年新设了"指定职工资表"，适用对象为局长级以上的高级公务员和国立机构的首

---

① 刘文英：《日本官吏与公务员制度史 1868—2005》，北京图书馆出版社 2008 年版，第 297 页。

② 吴云华主编：《国外及我国港台地区公务员职位分类研究》，中国人事出版社 2014 年版，第 90—98 页。

③ 吴云华主编：《国外及我国港台地区公务员职位分类研究》，中国人事出版社 2014 年版，第 90—98 页。

长，以优待高级公务员。

（三）11级制度时期

1985年，随着行政需求日趋复杂化和专业化，日本政府对《关于一般职职员工资的法律》进行了修改，决定对纵向等级和横向分类进行调整。

在纵向等级上，将8等级的工资制度改为11级制的制度，即将行政职工资表（一）中的2、4、5等级分别再分成两个等级。增加工资表级数是为了解决8等级制度下职位等级不足引发的各种问题，如行政职工资表（一）的2等级包括"课长"和根据各省省令独自设置的"企划官""调查官""（课内）室长"等准课长级，没能在工资待遇上对职责明显不同的多种官职进行合理区分等。① 11级制度在名称上由"等级"恢复为15级时期的"级"，等级数越小，职位越低。2005年，根据人事院工资结构改革建议，行政职工资表（一）分别整合了1级和2级（系员级）、4级和5级（系长级），并将11级（部长级）分为新的9级和10级，形成10级行政职工资表（一）。②

在工资表种类方面，1985年新设了"专门行政职工资表"，适用对象包括航空管制官、专利审查官、植物/家畜防疫官、船舶检查官等多个职种。③ 以上职种此前均适用行政职工资表（一），新设工资表主要是因为这些职种需要相应的专业知识和能力。1998年和2000年，又分别增设了任期付研究员工资表、特定任期付职员工资表，以吸引民间各专业人才及特殊人才。2001年，考虑到人口老龄化和三人小家庭等的快速发展，新设了"福祉职工资表"，以增强福祉职员的职务专业性和执行能力。该表的增加使《一般职工资法》规定的工资表发展成10职种18表，工资表的职种分类逐渐趋于细化。2004年，由于国立大学法人化，《一般职工资法》经过修订，教育职工资表（二）（三）被废除。2008年，增设"专

---

① 吴云华主编：《国外及我国港台地区公务员职位分类研究》，中国人事出版社2014年版，第90—98页。

② 吴云华主编：《国外及我国港台地区公务员职位分类研究》，中国人事出版社2014年版，第90—98页。

③ 吴云华主编：《国外及我国港台地区公务员职位分类研究》，中国人事出版社2014年版，第90—98页。

业职工资表",留任有能力的高级公务员,公务员工资表变成 10 职种 16 表。

通过工资表对职务、级别进行划分的方法,由于适合日本文化,操作起来比较简便,发挥作用的效果良好,因而受到普遍欢迎。通过工资表划分职务种类和级别的办法一直被沿用。这样,原意为暂行措施的办法成了长久运用的办法。[①] 经过 70 多年的实践,工资表分类法得以不断完善。

表 2—4　　　　第二次世界大战后日本公务员工资分类演变

工资表等级变化	15 级制度 (1948—1957 年)	8 等级制度 (1957—1985 年)	11 级制度 (1985 年至今)
职种/ 工资表数	5 种 5 表 一般 税务 警察 铁道 船员	8 种 15 表 行政职（一）（二） 税务职 公安职（一）（二） 海事职（一）（二） 教育职（一）（二）（三） 研究职 医疗职（一）（二）（三） 指定职	11 种 17 表 行政职（一）（二） 专门行政职 税务职 公安职（一）（二） 海事职（一）（二） 教育职（一）（二） 研究职 医疗职（一）（二）（三） 福祉职 专业职 指定职 另设： 任期付研究员工资表（1998 年） 特定任期付职员工资表（2000 年）

---

① 柏良泽:《日本国家公务员的职务种类及划分》,《干部人事月报》1994 年第 8 期,第 55—56 页。

续表

工资表等级变化	15 级制度（1948—1957 年）	8 等级制度（1957—1985 年）	11 级制度（1985 年至今）
一般工资表的职务级别与职位对应情况	一般工资表 1—5 级：系员（根据工作年数） 6—9 级：系长 9—10 级：课长辅佐 11—12 级：课长 13—14 级：局长 15 级：特别规定	行政职工资表（一） 1 等级：事务次官/外局局长 2 等级：局长/局次长/部长 3 等级：课长 4 等级：课长辅佐 5 等级：上级系长 6 等级：系长 7 等级：上级系员 8 等级：初级系员	行政职工资表（一） 1 级：系员 2 级：主任 3—4 级：系长 5—6 级：课长辅佐 7—8 级：室长 9—10 级：课长
其他		新设"指定职工资表"（1964 年）	新设： 专门行政职工资表（1985 年） 福祉职工资表（2000 年） 专业职工资表（2008 年）

资料来源：吴云华《国外及我国港台地区公务员职位分类研究》中国人事出版社 2014 年版，第 97 页；日本人事院．公务员白书（1989）—（2020），［EB/OL］．［2022 – 03 – 19］．https：//www.jinji.go.jp/hakusho/index.html。

第三节　现行国家公务员分类制度

日本现行的公务员分类制度既不同于美国的职位分类制度，也不同于英国的品位分类制度，而是采用工资表分类制度，即采用不同类型的工资表对公务员进行分类管理。工资法和工资表以及与此相对应的人事院规则起到了代替职位分类制人事管理的功能。

一　横向分类体系

如第一节所述，日本政府将国家公务员分成了一般职与特别职两大类。根据《国家公务员法》规定，一般职适用该法，而特别职公务员不适用该法，其中有不适用该法中规定的以成绩为主原则（根据竞争考试录用等的原则）等的政治官员（内阁总理大臣、国务大臣等），以及从三权分立的观点与职务的性质看不适用该法的法官以及在法院、国会和防卫省等部门任职的公务员。一般职之下又分为适用《一般职公务员工资法》的公务员和不适用《一般职公务员工资法》的公务员，其中适用《一般职公务员工资法》的公务员约为 28.0 万人，在一般职国家公务员中的占比为 96.55%。① 与公务员分类制度相关的法律有《国家公务员法》《地方公务员法》②、《一般職の職員の給与に関する法律》《特別職の職員の給与に関する法律》和人事院规则 9-2（俸給表の適用範囲）、9-8（初任給、昇格、昇給等の基準）等法规。

日本于 1950 年 4 月 3 日制定了《一般职公务员工资法》，该法历经数次修改补充，一直沿用至今。第 4 条规定："各职员的工资应以其职务的复杂程度、难易程度及责任轻重为基础，并考虑劳动强度、工作时间、工作环境等其他工作条件。"第 6 条第 3 款规定，"职员的职务，根据其复杂程度、难易程度和责任轻重，对应工资表中所定的职务等级（适用指定岗工资表的职工，适用同一张表中所规定的工资等级）进行分类，人事院决定分类标准。据此可以看出，日本国家公务员的分类主要基于以下两个原则：一是根据工作性质的相似性来设置工资表；二是根据工作的复杂程度、难易程度和责任轻重等因素来决定工资级别。

日本国家公务员一般职依其所适用之工资表，分为 11 类 17 种，即行政职工资表（一）（二）；专门行政职工资表；税务职工资表；公安职工资表（一）（二）；海事职工资表（一）（二）；教育职工资表（一）（二）；研究职工资表；医疗职工资表（一）（二）（三）；福利职工资表；专业职工资表；指定职工资表（如事务次官、大学校长等）。③ 每种工资

---

① 人事院の業務紹介パンフレット《国家公務員プロフィール》[EB/OL]．[2022-03-19]．https：//www.jinji.go.jp/pamfu/R3profeel_files/R3_profeel_all_8.1MB.PDF.

② 从形式上看，《国家公务员法》同《地方公务员法》是两套法律，而且在公务员管理权限、管理机构、服务范围、职务范围上存在差异，但在诸如考试、任用、工资、培训、考核等管理制度上所实行的原则、方法基本相同。此后，日本政府对公务员法进行了数十次修订补充，这些法律对公务员工资的决定原则和支付原则作了相关规定。转引自王梅《日本公务员工资制度及对我国的启示》，第十一届中国软科学学术年会论文集（下），中国软科学杂志社 2015 年版，第 6—19 页。

③ 日本人事院：《公务员白书》，平成 28 年（2016 年）第 239 页。

表均有其适用范围，具体见表2—5。

表2—5　　　　　　一般职公务员工资表种类与适用范围

工资表名称	适用范围及举例
行政职工资表（一）	不适用一般职其他工资表的所有公务员
行政职工资表（二）	门卫、勤杂人员、汽车驾驶员、机械工、锅炉工程师、电话接线员、家政业务人员
专门行政职工资表	植物防疫官、家畜防疫官、专利厅的审查官及法官、海事技术专业官及船舶检查官、航空信息管理管制航行信息官及技术管理航空管制技术官、食品卫生监视员
税务职工资表	在国税厅内就职，并从事租税的赋课及征收的相关事务等的职员
公安职工资表（一）	警察厅的警察官及皇宫护卫官以及都道府县警察的警察官以及从事上述同种业务的职员中指令指定的人员；入国者收容所及地方入国管理局的入国警备官；在监狱、少年监狱、拘留所或惩教管区内就职的人员以及在惩教培训所内就职的培训第一部长、研修第二部长、教导主任及教官
公安职工资表（二）	在检察厅内就职的检察事务官以及在公安调查厅内就职的公安调查官；少年教养院、少年鉴别所或妇人辅导院内就职的人员；在海上保安厅警备海难救助部或交通部的航行安全课或安全对策课、海上保安学校或管区海上保安本部内就职的人员及其他在海上保安厅内就职的人员中的船舶乘务人员
海事职工资表（一）	适用于将远洋区域或近海区域作为航行区域的日本船舶（包括日本政府租借的日本船舶以外的船舶）上的船长、航海士、轮机长、轮机员、无线电操作长、无线电操作员、事务长及事务员以及其他从事上述同等职务的职员
海事职工资表（二）	适用于将远洋区域或近海区域作为航行区域的日本船舶乘务人员；适用于将沿海区域或平水区域作为航行区域的日本船舶乘务人员
教育职工资表（一）	适用于在气象高等院校或海上保安高等院校内就职的副校长、教导主任、教授、准教授、讲师及助教。
教育职工资表（二）	适用于设置在国立汉森氏病疗养院内的附属护士训练所或国立残疾人康复中心的自立援助局的理疗培训、就业援助部或国立光明寮教务课或学院内就职，并以从事培训工作为本职的职员（对于国立残疾人康复中心学院，仅限于指令中指定的职员）

续表

工资表名称	适用范围及举例
研究职工资表	适用于在试验所、研究所或指令中指定的上述标准机关或其他机关中指令指定的部课等内就职，并且拥有专业科学知识与创意等，同时从事试验研究或调查研究业务的职员
医疗职工资表（一）	适用于在医院、疗养院、诊所等医疗设施、监狱、拘留所等的惩教设施及检疫所等内就职或船舶乘务人员、从事医疗业务的医生及齿科医生职员
医疗职工资表（二）	适用于在医院、疗养院、诊所等医疗设施、监狱、拘留所等的惩教设施、检疫所及学校等内就职的职员中以下所示的人员：药剂师、营养师、诊疗射线工程师、临床检查工程师、卫生检查工程师、临床工程学工程师、视力训练师、按摩指压师、针灸师等
医疗职工资表（三）	适用于在医院、疗养院、诊所等医疗设施、监狱、拘留所等的惩教设施、检疫所及学校等内就职，并从事保健指导或护理等工作的保健师、助产师、护士及准护士职员
福利职工资表	在国立残疾人康复中心内就职的职员；在国立儿童自立援助设施中就职的儿童自立援助专家及儿童生活援助人员；在国立汉森氏病疗养院内就职，并从事针对入院患者的疗养、出院或重返社会时产生的问题提出相关建议职务的职员中的指令指定的人
专业职工资表	适用于从事通过实施行政特定领域内的基于高度专业的知识经验的调查、研究、信息的分析等作业内容，政策规划及方案制定、与其他国家或国际机构之间的交涉等的援助业务的职员中指令指定的人员
指定职工资表	事务次官、会计监察部事务总长、人事部事务总长、内阁法制次长、宫内厅次长、警察厅长官、金融厅长官及消费者厅长官；中央直属局长官；会计监察部事务总局次长、内阁卫星信息中心所长、内阁府审议官、公正交易委员会事务总长、警察厅次长、警视总监、金融国际审议官、总务审议官、外务审议官、财务官、文部科学审议官、厚生劳动审议官、医务技师总监、农林水产审议官、经济产业审议官、技师总监、国土交通审议官、地球环境审议官及核能规制厅长官等；气象大学校长及海上保安高等院校校长；经济社会综合研究所所长、大规模试验所或研究所或进行困难研究的试验所或研究所的所长、大规模医院或疗养院或从事困难医疗业务的医院或疗养院的院长中指令指定的人员

资料来源：日本人事院规则9-2（1957年6月1日制定，2018年3月30日修订）。

二 纵向分级体系

日本公务员"一般职"自下而上具体包括系员、系长、课长辅佐、室长、课长、部长（相当于我国厅局级副职）、局长（相当于我国厅局级正职）和事务次官（相当于我国省部级副职）等职务层次。[①] 部长以上或以这些官职为准的职员为干部职员[②]；课长、室长或者以这些官职为准的职员为管理职员。"特别职"则包括首相、大臣、国会议员等在内的公务员。

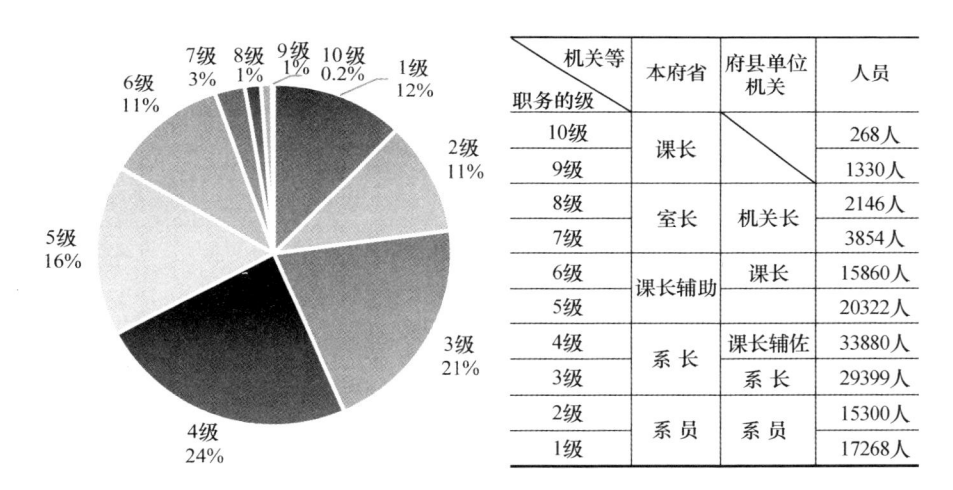

机关等 职务的级	本府省	府县单位机关	人员
10级	课长		268人
9级			1330人
8级	室长	机关长	2146人
7级			3854人
6级	课长辅助	课长	15860人
5级			20322人
4级	系长	课长辅佐	33880人
3级		系长	29399人
2级	系员	系员	15300人
1级			17268人

饼图占比：1级12%、2级11%、3级21%、4级24%、5级16%、6级11%、7级3%、8级1%、9级1%、10级0.2%

图2—2　2021年日本国家公务员各职务层次人数

资料来源：給与勧告の仕組み 令和3年国家公務員給与等実態調査結果：7 https：//www.jinji.go.jp/kyuuyo/index_pdf/shikumi.pdf。

日本根据所担任职务的复杂程度、难易程度和责任轻重建立标准职位，对职位进行分级。《一般職の職員の給与に関する法律》第4条规

[①] 人事評価マニュアル《資料編》[EB/OL].[2022-03-15]，https：//www.jinji.go.jp/jinjihyouka/img/r0309hyouka_manual_siryou.pdf。

[②] 2014年5月，政府成立了内阁人事局，目的是对干部职员人事进行统一管理。内阁人事局设置在内阁官房之下，明确了人事评估的标准之后，由内阁对各省厅的干部职员（约600名）的人事进行统一管理。这样就能实施跨省厅的人事，即消除干部职员选择省益优先的行动，并让其开展国家利益优先业务。

定：公务员工资应该以其所担任职务的复杂程度、难易程度和责任轻重为基础，同时考虑劳动强度、工作时间、劳动环境等其他工作条件。职务相同的情况下，内容简单、难度低和责任轻的工作对应的职务级别低，工作内容复杂、难度高和责任重的工作职务级别高。职务级别的划分，根据所适用工资表的不同而不同，最多的级别有 11 级，最少的有 3 级，指定职无职级。日本一般职公务员 11 类 17 种工资表下分若干级，具体如表 2—6。

表 2—6　　　　　　　　　一般职公务员纵向分级

工资表名称	级别	工资表名称	级别
行政职工资表（一）	10 级	行政职工资表（二）	5 级
专门行政职工资表	8 级	税务职工资表	10 级
公安职工资表（一）	11 级	公安职工资表（二）	10 级
海事职工资表（一）	7 级	海事职工资表（二）	6 级
教育职工资表（一）	5 级	教育职工资表（二）	3 级
研究职工资表	6 级	医疗职工资表（一）	5 级
医疗职工资表（二）	8 级	医疗职工资表（三）	7 级
福利职工资表	6 级	专业职工资表	4 级
指定职工资表	无级别划分		

资料来源：作者根据日本《人事院规则9—2》（2018 年 3 月 30 日发布）《人事院规则9—8》（2018 年 2 月 1 日发布）自行整理。

一般职自下而上包括系员、主任、系长、课长辅佐、室长、课长、部长（相当于我国厅局级副职）、局长（相当于我国厅局级正职）和事务次官（相当于我国省部级副职）9 个职务层次。[①] 本府省适用于《行政职工资表（一）》的公务员的职务层次与工资级别的对应关系如下：系员对应 1 级工资；主任对应 2 级工资；系长对应 3—4 级工资；课长辅佐对应 5—

[①] 人事評価マニュアル《资料编》[EB/OL].[2022-03-15]. https://www.jinji.go.jp/jinjihyouka/img/r0309hyouka_manual_siryou.pdf.

6级工资;室长对应7—8级工资;课长对应9—10级工资。[1]

针对工资表中的不同级别,日本人事院规则9—8(1969年制定,2018年2月1日修订)规定了其对应的标准职务。每类工资表中的不同级别均对应不同的标准职务。具体内容见表2—7。

表2—7　　　　　　行政职务薪俸表(一)级别标准职务

职务级别	标准职务
1级	进行常规工作的职务
2级	1. 主任的职务 2. 进行需要特别高等的知识或经验的工作的职务
3级	1. 本省、辖区机关或府县单位机关系长或处理困难工作的主任 2. 承担地方驻外机关较困难工作的系长或处理困难工作的主任 3. 独立进行需要特别高等的特定领域相关的专业知识或经验的工作的专职官
4级	1. 承担本省困难工作的系长 2. 辖区机关的课长助理或承担困难工作的系长 3. 承担府县单位机关特别困难工作的系长 4. 地方驻外机关的课长
5级	1. 本省的课长助理 2. 处理辖区机关困难业务的课长助理 3. 府县单位机关的课长 4. 地方驻外机关之长或掌管地方驻外机关困难工作的课长
6级	1. 处理本省困难工作的课长助理 2. 辖区机关的课长 3. 掌管府县单位机关的困难工作的课长 4. 掌管困难工作的地方驻外机关之长

---

[1] 2022年度人事院推行的人事行政——国家公务员简介:13。人事院の業務紹介パンフレット《国家公務員プロフィール》[EB/OL].[2022-03-19]. https://www.jinji.go.jp/pamfu/R3profeel_files/R3_profeel_all_8.1MB.PDF

续表

职务级别	标准职务
7级	1. 本省的室主任 2. 掌管辖区机关特别困难工作的课长 3. 府县单位机关之长
8级	1. 掌管本省困难工作的室长 2. 掌管辖区机关重要工作的部长 3. 掌管困难工作的府县单位机关之长
9级	1. 掌管本省重要工作的课长 2. 辖区机关之长或掌管辖区机关特别重要工作的部长
10级	1. 掌管本省特别重要工作的课长 2. 掌管重要工作的辖区机关之长

备注

1. 本表中"本省"指的是作为府、省或中央直属局而设置的厅的内部机构。
2. 本表中的"辖区机关"指的是以数个府县地区作为管辖区域的有一定规模的地方机构。
3. 本表中的"府县单位机关"指的是以1个府县地区作为管辖区域的有一定规模的机关。
4. 本表中的"地方驻外机关"指的是以1个府县的部分地区作为管辖区域的有一定规模的机关。
5. 本表中的"室"指的是设置在课中的有一定规模的室。

资料来源：日本人事院规则9—8（1969年制定，2018年2月1日修订）。下同。

表2—8　　**行政职务薪俸表（二）级别标准职务**

职务级别	标准职务
1级	1. 电话接线员 2. 疏浚船等工程船（以下简称"工程船"）上的船员 3. 一般技能职员（指的是从事物品制作或维修或机器运转或操纵工作的职员。下同。） 4. 进行理发美容、烹饪等家政工作的职员（以下简称"家政职员"。） 5. 汽车驾驶员 6. 门卫或巡视人员 7. 勤务员、劳务人员等（以下简称"勤务员等"。）

续表

职务级别	标准职务
2级	1. 需要一定技能或经验的电话接线员 2. 需要一定技能或经验的工程船船员 3. 进行的工作需要一定技能或经验的一般技能职员 4. 进行的工作需要一定技能或经验的家政职员 5. 进行的工作需要一定技能或经验的汽车驾驶员 6. 进行困难工作的门卫或巡视人员 7. 直接指挥监督数名勤务员等的主任或进行特别困难工作的勤务员等
3级	1. 直接指挥监督数名电话接线员的组长或需要高等技能或经验的电话接线员 2. 工程船的船长或轮机长或直接指挥监督数名船员的水手长或机工长或需要高等技能或经验的工程船的船员 3. 直接指挥监督数名一般技能职员的工长或进行的工作需要高等技能或经验的一般技能职员 4. 直接指挥监督数名家政职员的主人或进行的工作需要高等技能或经验的家政职员 5. 直接指挥监督数名汽车驾驶员的车库长或进行的工作需要高等技能或经验的汽车驾驶员 6. 直接指挥监督一定数量的门卫或巡视人员的门卫长或巡视长或进行特别困难工作的门卫或巡视人员 7. 直接指挥监督一定数量的勤务员等的主任
4级	1. 直接指挥监督大部分电话接线员的组长 2. 进行工程船上的困难工作的船长或轮机长或直接指挥监督大部分船员的水手长或机工长 3. 直接指挥监督大部分一般技能职员的工长或进行特别困难工作的一般技能职员 4. 直接指挥监督大部分家政职员的主任 5. 直接指挥监督大部分汽车驾驶员的车库长 6. 直接指挥监督大部分门卫或巡视人员的门卫长或巡视长
5级	1. 进行工程船上的特别困难工作的船长或轮机长 2. 直接指挥监督绝大多数一般技能职员的工长 3. 直接指挥监督绝大多数汽车驾驶员的车库长

表 2—9　　　　　　　　专门行政职务薪俸表级别标准职务

职务级别	标准职务
1 级	基于专业知识、技术等独立进行或在上级专职官概括性地指导下进行工作的专职官
2 级	基于特别高等的专业知识、技术等独立进行困难工作的专职官
3 级	基于极其高等的专业知识、技术等独立进行特别困难工作的专职官
4 级	1. 掌管检疫所（分所除外）的较困难工作的课长 2. 植物防疫所的总植物检疫官、总调查官或总鉴别官（以下简称"总植物防疫官"） 3. 掌管动物检疫所（分所除外）的较困难工作的课长 4. 在专利厅进行审查相关事务的调整等工作的审查官（以下简称"高级审查官"）或审判官 5. 副首席海事技术专职官 6. 资深航空管制飞行信息官、资深航空管制通信官、资深航空管制官或资深航空管制技术官（以下简称"资深航空交通管制官"）
5 级	1. 植物防疫所或动物防疫所（以下简称"动植物防疫官厅"）的部长或处理特别困难工作的总植物防疫官 2. 处理专利厅的困难工作的高级审查官或审判官 3. 首席海事技术专职官 4. 掌管特别困难工作的资深航空交通管制官或掌管机场事务所的较困难工作的部长
6 级	1. 动植物防疫官厅之长或掌管困难工作的部长 2. 专利厅的审查长或审判长 3. 掌管困难工作的首席海事技术专职官 4. 掌管机场事务所的困难工作的部长
7 级	1. 规模庞大的动植物防疫官厅之长 2. 掌管专利厅的特别困难工作的审查长或掌管困难工作的审判长
8 级	掌管专利厅的极其困难工作的审查长或掌管特别困难工作的审判长

表 2—10　　　　　税务职务薪俸表级别标准职务

职务级别	标准职务
1 级	进行有关租税的评税及收税的常规工作的职务
2 级	1. 国税局（税务署除外，下同）或税务署的主任 2. 进行的工作与租税的评税及收税有关且需要特别高等的知识或经验的职务
3 级	1. 国税厅内部机构（以下简称"国税厅的总厅"）或国税局的国税检查官、国税调查官、国税监察官或国税征收官（以下简称"国税检查官等"） 2. 国税不服审判所的国税审查官 3. 处理国税局或税务署的困难工作的主任 4. 处理税务署的较困难工作的国税征收官或国税调查官
4 级	1. 处理国税厅总厅或国税局的困难工作的国税检查官等职务 2. 处理国税不服审判所的困难工作的国税审查官 3. 税务局的高级国税征收官或高级国税调查官（以下简称"高级国税征收官等"）
5 级	1. 税务大学或税务大学地方培训机构的教育督导 2. 国税局的调查主任 3. 税务署的总国税征收官或总国税调查官（以下简称"总国税征收官等"）或处理困难工作的高级国税征收官等职务
6 级	1. 国税厅的国税厅监察官或监督评估官（以下简称"国税厅监察官等"） 2. 国税不服审判所的国税副审判官 3. 国税局的课长 4. 处理税务署的较困难工作的副署长或处理困难工作的总国税征收管等职务
7 级	1. 处理国税厅的困难工作的国税厅监察官等职务 2. 国税不服审判所的国税审判官 3. 掌管国税局的特别困难工作的课长 4. 规模庞大的税务局之长或处理税务署的困难工作的副署长

续表

职务级别	标准职务
8 级	1. 处理国税不服审判所的特别困难工作的国税审判官 2. 国税局的部长 3. 规模特别庞大的税务署之长
9 级	1. 掌管国税局的特别重要工作的部长 2. 规模极其庞大的税务署之长
10 级	掌管国税局的极其重要工作的部长

表 2—11　　**公安职务薪俸表（一）级别标准职务**

职务级别	标准职务
1 级	1. 皇宫警察总部的皇宫巡查 2. 监狱、少年监狱或拘留所（以下简称"监狱官署"）的看守或入境者收容所或地方入境管理局（以下简称"入境管理官署"）的警卫
2 级	1. 皇宫警察总部的皇宫巡查部长 2. 监狱官署的看守部长或入境管理官署的警卫长
3 级	1. 皇宫警察总部或辖区警察局的系长 2. 监狱官署的系长或副看守长 3. 入境管理官署的警备助理
4 级	1. 警察厅内部机构（以下简称"警察厅总厅"）的系长 2. 负责皇宫警察总部或辖区警察局较困难工作的系长 3. 监狱官署课长助理或负责困难工作的系长 4. 入境管理官署的总入境警备官或处理较困难工作的高级入境警备专职官 5. 独立进行需要特别高等的特定领域相关的专业知识或经验的工作的专职官
5 级	1. 承担警察厅总厅特别困难工作的系长 2. 处理皇宫警察总部或辖区警察局的较困难工作的课长助理 3. 监狱官署的课长或处理困难工作的课长助理 4. 处理入境管理官署较困难工作的总入境警备官

续表

职务级别	标准职务
6 级	1. 警察厅总厅的课长助理 2. 处理皇宫警察总部或辖区警察局困难工作的课长助理 3. 掌管监狱官署困难工作的课长 4. 入境管理官署的首席入境警备官或处理困难工作的总入境警备官
7 级	1. 处理警察厅总厅困难工作的课长助理 2. 掌管皇宫警察总部或辖区警察局较困难工作的课长 3. 皇宫护卫署之长 4. 监狱官署的部长或掌管特别困难工作的课长 5. 掌管入境管理署困难工作的首席入境警备官
8 级	1. 警察厅总厅的室长 2. 掌管皇宫警察总部或辖区警察局特别困难工作的课长 3. 掌管道府县警察总部较困难工作的部长 4. 规模庞大的皇宫护卫署或警察署之长 5. 监狱官署之长或掌管特别困难工作的部长 6. 地方入境管理局的警备监理官
9 级	1. 掌管警察厅总厅困难工作的室长 2. 皇宫警察总部或辖区警察局的部长 3. 掌管道府县警察总部特别困难工作的部长 4. 市警察部或规模特别庞大的警察署之长 5. 规模庞大的监狱官署之长
10 级	1. 掌管辖区警察局特别重要工作的部长 2. 道府县警察总部长 3. 规模极其庞大的警察署之长 4. 规模极其庞大的监狱或拘留所之长
11 级	1. 掌管辖区警察局极其重要工作的部长 2. 规模庞大的道府县警察总部之长

表 2—12　　公安职务薪俸表（二）级别标准职务

职务级别	标准职务
1 级	进行常规工作的职务
2 级	1. 处理公安调查厅较困难工作的公安调查官 2. 海上保安厅内部机构（以下简称"海上保安厅总厅"）、辖区海上保安总部（事务所除外，下同）或海上保安部的专职人员 3. 地方检察厅的主任搜查官 4. 中型巡视船、小型巡视船或大型巡视船的主任驾驶员、主任轮机员、主任通信员、主任会计员或主任炮手（以下简称"主任驾驶员等"） 5. 处理较困难工作的驾驶员、轮机员、通信员、会计员或炮手（在本表中以下简称"驾驶员等"） 6. 进行需要特别高等的知识或经验工作的职务
3 级	1. 最高检察厅、高等检察厅或地方检察厅的系长 2. 公安调查厅的高级公安调查官或处理困难工作的公安调查官 3. 海上保安厅总厅、辖区海上保安总部或海上保安部的系长或处理困难工作的专职人员 4. 处理地方检察厅较困难工作的主任搜查官 5. 掌管少年教养院或少年鉴别所较困难工作的系长 6. 处理大型巡视船较困难工作的主任驾驶员等或处理困难工作的驾驶员等 7. 中型巡视船的首席驾驶员、首席轮机员、首席通信员、首席会计员或首席炮手（以下简称"首席驾驶员等"）或处理困难工作的主任驾驶员等 8. 小型巡视船的驾驶长、首席轮机员、通信长、会计长或炮手长（以下简称"驾驶长等"）或处理困难工作的主任驾驶员等 9. 大型巡视艇的船长或轮机长或处理困难工作的主任驾驶员等 10. 处理中小型巡视艇较困难工作的船长或轮机长 11. 独立进行需要特别高等的特定领域相关的专业知识或经验的工作的专职官的职务

续表

职务级别	标准职务
4级	1. 承担最高检察厅或海上保安厅总厅困难工作的系长 2. 处理公安调查厅困难工作的高级公安调查官 3. 高等检察厅或辖区海上保安总部的课长助理或承担困难工作的系长 4. 公共调查局的总调查官 5. 承担地方检察厅或海上保安部特别困难工作的系长 6. 地方检察厅的总搜查官或处理特别困难工作的主任搜查官 7. 少年教养院或少年鉴别所的课长 8. 大型巡视船的首席驾驶员等或处理特别困难工作的主任驾驶员等 9. 中型巡视船的驾驶长、轮机长、通信长、会计长或炮手长（以下简称"各课长"）或处理困难工作的首席驾驶员等 10. 小型巡视船的船只或轮机长或处理困难工作的驾驶长等 11. 处理大型巡视艇困难工作的船长或轮机长 12. 处理中小型巡视艇特别困难工作的船长或轮机长
5级	1. 最高检察厅、公安调查厅内部机构（以下简称"公安调查厅总厅"）或海上保安厅总厅的课长助理 2. 处理高等检察厅或辖区海上保安总部困难工作的课长助理 3. 处理公安调查局困难工作的总调查官 4. 地方检察厅或海上保安部的课长或掌管少年教养院或少年鉴别所困难工作的课长 5. 处理地方检察厅困难工作的总搜查官 6. 公安调查事务所的首席调查官 7. 海上保安署之长 8. 处理大型巡视船较困难工作的首席驾驶员等 9. 处理中型巡视船较困难工作的各课长 10. 处理小型巡视船较困难工作的船长或轮机长

续表

职务级别	标准职务
6级	1. 处理最高检察厅、公安调查厅总厅或海上保安厅总厅困难工作的课长助理 2. 高等检察厅或辖区海上保安总部的课长 3. 公安调查局的首席调查官 4. 掌管地方检察厅或海上保安部困难工作的课长 5. 地方检察厅的首席搜查官或处理特别困难工作的总搜查官 6. 处理公安调查事务所困难工作的首席调查官 7. 少年教养院、少年鉴别所或海上保安部的次长 8. 掌管少年教养院或少年鉴别所特别困难工作的课长 9. 规模庞大的海上保安署之长 10. 大型巡视船的各课长或处理困难工作的首席驾驶员等 11. 中型巡视船的船长或业务管理官或处理困难工作的各课长 12. 处理小型巡视船困难工作的船长或轮机长
7级	1. 掌管高等检察厅或辖区海上保安总部特别困难工作的课长 2. 掌管公安调查局特别困难工作的首席调查官 3. 地方检察厅事务局、公安调查事务所、少年教养院、少年鉴别所或海上保安部之长 4. 处理地方检察厅困难工作的首席搜查官 5. 处理少年教养院、少年鉴别所或海上保安部困难工作的次长 6. 规模特别庞大的海上保安署之长 7. 大型巡视船的船只或业务管理官或处理困难工作的各课长 8. 处理中型巡视船困难工作的船长或业务管理官
8级	1 最高检察厅的课长 2. 规模特别庞大的地方检察厅事务局、公安调查事务所、少年教养院、少年鉴别所或海上保安部之长 3. 处理地方检察厅特别困难工作的首席搜查官 4. 处理大型巡视船困难工作的船长或业务管理官

续表

职务级别	标准职务
9 级	1. 有一定规模的高等检察厅事务局之长 2. 规模极其庞大的地方检察厅事务局、公安调查事务所、少年教养院、少年鉴别所或海上保安部之长 3. 处理大型巡视船特别困难工作的船长或业务管理官
10 级	规模特别庞大的高等检察厅事务局之长

备注

1. 本表中的"大型巡视船"指的是新总吨位（指的是适用船舶吨位测度相关法律，即 1980 年法律第 40 号第 5 条规定的）在 400 吨以上或旧总吨位（指的是适用该法附则第 3 条第 1 项正文规定的。在本表中下同）在 600 吨以上的巡视船。
2. 本表中的"中型巡视船"指的是新总吨位在 150 吨以上 400 吨以下或旧总吨位在 200 吨以上 600 吨以下的巡视船。
3. 本表中的"小型巡视船"指的是新总吨位在 150 吨以下或旧总吨位在 200 吨以下的巡视船。
4. 本表中的"大型巡视艇"指的是艇长在 20 米以上的巡视艇。
5. 本表中的"中小型巡视艇"指的是艇长在 20 米以下的巡视艇。

表 2—13　　**海事职务薪俸表（一）级别标准职务**

职务级别	标准职务
1 级	在大型船舶（一类）、大型船舶（二类）、大型船舶（三类）、中型船舶（一类）或中型船舶（二类）上进行常规工作的驾驶员、轮机员或通信员（以下简称"驾驶员等"）或事务员
2 级	在大型船舶（一类）、大型船舶（二类）、大型船舶（三类）、中型船舶（一类）或中型船舶（二类）上进行需要较高等知识或经验工作的驾驶员等或事务员
3 级	1. 大型船舶（一类）或大型船舶（二类）的二等驾驶员、二等轮机员或二等通信员（以下简称"二等驾驶员等"）或处理困难工作的驾驶员等或事务员 2. 大型船舶（三类）的二等驾驶员等、事务长或处理困难工作的驾驶员等或事务员 3. 中型船舶（一类）的一等驾驶员、一等轮机员或通信长（以下简称"一等驾驶员等"）、事务长或处理困难工作的驾驶员等 4. 中型船舶（二类）的船长或轮机长、处理较困难工作的一等驾驶员等或处理困难工作的驾驶员等

续表

职务级别	标准职务
4级	1. 大型船舶（一类）的事务长或处理困难工作的二等驾驶员 2. 大型船舶（二类）的一等驾驶员等、事务长或处理困难工作的二等驾驶员等 3. 大型船舶（三类）的一等驾驶员等、处理困难工作的事务长或处理特别困难工作的二等驾驶员等 4. 中型船舶（一类）的船长或轮机长或处理困难工作的一等驾驶员等 5. 处理中型船舶（二类）较困难工作的船长或轮机长
5级	1. 大型船舶（一类）的一等驾驶员等或处理困难工作的事务长 2. 处理大型船舶（二类）或大型船舶（三类）困难工作的一等驾驶员等 3. 处理中型船舶（一类）困难工作的船长或轮机长
6级	1. 大型船舶（一类）的船长或轮机长或处理困难工作的一等驾驶员等 2. 大型船舶（二类）的船长或轮机长 3. 处理大型船舶（三类）较困难工作的船长或轮机长
7级	处理大型船舶（一类）困难工作的船长或轮机长

备注

1. 本表中的"大型船舶（一类）"指的是以远洋区域为航行区域的总吨位（对于拥有国际吨位证书或国际吨位确认书的船舶，则为国际总吨位。下同。）在2500吨以上的船舶。
2. 本表中的"大型船舶（二类）"指的是以远洋区域为航行区域的总吨位在1600吨以上2500吨以下的船舶。
3. 本表中的"大型船舶（三类）"指的是以远洋区域为航行区域的总吨位在500吨以上1600吨以下的船舶或以近海区域为航行区域的总吨位在1600吨以上的船舶。
4. 本表中的"中型船舶（一类）"指的是以远洋区域为航行区域的总吨位在20吨以上500吨以下的船舶或以近海区域为航行区域的总吨位在200吨以上1600吨以下的船舶。
5. 本表中的"中型船舶（二类）"指的是以近海区域为航行区域的总吨位在20吨以上200吨以下的船舶。
6. 根据船舶职员及小型船舶操纵者法施行令（1983年政令第13号）的规定在"甲级区域"内作业的渔船，应视为以远洋区域为航行区域的船舶，根据该令的规定在"乙级区域"内作业的渔船应视为以近海区域为航行区域的船舶予以处理。

表 2—14　　　　　海事职务薪俸表（二）级别标准职务

职务级别	标准职务
1 级	船舶船员
2 级	需要一定技能或经验的船舶船员
3 级	1. 中型船舶的各次长 2. 小型船舶的各长 3. 需要高等技能或经验的船舶船员
4 级	1. 大型船舶的各次长 2. 中型船舶的各长或处理困难工作的各次长 3. 小型船舶的船长或轮机长或处理困难工作的各长
5 级	1. 小型船舶的各长或处理困难工作的各次长 2. 处理中型船舶困难工作的各长 3. 处理小型船舶困难工作的船长或轮机长
6 级	处理大型船舶困难工作的各长

备注

1. 本表中的"大型船舶"指的是以远洋区域为航行区域的总吨位在 500 吨以上的船舶或以近海区域为航行区域的总吨位在 1600 吨以上的船舶。
2. 本表中的"中型船舶"指的是以远洋区域为航行区域的总吨位在 500 吨以下的船舶或以近海区域为航行区域的总吨位在 20 吨以上 1600 吨以下的船舶。
3. 本表中的"小型船舶"指的是以近海区域为航行区域的总吨位在 20 吨以下的船舶或以沿海区域或平流区域为航行区域的船舶。
4. 本表中的"各长"指的是水手长、机工长或司厨长，"各次长"指的是水手次长、机工次长或司厨次长，"船员"指的是舵工、水手、加油工、机工、司厨手或司厨员。
5. 根据船舶职员及小型船舶操纵者法施行令的规定在"甲级区域"内作业的渔船，应视为以远洋区域为航行区域的船舶，根据该令的规定在"乙级区域"内作业的渔船应视为以近海区域为航行区域的船舶，根据该令的规定在"丙级区域"内作业的渔船应视为以沿海区域为航行区域的船舶予以处理。

表 2—15　　　　　教育职务薪俸表（一）级别标准职务

职务级别	标准职务
1 级	气象大学或海上保安大学（以下简称"以大学为标准的教育机构"）的助教
2 级	以大学为标准的教育机构的讲师
3 级	以大学为标准的教育机构的副教授
4 级	以大学为标准的教育机构的教授
5 级	处理以大学为标准的教育机构困难工作的副校长

表 2—16　　　　　　　　教育职务薪俸表（二）级别标准职务

职务级别	标准职务
1 级	在专修学校进行教育辅助工作的职务
2 级	在专修学校进行教育工作的职务
3 级	在专修学校进行与该专修学校整体教育相关的统筹、调整等工作的职务

表 2—17　　　　　　　　研究职务薪俸表级别标准职务

职务级别	标准职务
1 级	在上级研究员的指挥监督下进行辅助性研究的研究辅助人员
2 级	1. 基于较高等的知识经验独立进行或在指导下进行困难研究的研究员 2. 基于较高等的知识经验独立进行或在上级研究员概括性地指导下进行研究的研究员
3 级	1. 基于高等的知识经验对涉及一定领域的研究进行调整、指导等工作的职务 2. 基于高等的知识经验独立进行困难研究的研究员
4 级	1. 基于特别高等的知识经验对涉及一定领域的研究进行调整、指导等工作的职务 2. 基于特别高等的知识经验独立进行困难研究的研究员
5 级	1. 试验所或研究所之长 2. 基于极其高等的知识经验对涉及领域广的研究进行统筹、调整等工作的职务 3. 基于极其高等的知识经验独立进行困难研究的研究员
6 级	有一定规模的试验所或研究所之长

表 2—18　　　　　　　　医疗职务薪俸表（一）级别标准职务

职务级别	标准职务
1 级	进行医疗工作的职务
2 级	1. 医院或疗养院（以下简称"医疗机构"）的诊疗课长 2. 基于较高等的知识经验进行困难医疗工作的职务
3 级	1. 医疗机构的副院长（包括副所长，下同） 2. 处理医疗机构困难工作的诊疗课长 3. 基于高等的知识经验进行困难医疗工作的职务
4 级	1. 医疗机构之长或处理医疗机构困难工作的副院长 2. 基于极其高等的知识经验进行特别困难医疗工作的职务
5 级	规模庞大的医疗机构之长

表 2—19　　　医疗职务薪俸表（二）级别标准职务

职务级别	标准职务
1 级	1. 营养师 2. 诊疗放射科技师 3. 临床检查技师 4. 物理治疗师或职业治疗师 5. 牙科保健师、牙科技术员或按摩师（以下简称"牙科保健师等"）
2 级	1. 药剂师 2. 进行困难工作的营养师、诊疗放射科技师、临床检查技师、物理治疗师、职业治疗师或牙科保健师等
3 级	1. 进行困难工作的药剂师 2. 在医疗机构进行困难工作的主任营养师、主任诊疗放射科技师、主任临床检查技师、主任物理治疗师、主任职业治疗师、主任牙科保健师、主任牙科技术员或主任按摩师
4 级	1. 进行医疗机构药剂部或药剂科（以下简称"药房"）的较困难工作的主任药剂师 2. 在医疗机构进行较困难工作的营养管理室长、诊疗放射科技师长、临床检查技师长、物理治疗师长或职业治疗师长 3. 在医疗机构进行特别困难工作的主任营养师、主任诊疗放射科技师、主任临床检查技师、主任物理治疗师、主任职业治疗师
5 级	1. 药房之长 2. 进行药房困难工作的主任药剂师 3. 在医疗机构进行困难工作的营养管理室长、诊疗放射科技师长、临床检查技师长、物理治疗师长或职业治疗师长
6 级	1. 有一定规模的药房之长 2. 在医疗机构进行特别困难工作的营养管理室长、诊疗放射科技师长或临床检查技师长
7 级	规模庞大的药房之长
8 级	规模特别庞大的药房之长

表 2—20　　　　　　　医疗职务薪俸表（三）级别标准职务

职务级别	标准职务
1 级	实习护士
2 级	1. 护士 2. 保健师或助产士
3 级	医疗机构的护士长
4 级	医疗机构的副总护士长或护理部副部长或处理困难工作的护士长
5 级	医疗机构的总护士长或护理部部长或处理困难工作的副总护士长或护理部副部长
6 级	规模特别庞大的医疗机构的总护士长或护理部部长
7 级	规模极其庞大的医疗机构的护理部部长

表 2—21　　　　　　　福利职务薪俸表 级别标准职务

职务级别	标准职务
1 级	生活援助员、儿童指导员、保育士或看护员
2 级	1. 进行较困难工作的生活援助专员或进行困难工作的看护长 2. 进行较困难工作的主任儿童指导员或主任保育士
3 级	1. 进行困难工作的生活援助专员 2. 进行特别困难工作的主任儿童指导员或主任保育士 3. 进行儿童福利设施的较困难工作的宿舍负责人
4 级	1. 残疾人援助设施或儿童福利设施（以下简称"残疾人援助设施等"）的课长 2. 进行困难工作的主任生活援助专员 3. 进行儿童福利设施困难工作的宿舍负责人
5 级	掌管残疾人援助设施等的困难工作的课长
6 级	掌管残疾人援助设施等的特别困难工作的课长

表 2—22　　　　　　　专业人员职务薪俸表级别标准职务

职务级别	标准职务
1 级	通过进行基于行政特定领域高度专业的知识经验的调查、研究、信息分析等，为政府规划及计划的制定等工作提供支援的职务

续表

职务级别	标准职务
2级	通过进行基于行政特定领域特别专业的知识经验的调查、研究、信息分析等,为重要的政府规划及计划的制定等工作提供支援的职务
3级	通过进行基于行政特定领域特别专业的知识经验的调查、研究、信息分析等,为特别重要的政府规划及计划的制定等工作提供支援的职务
4级	通过进行基于行政特定领域极其专业的知识经验的调查、研究、信息分析等,为极其重要的政府规划及计划的制定等工作提供支援的职务

表2—23　　委派职务薪俸表各工资等级标准职务

工资等级	标准职务
1级	掌管特别重要工作的辖区机关之长
2级	本省的部长
3级	掌管本省重要工作的部长
4级	本省的局长
5级	掌管本省重要工作的局长
6级	中央直属局的长官
7级	规模特别庞大的中央直属局的长官
8级	事务次官

备注
1. 本表中"本省"指的是府、省或中央直属局的内部机构。
2. 本表中"中央直属局"指的是作为中央直属局而设置的厅。
3. 本表中的"辖区机关"指的是以数个府县地区作为管辖区域的有一定规模的地方机构。

三　现行工资表构成

日本公务员的工资表由职务级别、号俸和月工资额三部分构成。确定公务员基本工资时,首先要确定其应该适用的工资表,其次再确定其应属的职务级别和号俸。

在工资表中,职务依其复杂程度、难易程度和责任轻重被划分为若干级别。即使职务相同，也不一定处在同一职务级别上。职务相同的情况下，内容简单、难度低和责任轻的工作对应的职务级别低，工作内容复杂、难度高和责任重的工作职务级别高。职务级别的划分，根据所适用工资表的不同而不同。职务级别并非是决定月工资额的唯一因素，它必须同号俸结合起来。号俸即某一职务级别下的工资等级，根据号俸处于同一职务级别上的职员之间拉开工资档次。[①] 在各类工资表中，职务级别相同的情况下，号俸设置的多少，主要是根据公务员在一定职务级别停留的时间长短（年功）和工作成绩等因素来确定的。一般来说，公务员在初任职务级别上的人数较多，在中层职务级别上停留的时间较长，因此，在各类工资表中，一般在中层职务级别下都设有较多的号俸，以利于在众多人员中拉开工资档次；而职务级别越高，号俸数则越少。日本是个重视年功序列的国家，工作年限长的低官职的公务员工资可能高于工作年限短但官职高的公务员的工资。

日本在现行一般职公务员11类17种工资表下分若干级，每个级别之下设若干号俸。其中：行政职（一）分10级，号俸数最多的在2级，为125个，最少的在10级，为21个；行政职（二）分5级，号俸数最多的在2级，为137个，最少的在5级，为69个；专门行政职分8级，号俸数最多的在1级，为93个，最少的在8级，为21个；税务职分10级，号俸数最多的在4级和5级，均为93个，最少的在10级，为21个；公安职（一）分11级，号俸数最多的在2级，为145个，最少的在11级，为21个；公安职（二）分10级，号俸数最多的在2级和3级，均为101个，最少的在10级，为21个；海事职（一）分7级，号俸数最多的在3级，为101个，最少的在7级，为29个；海事职（二）分6级，号俸数最多的在3级，为113个，最少的在6级，为69个；教育职（一）分5级，号俸数最多的在1级，为129个，最少的在5级，为21个；教育职（二）分3级，号俸数最多的在1级，为141个，最少的在3级，为101个；研究职分6级，号俸数最多的在2级，为121个，最少的在6级，为21个；医疗职（一）分5级，号俸数最多的在2级，为97个，最少的在5级，为21个，医疗职（二）分8级，号俸数最多的在3级，为113个，

---

① 柏良泽：《日本公务员的工资结构》，《组织人事学研究》1994年第4期，第45页。

最少的在 8 级，为 37 个；医疗职（三）分 7 级，号俸数最多的在 1 级，为 169 个，最少的在 7 级，为 57 个；福利职分 6 级，号俸数最多的在 1 级，为 153 个，最少的在 6 级，为 61 个；专业职分 4 级，号俸数最多的在 1 级，为 77 个，最少的在 4 级，为 3 个；指定职无职级，只分 1—8 号工资等级。

月工资额是与职务级别和号俸相对应的。因此通常说某公务员的月工资额是"某级某号俸"。[①] 在特定职务级别内，号俸的数字越大，月工资额就越高。月工资额差距体现在两个方面，一是适用于同一工资表的月工资额存在较大差距；二是各工资表之间的月工资额存在一定差距，一般职的各工资表之中，指定职月工资额最高。月工资额见第四节"公务员分类定薪"中各工资表。

第四节　现行国家公务员分类管理

随着行政需求的复杂化、精细化和多样化，内外部变革的速度不断加快，为了满足国民的期待与持续提供优质高效的行政服务，日本国会于 2008 年通过《公务员制度改革基本法》，对传统的人事管理制度进行改革。各方一致认为之前有限的录用考试种类、注重年资的任用与工资待遇等千篇一律的人事管理已经行不通了，新的管理制度强调把握每个公务员的能力和实际业绩，注重提高公务员的专业性等多样化的职业发展路径，将合适的人匹配到合适的岗位并提供富有弹性的工资待遇，以谋求行政效率的进一步提高。

一　公务员分类考录

2012 年，日本对公务员考录制度进行了大刀阔斧的改革，废止了之前第 Ⅰ、Ⅱ、Ⅲ 种录用考试，建立了新型考录制度，将考试分为综合职任用考试与普通职任用考试，并扩大专门职任用考试的类型数，以确保招募到多元化的与岗位要求相匹配的人才。在考录方式方法上，更加侧重考察候选人的逻辑思维能力、实务能力以及个人素质，而非具体知识。

[①] 柏良泽：《日本公务员的工资结构》，《组织人事学研究》1994 年第 4 期，第 45 页。

（一）新型录用考试

新型录用考试主要分三大类，即综合职考试、一般职考试和专业职考试。根据日本人事院规则8—18《录用考试》的规定，三大类考试具体分为21小类78种考试。（1）综合职考试，录用公务员的职务是负责与政策的企划及立案或调研和研究相关的事务。综合职考试分毕业研究生考试与大学毕业生考试2类，前者细分为10种考试，后者细分为12种考试。（2）普通职考试，录用公务员的职务是负责规律性的事务。普通职考试分大学毕业生考试与高中毕业生考试2类，各细分为10种考试。（3）专业职考试，录用公务员的职务为负责在特定的行政领域里必须运用专业知识来处理的事务。专业职考试分皇宫护卫官、刑务官、司法部专业人员、入境警备官、税务官、劳动标准监督官、外交部专业人员、财务专门官、国税专门官、税务人员、航空保安、海上保安等17类，皇宫护卫官、刑务官、入境警备官、劳动标准监督官等类别之下又细分为多种考试。17类专业职考试合计细分为36种考试。具体见表2—24。

表2—24　　　　　　　　　　录用考试的种类

录用考试名称	细分类别	资格条件	测试项目
国家公务员录用综合职位录用考试（研究生考试）	行政管理 人文科学 数字 工程 数学科学、物理、地球科学 化学、生物、药学 农业科学、渔业 农业农村工程 森林、自然环境	30岁以下； 研究生毕业	基础能力测试、专业考试（多选）、专业考试（描述式）、政策问题讨论考试、人员考试和英语考试
	法律	30岁以下； 法律专业研究生院毕业； 通过司法考试	基础能力测试、政策问题讨论考试、人员考试和英语考试

续表

录用考试名称	细分类别	资格条件	测试项目
国家公务员录用综合职位录用考试（大学毕业生考试）	政治与国际 法律 经济 人文科学 数字 工程 数学科学、物理、地球科学 化学、生物、药学 农业科学、渔业 农业农村工程 森林和自然环境	21—29岁或21岁以下； 大学毕业生	基础能力测试、专业考试（多选）、专业考试（描述式）、政策论文考试、人员考试和英语考试
	教育	21—29岁或21岁以下； 大学毕业生	基础能力测试、综合论文考试、政策问题讨论考试、规划建议考试、人员考试和英语考试
国家公务员录用普通职位录用考试（大学毕业生水平考试）	行政管理	21—29岁或21岁以下； 大学毕业生	基础能力测试、专业考试（多选）、一般论文考试和人员测试
	数字、电气和电子 机械 土木工程 建筑 物理 化学 农业 农业农村工程 林业	21—29岁或21岁以下； 大学毕业生	基础能力测试、专业考试（多选）、专业考试（描述式）和人员测试

续表

录用考试名称	细分类别	资格条件	测试项目
国家公务员录用普通职位录用考试（高中毕业生水平考试）	事务 事务（社会人士）	高中毕业未满2年；或当年3月份之前从高中毕业	基础能力测试、能力测试、作文考试和人员测试
	技术 农业 土木工程 林业 技术（社会人士） 农业（社会人士） 农业土木工程（社会人士） 林业（社会人士）	未满40周岁；高中毕业	基础能力测试、专业测试（多选）和人员测试
皇宫护卫官录用考试（大学毕业生水平考试）		21—29岁或21岁以下；大学毕业生	基础能力测试、问题论文测试、人员测试、身体检查、身体测量和体能测试
皇宫护卫官录用考试（高中毕业水平考试）	护卫官 护卫官（社会人士）	高中毕业未满5年；或当年3月份之前从高中毕业或未满40周岁（社会招聘）	基础能力测试、作文测试、人员测试、体格测试、身体测量和体能测试
刑务官录用考试	刑务A 刑务B 刑务A（社会人士） 刑务B（社会人士）	17—29岁；刑务A招男性；刑务A招女性	基础能力测试、作文测试、人员测试、体格测试、身体测量和体能测试
	刑务A（武术） 刑务B（武术）	17—29岁；刑务A招男性；刑务B招女性	基础能力测试、作文测试、实践测试、人员测试、身体检查和身体测量

续表

录用考试名称	细分类别	资格条件	测试项目
司法部专业人员（人文科学）录用考试	矫正心理学专业 A 矫正心理学专业 B 法律教师 A 法律教师 B 法律教师 A（社会人士） 法律教师 B（社会人士）	21—29 岁或 21 岁以下（社会招聘人员在 40 岁以下）； 大学毕业生； A 招男性； B 招女性	基础能力测试、专业测试（多选）、专业测试（描述式）、人员测试、身体检查和身体测量
	保护观察官	21—29 岁或 21 岁以下； 大学毕业	基础能力测试、专业考试（多选）、专业考试（描述式）和人员测试
入境警备官录用考试	警卫 保安人员（社会人士）	高中毕业未满 5 年； 或当年 3 月份之前从高中毕业 或未满 40 周岁（社会招聘）	基础能力测试、作文测试、人员测试、体格测试、身体测量和体能测试
外交部专业人员录用考试		21—29 岁或 21 岁以下； 大学毕业	基础能力测试、专业考试（书面表达）、外语考试（书面表达）、外语考试（面试）、时事论文考试、人员考试和体格检查
财务专门官录用考试		21—29 岁或 21 岁以下； 大学毕业	基础能力测试、专业考试（多选）、专业考试（描述式）和人员测试
国税专门官录用考试		21—29 岁或 21 岁以下； 大学毕业	基础能力测试、专业测试（多选）、专业测试（描述式）、人员测试和身体测试
税务人员录用考试		高中毕业未满 3 年； 或当年 3 月份之前从高中毕业	基础能力测试、能力测试、作文测试、人员测试和身体测试

续表

录用考试名称	细分类别	资格条件	测试项目
食品卫生监督员录用测试		21—29岁或21岁以下；大学毕业	基础能力测试、专业考试（描述式）和人员测试
劳动标准监督官录用考试	警备官	21—29岁或21岁以下；大学毕业	基础能力测试、专业测试（多选）、专业测试（描述式）、人员测试和身体测试
	警备官（社会人士）		
航空管制官录用考试		21—29岁或21岁以下；大学毕业	基础能力测试、能力测试、外语考试（多选）、外语考试（听力）、外语考试（面试）、人员考试、身体检查和身体测量
航空保安学院学生录用考试	航空信息	中学毕业未满3年；或当年3月份之前从中学毕业	基础能力测试、部门测试（多选）、人员测试、身体检查和身体测量
	航空电子		
气象大学学生录用考试		中学毕业未满2年；或当年3月份之前从中学毕业	基础能力测试、学科考试（多选）、学科考试（描述式）、作文考试、人员考试和体格检查
海上保安官录用考试		30岁以下；大学毕业	基础能力测试、问题论文测试、人员测试、身体检查、身体测量和体能测试
海上保安大学生录用考试		中学毕业未满2年；或当年3月份之前从中学毕业	基础能力测试、学科考试（多选）、学科考试（描述式）、作文考试、人员考试、体格检查、身体测量和体能测试

续表

录用考试名称	细分类别	资格条件	测试项目
海上保安学生录用考试	船舶运营系统课程	中学毕业未满12年；或当年3月份之前从中学毕业	基础能力测试、作文测试、人员测试、体格测试、身体测量和体能测试
	航空课程		基础能力测试、部门测试（多选）、人员测试、身体检查、身体测量、体能测试和能力测试
	信息系统课程 控制课程 海洋科学课程		基础能力测试、部门测试（多选）、人员测试、身体检查、身体测量和体能测试

资料来源：人事院规则八——八（採用試験）[EB/OL].[2022-03-19]. https://elaws.e-gov.go.jp/document?lawid=423RJNJ08018000。

（二）录用有经验者考试

特别需要指出的是，日本在上述考试之外，还特别设置了录用有经验者考试，即录取私营部门内具有实际业务经验或具有其他经验的人士为系长以上的职务。之所以设置录用有经验者的考试，是因为政府为准确应对日益复杂化、多样化与国际化的行政事务，需引进外部人力资源，以顺应民众期待，而这类人力资源仅靠招聘新进的大学毕业生或通过公务员内部培训在短期内无法实现。日本政府从私营部门引进的人才主要有两类，一类是具有高级专业知识经验（指律师或注册会计师通过其实践获得的高级专业知识经验，以及大学教师或实验室研究人员在特定领域享有盛誉的高专业知识经验）或具有出色洞察力（指在私营部门领域发挥积极作用、在社会上享有盛誉的有成就、创造力和远见卓识的人所拥有的广泛知识经验）的人员；另一类是拥有专业知识经验（该专业知识经验与急速发展的技术有关）的人员。这些人员进入公务员队伍有一定的任期，通常不超过5年，薪酬待遇根据其专业知识经验或洞察力、从事工作的困难和重要性确定，最低的1号俸为375000日元，最高的7号俸为830000日元。

特别优秀的可以在适用《一般职公务员工资法》的最高金额（指定职位工资表 8 号工资）范围内确定每月工资①。

表 2—25　　日本 2020 年录用经验者考试的实施结果

考试名称	申请人数	合格者人数
有经验者录用考试（系长级（事务））	834	57
总务省有经验者录用考试（系长级（技术））	45	9
外务省有经验者录用考试（书记官级）	191	17
国税厅有经验者录用考试（国税调查官级）	1171	142
农林水产省有经验者录用考试（系长级（技术））	47	3
国土交通省有经验者录用考试（系长级（技术））（本省类）	67	9
国土交通省有经验者录用考试（系长级（技术））（地方事务局、北海道开发局类）	46	7
观光厅有经验者录用考试（系长级（事务））	203	8
气象厅有经验者录用考试（系长级（技术））	59	16

资料来源：2022 年度人事院推行的人事行政——国家公务员简介：7。
人事院の業務紹介パンフレット《国家公務員プロフィール》[EB/OL].[2022 - 03 - 19].
https：//www.jinji.go.jp/pamfu/R3profeel_files/R3_profeel_all_8.1MB.PDF。

二　公务员分类考核

2009 年 3 月 6 日，日本内阁颁布《关于人事评价的标准、方法等的政令》，宣布于 2009 年 4 月 1 日起正式实施新的公务员人事评价制度。此次改革针对之前"勤务评定"制度②中的问题如考核过程不透明、考核结果不公开、与晋升联系不紧密等，建立了全新的以"能力"和"业绩"为导向的考核体系，以鼓舞公务员士气并提高行政管理效率。《关于人事评价的标准、方法等的政令》第 3 条规定，对非常勤公务员，《国家公务员法》第 60 条规定的临时职员，《检察厅法》第 15 条规定的公务员，如

---

① 资料来源：民间人材の任期付採用[EB/OL].[2022 - 03 - 19]，https：//www.jinji.go.jp/support/ninki.html。注：1 - 7 号俸的工资分别为 375000、422000、472000、533000、608000、710000、830000 日元。
② 2009 年以前，日本公务员考核采用的是综合考核模式，考核内容主要包括四大项，分别为工作实绩、个人性格、工作能力和工作适应力。

总检察长、副检察长和各地地方检察长等不予考评。①

新的考核评价内容包括"能力评价"和"业绩评价"两个方面。"能力评价"是指：对于公务员在能力考核期内的实际工作表现，依据人事评价实施规程所规定的评价项目中的标准工作能力类型，将职员的这些需要考核的能力表现与人事评价实施规程中的行为描述相对照，考核该职员所发挥能力的水平。②"业绩评价"是对于公务员在业绩评价的考核期内应完成的工作任务，在确定业务目标或其他方法预先告知公务员的基础上，考核公务员完成该项工作的程度。③ 通常每个岗位选取 5 项主要业务，考核目标由人事部门和公务员在年初协商确定；在考核计分卡中，不仅明确记载了这些目标的具体要求，而且还注明了这些目标的重要性和完成难度。④ 能力评价的周期为一年一次，从上年度的 10 月 1 日至次年的 9 月 30 日；业绩评价的周期为一年两次，第一次是从上年度的 10 月 1 日至次年的 3 月 31 日，第二次是从次年的 4 月 1 日至次年的 9 月 30 日。

新的考核体系中，考核指标不再固定，而是以不同职务的能力素质要求和年初设定的工作目标为参照。无论是能力考核，还是业绩考核，都充分体现了分类考核的思想。在能力评价中，按照公务员所在部门层级的不同确定了一般行政（中央机关）、一般行政（跨地区设置的机关）、一般行政（都府县机关）、一般行政（其他机关）、研究机构、教培机构、医疗行政机关、技能劳务行政机关等类别，在不同类别之下根据公务员职务的不同设置不同的评价要素，如一般行政职（中央机关）根据课长、室长、课长辅佐、系长、系员等不同级别设置不同的评价项目。在业绩评价中，尽管设定了相同的评价要素——业务内容（包括内容、期限、成果质量）、业务目标、困难度、重要性等，但这些评价要素因人员类型不同而不同。

---

① 人事評価の基準、方法等に関する政令 [EB/OL]. [2022-03-15]. https://elaws.e-gov.go.jp/document? lawid = 421CO0000000031.

② 人事評価の基準、方法等に関する政令 [EB/OL]. [2022-03-15]. https://elaws.e-gov.go.jp/document? lawid = 421CO0000000031.

③ 人事評価の基準、方法等に関する政令 [EB/OL]. [2022-03-15]. https://elaws.e-gov.go.jp/document? lawid = 421CO0000000031.

④ 朱光明：《日本公务员制度改革述评》，《中国行政管理》2010 年第 1 期，第 100—103 页。

表2—26　日本一般行政职（中央机关）公务员能力考核评价内容

职务	考核评价项目
课长	6项16个着眼点 (1) 伦理：责任感；公正性；(2) 构想：把握全局；明示基本方针和成果；(3) 判断：最佳选择；适时判断；风险应对；(4) 说明与调整：信赖关系的构建；折中、调整；恰当的说明；(5) 业务运行：预见性；有效性；业务的重新评估；(6) 组织领导与人才培养：任务分配；沟通与进度管理；人才培养与支持。
室长	6项17个着眼点 (1) 伦理：责任感；公正性；(2) 计划安排：知识与信息收集；行政需求反馈；成果认知；(3) 判断：最佳选择；适时判断；风险应对；(4) 说明与调整：信赖关系的构建；折中、调整；恰当的说明；(5) 业务运行：预见性；有效性；业务的重新评估；(6) 组织领导与人才培养：业务分配；沟通与进度管理；人才培养与支持。
课长辅佐	6项15个着眼点 (1) 伦理：责任感；公正性；(2) 计划安排与业务推进：知识与信息收集；业务推进；成果认知；(3) 判断：角色认知；适时判断；(4) 说明与调整：信赖关系的构建；说明；交涉；(5) 业务执行：计划性；灵活性；业务改进；(6) 人才培养与使用：工作分配；人才培养。
系长	5项13个着眼点 (1) 伦理：责任感；公正性；(2) 任务应对：知识与信息收集；问题点的把握；研究解决方案；(3) 协调性：协调性；对指示指导的理解；(4) 说明：说明；理解对方的话；(5) 业务执行：计划性；正确性；韧性；人才培养。
系员	4项12个着眼点 (1) 伦理：责任感；公正性；(2) 知识与技术：信息整理；知识习得；(3) 沟通：对指示指导的理解；信息传达；诚实应对；向上司报告；(4) 业务执行：积极性；正确性；时效性；韧性。

资料来源：作者根据日本《人事评价相关资料汇编》自行整理。人事評価マニュアル《資料編》[EB/OL]．[2022-03-15]．https：//www.jinji.go.jp/jinjihyouka/img/r0309hyouka_manual_siryou.pdf。

表2—27　　　　　日本一般行政（跨地区设置的机关）
公务员能力考核评价内容

职务	考核评价项目
部长	6项16个着眼点 （1）伦理：责任感；公正性；（2）构想：把握全局；明示基本方针和成果；（3）判断：最佳选择；适时判断；风险应对；（4）说明与调整：信赖关系的构建；折中、调整；恰当的说明；（5）业务运行：预见性；有效性；业务的重新评估；（6）组织领导：建章立制；领导；沟通与进度管理。
课长	6项15个着眼点 （1）伦理：责任感；公正性；（2）举措实施：行政需求反馈；成果认知；（3）判断：最佳选择；适时判断；（4）说明与调整：信赖关系的构建；折中、调整；与上级机关的合作；（5）业务运行：灵活性；有效性；业务的重新评估；（6）组织领导与人才培养：业务分配；沟通与进度管理；人才培养与支持。
课长辅佐	6项13个着眼点 （1）伦理：责任感；公正性；（2）方案、计划与举措：知识与信息收集；业务推进；（3）判断：角色的认知；适当的判断；（4）说明与调整：信赖关系的构建；说明；交涉；（5）业务执行：计划性；业务改进；（6）人才培养与使用：工作分配；人才培养。
系长	5项12个着眼点 （1）伦理：责任感；公正性；（2）任务应对：知识与信息收集；研究解决方案；（3）协调性：协调性；对指示指导的理解；（4）说明：说明；理解对方的话；（5）业务执行：计划性；正确性；韧性；人才培养。
系员	4项12个着眼点 （1）伦理：责任感；公正性；（2）知识与技术：信息整理；知识习得；（3）沟通：对指示指导的理解；信息传达；诚实应对；向上司报告；（4）业务执行：积极性；正确性；时效性；韧性。

资料来源：作者根据日本《人事评价相关资料汇编》自行整理。人事評価マニュアル《資料編》［EB/OL］.［2022-03-15］. https://www.jinji.go.jp/jinjihyouka/img/r0309hyouka_manual_siryou.pdf。

表 2—28　　　　　日本一般行政职（都府县机关）
公务员能力考核评价内容

职务	考核评价项目
所长	6 项 16 个着眼点 （1）伦理：责任感；公正性；（2）构想：把握全局；明示基本方针和成果；（3）判断：最佳选择；适时判断；风险应对；（4）说明与调整：信赖关系的构建；折中、调整；恰当的说明；（5）业务运行：预见性；有效性；业务的重新评估；（6）组织领导：建章立制；领导；沟通与进度管理。
部长	6 项 15 个着眼点 （1）伦理：责任感；公正性；（2）实施方针：情况把握；明示实施方针和成果；（3）判断：最佳选择；适时判断；风险应对；（4）说明与调整：信赖关系的构建；折中、调整；恰当的说明；（5）业务运行：预见性；有效性；业务的重新评估；（6）组织领导：建章立制；沟通与进度管理。
课长	6 项 15 个着眼点 （1）伦理：责任感；公正性；（2）实施计划：行政需求的把握；计划制定；（3）判断：最佳选择；适时判断；（4）说明与调整：信赖关系的构建；折中、调整；与上级机关的合作；（5）业务运行：灵活性；有效性；业务的重新评估；（6）组织领导与人才培养：任务分配；沟通与进度管理；人才培养与支持。
课长辅佐	6 项 13 个着眼点 （1）伦理：责任感；公正性；（2）方案、计划与举措：知识与信息收集；业务推进；（3）判断：角色的认知；适当的判断；（4）说明与调整：信赖关系的构建；说明；调整；（5）业务执行：计划性；业务改进；（6）人才培养与使用：工作分配；人才培养。
系长	5 项 12 个着眼点 （1）伦理：责任感；公正性；（2）任务应对：知识与信息收集；研究解决方案；（3）协调性：协调性；协同性；（4）说明：说明；理解对方的话；（5）业务执行：计划性；正确性；韧性；人才培养。
系员	4 项 12 个着眼点 （1）伦理：责任感；公正性；（2）知识与技术：信息整理；知识习得；（3）沟通：对指示指导的理解；信息传达；诚实应对；向上司报告；（4）业务执行：积极性；正确性；时效性；韧性。

资料来源：作者根据日本《人事评价相关资料汇编》自行整理。人事評価マニュアル《資料編》［EB/OL］.［2022－03－15］. https://www.jinji.go.jp/jinjihyouka/img/r0309hyouka_manual_siryou.pdf。

表2—29　日本一般行政职（其他机关）公务员能力考核评价内容

职务	考核评价项目
所长	6项15个着眼点 （1）伦理：责任感；公正性；（2）执行方针：把握全局；明示组织目标和成果；（3）判断：公正判断；最佳选择；风险应对；（4）说明与调整：信赖关系的构建；交涉、说明；（5）业务运行：预见性；有效性；业务的重新评估；（6）组织领导：建章立制；领导；沟通与进度管理。
次长	6项13个着眼点 （1）伦理：责任感；公正性；（2）执行方针：情况把握；明示组织目标和成果；（3）判断：公正判断；最佳选择；（4）说明与调整：信赖关系的构建；交涉、说明；（5）业务运行：预见性；有效性；业务的重新评估；（6）组织领导：建章立制；沟通与进度管理。
课长	6项16个着眼点 （1）伦理：责任感；公正性；（2）事件应对：情况的把握；困难与特殊事件的应对；组织目标的贯彻；（3）判断：适当的判断；最佳选择；（4）说明与调整：信赖关系的构建；交涉、说明；与上级机关的合作；（5）业务运行：灵活性；有效性；业务的重新评估；（6）组织领导与人才培养：建章立制；沟通与进度管理；人才培养与支持。
课长辅佐	6项12个着眼点 （1）伦理：责任感；公正性；（2）事件应对：知识与信息收集；困难与特殊事件的应对；（3）判断：角色的认知；适当的判断；（4）说明与调整：调整；协同性；（5）业务执行：计划性；业务改进；（6）人才培养与使用：任务分配；人才培养。
系长	5项12个着眼点 （1）伦理：责任感；公正性；（2）事件应对：知识与信息收集；适当的判断；（3）协调性：协调性；协同性；（4）说明：外部说明；理解对方的话；（5）业务执行：计划性；正确性；韧性；人才培养。
系员	4项12个着眼点 （1）伦理：责任感；公正性；（2）知识与技术：信息整理；知识习得；（3）沟通：对指示指导的理解；信息传达；诚实应对；向上司报告；（4）业务执行：积极性；正确性；时效性；韧性。

资料来源：作者根据日本《人事评价相关资料汇编》自行整理。人事評価マニュアル《資料編》[EB/OL].[2022–03–15]. https://www.jinji.go.jp/jinjihyouka/img/r0309hyouka_manual_siryou.pdf。

表 2—30　　日本研究机关公务员能力考核评价内容

职务	考核评价项目
总研究官	6 项 15 个着眼点 (1) 伦理：责任感；公正性；(2) 构想：把握行政需求；明示基本方针和成果；(3) 知识、技术、整合与说明：深厚的专业知识与技术；分析；说明；(4) 调整：信赖关系的构建；折中、调整；(5) 业务运行：预见性；有效性；业务的重新评估；(6) 组织领导：建章立制；领导；沟通与进度管理。
部长	6 项 15 个着眼点 (1) 伦理：责任感；公正性；(2) 构想：把握行政需求；明示基本方针和成果；(3) 知识、技术与说明：深厚的专业知识与技术；分析；说明；(4) 调整：信赖关系的构建；调整；(5) 业务运行：问题应对；有效性；业务的重新评估；(6) 组织领导：任务分配；沟通与进度管理；人才培养与支持。
室长	6 项 15 个着眼点 (1) 伦理：责任感；公正性；(2) 计划安排：把握需求；计划安排；(3) 知识、技术与说明：深厚的专业知识与技术；分析；说明；(4) 调整：信赖关系的构建；调整；(5) 业务运行：问题应对；有效性；业务的重新评估；(6) 组织领导与人才培养：任务分配；沟通与进度管理；人才培养与支持。
主任研究官	6 项 13 个着眼点 (1) 伦理：责任感；公正性；(2) 计划安排与研究实施：方案计划；研究实施；知识、技术与说明：专业知识与技术；分析；说明；(4) 调整：调整；与相关人员的合作；(5) 业务执行：规划性；有效性；(6) 业务指导：任务分配；指导与培养。
研究官	5 项 11 个着眼点 (1) 伦理：责任感；公正性；(2) 知识、技术与信息收集：知识技术的提高；信息收集；(3) 解释与说明：数据的解释；说明；(4) 协调性：内部沟通；与相关人员的合作；(5) 业务执行：计划性；正确性；韧性。
助理研究员	4 项 9 个着眼点 (1) 伦理：责任感；公正性；(2) 知识、技术与信息收集：知识技术的提高；信息收集；(3) 沟通：对指示指导的理解；信息传达；(4) 业务执行：积极性；韧性；正确性。

资料来源：作者根据日本《人事评价相关资料汇编》自行整理。人事评価マニュアル《資料編》[EB/OL].[2022-03-15].https://www.jinji.go.jp/jinjihyouka/img/r0309hyouka_manual_siryou.pdf。

表 2—31　　　　　日本教培机关公务员能力考核评价内容

职务	考核评价项目
部长	6 项 16 个着眼点 (1) 伦理：责任感；公正性；(2) 讲义、指导、计划与立项：知识与信息收集；讲义与指导；把握需求；计划与立项；(3) 判断：最佳选择；适时判断；(4) 调整：信赖关系的构建；折中与调整；(5) 业务运行：问题应对；有效性；业务的重新评估；(6) 组织领导：建章立制；沟通与进度管理；人才培养与支持。
教授	6 项 16 个着眼点 (1) 伦理：责任感；公正性；(2) 讲义、指导、计划与立项：知识与信息收集；讲义计划的制定；讲义与指导实施；计划与立项；(3) 判断：最佳选择；适时判断；(4) 调整：内部交流；信赖关系；调整；(5) 业务运行：问题应对；有效性；业务的重新评估；(6) 人才培养与使用：任务分配；人才培养。
教官	4 项 9 个着眼点 (1) 伦理：责任感；公正性；(2) 讲义、指导：知识技术的提高；讲义计划的制定；讲义与指导实施；(3) 解释与说明：协调性；说明；(4) 业务执行：有效性；计划性。
教辅	4 项 8 个着眼点 (1) 伦理：责任感；公正性；(2) 讲义、指导：知识技术的提高；讲义计划的制定；讲义与指导实施；(3) 沟通：对指示指导的理解；信息传达；(4) 业务执行：积极性；韧性。

资料来源：作者根据日本《人事评价相关资料汇编》自行整理。人事評価マニュアル《資料編》［EB/OL］.［2022-03-15］. https://www.jinji.go.jp/jinjihyouka/img/r0309hyouka_manual_siryou.pdf。

表 2—32　　　　　日本医疗行政机关公务员能力考核评价内容

职务	考核评价项目
部长	6 项 13 个着眼点 (1) 伦理：责任感；公正性；(2) 构想：把握行政需求；明示基本方针和成果；(3) 知识、技术与诊疗：准确诊断；适当诊疗；(4) 判断：最佳选择；适时判断；(5) 调整：信赖关系的构建；调整；(6) 组织领导：建章立制；沟通与进度管理；人才培养与支持。

续表

职务	考核评价项目
课长	5 项 11 个着眼点 (1) 伦理：责任感；公正性；(2) 知识、技术与诊疗：准确诊断；适当诊疗；(3) 判断：最佳选择；适时判断；(4) 调整：信赖关系的构建；调整；(5) 组织领导与人才培养：任务分配；沟通与进度管理；人才培养与支持。
医长	5 项 11 个着眼点 (1) 伦理：责任感；公正性；(2) 知识、技术与诊疗：准确诊断；适当诊疗；知识技术的提高；(3) 信赖关系的构建：协调性；说明；(4) 对患者等的说明与指导：角色认知；说明与指导；(5) 人才培养与使用：任务分配；人才培养。
医师	4 项 10 个着眼点 (1) 伦理：责任感；公正性；(2) 讲义、指导：准确诊断；适当诊疗；知识技术的提高；(3) 协调性：协调性；说明；向上司报告；(4) 对患者等的说明与指导：角色认知；说明与指导。

资料来源：作者根据日本《人事评价相关资料汇编》自行整理。人事評価マニュアル《資料編》[EB/OL]．[2022-03-15]．https://www.jinji.go.jp/jinjihyouka/img/r0309hyouka_manual_siryou.pdf。

表 2—33　日本技能劳务行政机关公务员能力考核评价内容

职务	考核评价项目
部长	4 项 11 个着眼点 (1) 伦理：责任感；公正性；(2) 知识、技能与业务执行：专业知识与技能；问题把握；(3) 协调性：顺利调整；诚实应对；(4) 业务管理：计划性；业务改进；准确与迅速；工作分配；指导与培养。

续表

职务	考核评价项目
课长	4项10个着眼点 (1) 伦理：责任感；公正性；(2) 知识与技能：知识与技能的提高；信息收集；(3) 沟通：对指示、指导的理解；诚实应对；(4) 调整：正确性；迅速性；期限性；积极性。

资料来源：作者根据日本《人事评价相关资料汇编》自行整理。人事評価マニュアル《资料編》[EB/OL]. [2022-03-15]. https://www.jinji.go.jp/jinjihyouka/img/r0309hyouka_manual_siryou.pdf。

三　公务员分类晋升

近年来，随着以"能力"和"业绩"为导向的考核体系的建立，日本公务员的职务晋升不再依靠论资排辈，转而重视考核评价结果，并将"能力评价"和"业绩评价"结果作为公务员晋升的重要依据，不同级别的公务员要求不同。《国家公务员法》（2015版）第五十八条规定："职员的升职和调职（职员任命干部职位的情况除外）由任命权力人根据职员的人事评估，从认为适合打算任命的官职所属职务上的各级标准官职相关的标准职务执行能力，以及适合打算任命的官职的人员中选择。"因此，考核评价结果对于公务员晋升至关重要。

（一）资格条件

考核结果作为晋升考察的重要依据，提供明确的职业发展路径。对课长以下级别的公务员而言，为获得晋升，其在晋升之前2年的能力评价中，必须有一次评价结果为S或A且另一次为B以上；晋升之前最近一次工作业绩评价结果必须为B以上。对课长级别的公务员而言，为获得晋升，其在晋升之前3年的能力评价中，最近一次评价结果为S或A且其他两次均为B以上；晋升之前最近一次工作业绩评估结果必须为B以上。对副局长及以上级别的公务员而言，为获得晋升，其在晋升之前3年的能力评价中，最近两次评价结果必须为S或A且另一次为B以上；晋升之前3年的工作业绩评价中，最近4次评价结果中有一次为S或A；其他5次为B以上。

表 2—34　　　　　　　　　公务员晋升资格条件①

评价类型	课长级以下晋升	课长级晋升	部长级及以上晋升
能力评价	最近 2 次评价结果运用：1 次评价结果为 S 或 A；1 次为 B 以上（含 B）	最近 3 次评价结果运用：最近 1 次评价结果为 S 或 A；其他 2 次均为 B 以上（含 B）	最近 3 次评价结果运用：最近 2 次评价结果为 S 或 A；另 1 次为 B 以上（含 B）
业绩评价	最近 1 次评价结果运用：B 以上（含 B）	最近 1 次评价结果运用：B 以上（含 B）	最近 6 次评价结果运用：最近 4 次中有一次为 S 或 A；其他 5 次均为 B 以上（含 B）

注：（1）课长级及以下公务员评价结果分 S、A、B、C、D 5 个等次，部长级及以上公务员评价结果分 A、B、C 3 个等次。（2）能力评价的周期为一年一次，从上年度的 10 月 1 日至次年的 9 月 30 日；业绩评价的周期为一年两次，第一次是从上年度的 10 月 1 日至次年的 3 月 31 日，第二次是从次年的 4 月 1 日至次年的 9 月 30 日。

（二）能力评价

在公务员的晋升中，根据能力评价（此处的能力评价属于特别评价，不同于定期评价中的能力评价）决定公务员是否能获得晋升。之前的业绩评价和能力评价是获得晋升的资格条件。

为帮助各部门客观评价公务员是否能胜任系长、课长助理职务，人事院主张从事务处理能力、领导能力、为民情怀以及知识与洞察力四个方面开展能力评价。在这四个方面内容之下细化了具体的评价要素，并针对不同级别职务设定了不同的具体表现，充分体现了分类评价的思想。在实际应用时，参照作为着眼点的行动例，对评价要素进行评价。需要强调的是，这个标准是为了选拔而进行评价时各部门共通的标准。因此，在实际应用时，需要根据各部门的实际情况，追加新的评价要素和不同的着眼点，进行评价的权重分配等。

---

① 人事評価結果の任免への活用の概要［EB/OL］.［2022-03-19］. https：//www. jinji. go. jp/saiyo/jinji_top/ninmen/3-katsuyou. pdf.

1. 事务处理能力

表 2—35　　　　评价标准模型之事务处理能力

评价要素 ①	评价要素 ②	着眼点 系长级别	着眼点 课长助理级别	参考（未来担任课长级以上行政职务所需要的能力）
能够把握世界动向，尽早发现问题，先行制定政策和有效解决问题的方案，并进行构思的能力	具有远见卓识，能够进行有效规划和构思的能力	• 掌握业务流程，始终领先一步，同时着手处理负责的业务。 • 在征求上司指示的同时，考虑具体措施和时间表。	• 准确把握负责领域的动向，在展望未来的同时，谋划制定政策。 • 根据过去的经验，制定有效解决问题的方案。	• 把握时代动向，制定领先于时代的政策和战略愿景。 • 根据过去的经验和未来展望，提出最有效的关键问题解决方案。
	发现并分析问题的能力	• 整理各种信息，发现问题。 • 参考过去的事例，推测产生问题的原因。	• 整理各种信息，发现问题并预测未来可能出现的问题。 • 阐明问题的原因，并掌握问题的性质。	• 整理各种信息，尽早发现问题并预测未来可能出现的问题。 • 阐明问题的原因，迅速把握问题的本质和全貌。
	收集信息的能力	• 通过负责的工作收集必要的信息，并将其用于实际工作中。	• 建立与活用部门内外的人脉。 • 随时收集与负责领域相关的各种信息，并将其用于实际工作。	• 部门内外人员建立密切联系，并有效利用这些网络。 • 随时收集各种最新信息，如政治和经济趋势，并将其用于实际工作。

续表

评价要素 ①	评价要素 ②	着眼点 系长级别	着眼点 课长助理级别	参考（未来担任课长级以上行政职务所需要的能力）
	逻辑地考虑事物和明确作出决策的能力	• 从逻辑上考虑和判断事物。 • 在执行职责时，不要拖延问题。	• 从多角度有逻辑地审视事物，并作出恰当的判断。 • 在履行职责时，不错过时机，明确决断。	• 从大局出发，有逻辑地看待事物，作出令人信服的、恰当的决定。 • 在履行职责时，选择最有效的时机作出决断。
克服各种障碍，及时提出政策建议和问题解决方案的能力	能够捕捉形势的变化，确保实现想法的能力	• 时刻注意形势变化，并迅速应对。 • 即使在困难的情况下，也不要放弃，为达成目标不断努力。	• 对形势的变化毫不犹豫，随机应变。 • 始终保持目标感，为达成目标坚持不懈地致力于所负责的工作。 • 即使在受到时间限制和周围反对等困难的情况下，也能保持情绪稳定。	• 及时把握形势变化，修正原有的思路和策略，并作出恰当的应对。 • 始终保持高度的目标感，为达成目标克服各种障碍。 • 即使在受到来自部门内外的各种压力和困难的情况下，也能保持情绪稳定。
	改变现状的能力	• 始终带着批判精神来安排负责的业务。 • 向上司提出更合适的方案，并为实现方案而努力。	• 不安于现有制度和运用，并不断寻求更合适的制度。 • 向上司提出更合适的制度，并努力实现这些制度。 • 保持平和的心态，倾听并理解各种意见。	• 不安于现有制度和运用，并不断寻求最适当的制度，并实现它。 • 保持内心的平和与宽厚，倾听各种意见，理解它，并判断其有效性。

资料来源：Ⅱ種・Ⅲ種等採用職員の幹部職員への登用の推進に関する指針について，https://www.jinji.go.jp/kisoku/tsuuchi/08_ninmen/0805000_H11ninki73.html。

2. 领导能力

表 2—36　　　　　　　　评价标准模型之领导能力

评价要素		着眼点		参考（未来担任课长级别以上行政职务所需要的能力）
①	②	系长级别	课长助理级别	
了解部门内外的人员并产生有效影响的能力	能够理解和说服他人，并清楚地表达自己意见的能力	• 倾听对方的意见，站在对方的立场上思考，并作出适当的反应。 • 准确表达自己的意见和事实。 • 坚持不懈地进行沟通，以获得对方的理解和认同。	• 理解对方的意见和立场，并考虑自己对对方的影响，并作出适当的反应。 • 明确表达自己的意见和事实。 • 沟通过程中辅以适当的例子和理由，以获得对方的理解和接纳。	• 把握对方的真实意图和立场，充分考虑自己对对方的影响，并作出适当的反应。 • 即使人多，也能清晰有效地表达自己的意见和事实。 • 带着信念进行沟通，获得对方的理解和认同，达成目标。
	带领下属朝着目标前进的能力	• 理解上司的指示，准确地传达给下属。 • 带头开展负责业务的同时，带领下属朝着目标前进。	• 为达成目标，给下属明确的指示。 • 发挥主动性，领导下属朝目标迈进。	• 明确基本目标，确定组织的方向。 • 发挥强有力的主动性，领导下属朝目标前进。
公平地评价下属，有计划地培养下属，同时最大限度地发挥下属的能力，提高整个组织的活力	评价和培养下属的能力	• 不碍于情面和偏见，以公正的立场与下属接触。 • 仔细观察下属，并给予适当的建议。	• 不碍于情面和偏见，站在公正的立场上评价下属，有助于培养下属。 • 掌握下属的长处和短处，并有效培养他们。 • 为培养下属，根据需要分配适当的业务。	• 不碍于情面和偏见，站在公正的立场上评价下属，有助于培养下属。 • 把握下属的潜能和适应性，根据组织方针有计划地培养下属。 • 为培养下属，根据需要下放适当的权限。
	提高组织活力的能力	• 不吝惜对下属的协助，并照顾下属的士气。 • 为高效开展业务，作出各种努力。	• 在照顾下属的同时，努力提高下属的士气。 • 为有效地开展业务，建立有效的业务执行体系。	• 促进工作场所的和谐，让下属的士气高涨。 • 为有效地开展业务，实现最有效的组织、人员配置等。

资料来源：Ⅱ種・Ⅲ種等採用職員の幹部職員への登用の推進に関する指針について，https://www.jinji.go.jp/kisoku/tsuuchi/08_ninmen/0805000_H11ninki73.html。

3. 为民情怀

表2—37　　　　　　　评价标准模型之为民情怀

评价要素		着眼点		参考（未来担任课长级以上行政职务所需要的能力）
①	②	系长级别	课长助理级别	
作为领导干部，具有高尚的伦理观、良好的公仆意识等开展业务的能力	公务员伦理	● 时刻意识到自己是全体国民的服务者，不轻率行事。 ● 带头尽职尽责，遵守工作纪律。 ● 对不正之风采取坚决态度。	● 时刻意识到自己是全体国民的服务者，不采取任何引起国民怀疑的行动。 ● 专心工作，严格遵守工作纪律。 ● 对于不正之风，采取坚决态度，并妥善处理。	● 时刻意识到被国民委托行政的立场和责任，严格进行自我管理。 ● 专心工作，严格遵守工作纪律。 ● 对于不正之风，采取坚决态度，并严肃处理。
	公仆意识	不要失去公仆意识，按照常识进行判断和行动。	● 没有特权意识，基于公仆意识作出判断和行动。 ● 不要陷入自以为是的思维，而是要常识性地判断和行动。	● 没有特权意识，基于公仆意识作出判断和行动。 ● 不要陷入自以为是的思维，而要按照常识进行判断和行动。
提高处理业务工作、人际关系、国际视野的能力	广泛和主动地提升自己的能力	● 积极努力提高所负责业务的专业水平。 ● 坦率地听取他人对自己的建议和意见。	● 不局限于自己负责的领域，积极努力提高专业水平和扩大视野。 ● 冷静地对待自己的意见和建议。	● 客观地审视自己，认识到自己的立场，并积极努力扩大视野和人性的成长。 ● 容忍他人对自己的意见和建议。
	国际视野	把目光投向国外，努力提高国际意识。	● 具有国际知识和平衡感。 ● 灵活运用国际知识和平衡感，作出恰当的判断。	● 具有足够的国际知识和平衡感。 ● 灵活运用国际知识和平衡感，从全球视角进行判断。

资料来源：Ⅱ種・Ⅲ種等採用職員の幹部職員への登用の推進に関する指針について，https://www.jinji.go.jp/kisoku/tsuuchi/08_ninmen/0805000_H11ninki73.html。

4. 知识与洞察力

表 2—38　　　　　评价标准模型之知识与洞察力

评价要素		着眼点		参考（未来担任课长级以上行政职务所需要的能力）
①	②	系长级别	课长助理级别	
具备应对行政复杂性的高度专业知识，并以此为基础作出适当判断的能力	专业知识	● 具有与所负责业务相关的专业知识，并据此作出判断。 ● 必要时，还可参考负责业务的最新信息。	● 具有可在外部使用的有关负责领域的专业知识，并据此作出适当判断。 ● 必要时，活用有关负责领域的最新信息。	对所负责领域有高度的专业知识，并据此作出适当判断。
具备适应不断变化的情况的丰富知识，并能够根据这些知识作出正确的判断	多样性	● 对其他相关业务有大致了解，并根据情况变化作出判断。 ● 必要时，还可参考国内外的各种信息。	● 具备相关领域的必要知识，并在此基础上根据情况的变化作出适当的判断。 必要时，还将利用国内外的各种信息。	● 对相关领域具有必要和充分的知识，并在此基础上根据情况的变化作出适当的判断。

资料来源：Ⅱ種・Ⅲ種等採用職員の幹部職員への登用の推進に関する指針について，https://www.jinji.go.jp/kisoku/tsuuchi/08_ninmen/0805000_H11ninki73.html。

四　公务员分类定薪

日本公务员的工资主要包括基本工资、津贴和奖金等组成部分。其中，基本工资通过工资表来确定，体现岗位价值、工作职责、工作难度、年功等因素。公务员基本工资根据公务员类别不同进行设置，一般职分为 11 类 17 种工资表，不同职务种类的公务员适用不同的工资表；特别职分为 3 种工资表，工资标准按职务确定，一般都是一职一薪制。以下工资表发布的时间均为 2017 年 12 月 15 日，实施时间为 2018 年 4 月 1 日。

除基本工资外，公务员还可享有多种津贴①。此外，随着日本公务员制度改革的不断推进，为了提高公务员的积极性，强调公务员的工作业绩和贡献，体现工资的激励导向，会根据工作业绩和贡献发放差异化的奖金②。日本公务员的工资构成中奖金占比较高。根据日本人事院公布数据，公务员平均每年可获得奖金大约相当于4个月左右工资。

（一）一般职公务员分类定薪

一般职公务员的基本工资，除指定职工资表未分职务等级之外，其他11类16种工资表均分为若干职务等级，每个职务等级之下再设若干个工资号俸。公务员提升号俸的途径有两种，一是因职务晋升带来的号俸的提升；二是在职务未晋升情形下的号俸提升，包括普通加薪和特别加薪两种方式。普通加薪是指公务员在不短于12个月的期间内工作成绩良好时，在同一职务级别内向上一位的号俸提高一号。特别加薪则是公务员工作成绩特别优秀时实施的加薪，一般在每年的四月、七月、十月和一月进行。③

表2—39　　　　　　　　　一般职公务员特别加薪

涨薪等级	A	B	C	D	E
涨薪号俸数	8号薪以上	6号薪	4号薪	2号薪	0号薪
可以确定的人数上限比例	5%	20%			

资料来源：https://www.jinji.go.jp/ichiran/ichiran_jinjihyouka.html。

---

① 津贴是对公务员工作条件和生活环境差异的补偿，根据工作环境、工作时间和个人条件的不同，发放给符合相应条件的公务员。津贴名目众多，至少有20种以上，内容包括调整津贴、赡养津贴、住宅津贴、通勤津贴等。参见刘文英《日本官吏与公务员制度史（1868—2005）》，北京图书馆出版社2008年版，第296页。

② 奖金是对公务员突出贡献的奖励性补偿，根据工作表现和工作业绩的考核结果确定发放水平，内容包括期末津贴和勤奋津贴两种。公务员的期末津贴相当于考勤奖，主要依据公务员的工作时间和出勤率考核发放。勤奋津贴是根据本人标准日之前最近的人事考评结果以及标准日以前六个月以内的工作情况，在各自的标准日所属月度，按人事院规定日期向在职职员提供的奖金性质的津贴。参见何宪主编《改革完善公务员工资制度研究》，中国人事出版社2015年版，第199—202页。

③ 柏良泽：《日本公务员的工资结构》，《组织人事学研究》1994年第4期，第45—46页。

11 类 17 种工资表具体内容如下：

表 2—40　　　　　　　　行政职工资表（一）

职务级别	号俸数（个）	最低月工资（日元）	最高月工资（日元）	本级最低工资与低一级别工资的对应关系
1 级	93	142600	247100	——
2 级	125	192700	303800	1 级 33 号俸
3 级	113	228900	349600	2 级 22—23 号俸
4 级	93	262000	380600	3 级 22—23 号俸
5 级	93	288000	392600	4 级 14—15 号俸
6 级	85	318500	409800	5 级 14—15 号俸
7 级	61	362300	444500	6 级 22—23 号俸
8 级	45	407700	468200	7 级 20—21 号俸
9 级	41	458000	527100	8 级 28—29 号俸
10 级	21	521300	559100	9 级 32—33 号俸

资料来源：一般職の職員の給与に関する法律（2017 年 12 月 15 日发布，2018 年 4 月 1 日实施）［EB/OL］．［2018 - 10 - 01］．http：//elaws.e-gov.go.jp/search/elawsSearch/elaws_search/lsg0500/detail?lawId=325AC0000000095#1620。

表 2—41　　　　　　　　行政职工资表（二）

职务级别	号俸数（个）	最低月工资（日元）	最高月工资（日元）	本级最低工资与低一级别工资的对应关系
1 级	121	128900	235600	
2 级	137	180300	271600	1 级 41—42 号俸
3 级	133	202000	307500	2 级 18 号俸
4 级	101	249100	320300	3 级 38—39 号俸
5 级	69	278400	358000	4 级 27—28 号俸

资料来源：一般職の職員の給与に関する法律（2017 年 12 月 15 日发布，2018 年 4 月 1 日实施）［EB/OL］．［2018 - 10 - 01］．http：//elaws.e-gov.go.jp/search/elawsSearch/elaws_search/lsg0500/detail?lawId=325AC0000000095#1620。

表 2—42　　　　　　　　　　专门行政职工资表

职务级别	号俸数（个）	最低月工资（日元）	最高月工资（日元）	本级最低工资与低一级别工资的对应关系
1 级	93	163600	289600	——
2 级	81	232900	340300	1 级 40—41 号俸
3 级	89	276400	387000	2 级 23—24 号俸
4 级	77	318800	407800	3 级 18—19 号俸
5 级	61	362300	444500	4 级 22—23 号俸
6 级	45	407700	468200	5 级 20—21 号俸
7 级	41	458000	527100	6 级 28—29 号俸
8 级	21	521300	559100	7 级 32—33 号俸

资料来源：一般職の職員の給与に関する法律（2017 年 12 月 15 日发布，2018 年 4 月 1 日实施）[EB/OL]．[2018 - 10 - 01]．http：//elaws.e - gov.go.jp/search/elawsSearch/elaws_search/lsg0500/detail?lawId＝325AC0000000095#1620。

表 2—43　　　　　　　　　　税务职工资表

职务级别	号俸数（个）	最低月工资（日元）	最高月工资（日元）	本级最低工资与低一级别工资的对应关系
1 级	73	159100	250700	——
2 级	65	221700	296500	1 级 32—33 号俸
3 级	85	258900	362400	2 级 23—24 号俸
4 级	93	291800	415300	3 级 21—22 号俸
5 级	93	318300	424800	4 级 13—14 号俸
6 级	85	346800	440300	5 级 14—15 号俸
7 级	61	381300	454400	6 级 17—18 号俸
8 级	45	422400	476100	7 级 23—24 号俸
9 级	41	458000	527100	8 级 22—23 号俸
10 级	21	521300	559100	9 级 32—33 号俸

资料来源：一般職の職員の給与に関する法律（2017 年 12 月 15 日发布，2018 年 4 月 1 日实施）[EB/OL]．[2018 - 10 - 01]．http：//elaws.e - gov.go.jp/search/elawsSearch/elaws_search/lsg0500/detail?lawId＝325AC0000000095#1620。

表2—44　　　　　　　　　　公安职工资表（一）

职务级别	号俸数（个）	最低月工资（日元）	最高月工资（日元）	本级最低工资与低一级别工资的对应关系
1级	125	166000	324400	——
2级	145	181700	361200	1级10号俸
3级	141	208200	380500	2级13—14号俸
4级	125	248300	397900	3级22—23号俸
5级	93	291800	415300	4级29—30号俸
6级	93	318300	424800	5级13—14号俸
7级	85	346800	440300	6级14—15号俸
8级	61	381300	454400	7级17—18号俸
9级	45	422400	476100	8级23—24号俸
10级	41	458000	527100	9级22—23号俸
11级	21	521300	559100	10级32—33号俸

资料来源：一般職の職員の給与に関する法律（2017年12月15日发布，2018年4月1日实施）［EB/OL］．［2018 - 10 - 01］．http：//elaws. e - gov. go. jp/search/elawsSearch/elaws_search/lsg0500/detail? lawId = 325AC0000000095#1620。

表2—45　　　　　　　　　　公安职工资表（二）

职务级别	号俸数（个）	最低月工资（日元）	最高月工资（日元）	本级最低工资与低一级别工资的对应关系
1级	89	159100	278500	——
2级	101	221700	323000	1级32—33号俸
3级	101	258900	377000	2级23—24号俸
4级	93	291800	415300	3级21—22号俸
5级	93	318300	424800	4级13—14号俸
6级	85	346800	440300	5级14—15号俸
7级	61	381300	454400	6级17—18号俸
8级	45	422400	476100	7级23—24号俸
9级	41	458000	527100	8级22—23号俸
10级	21	521300	559100	9级32—33号俸

资料来源：一般職の職員の給与に関する法律（2017年12月15日发布，2018年4月1日实施）［EB/OL］．［2018 - 10 - 01］．http：//elaws. e - gov. go. jp/search/elawsSearch/elaws_search/lsg0500/detail? lawId = 325AC0000000095#1620。

表 2—46　　　　　　　　　　海事职工资表（一）

职务级别	号俸数（个）	最低月工资（日元）	最高月工资（日元）	本级最低工资与低一级别工资的对应关系
1 级	69	171100	260800	——
2 级	69	224800	315500	1 级 23—24 号俸
3 级	101	269000	382900	2 级 24—25 号俸
4 级	89	317900	432100	3 级 27 号俸
5 级	73	354900	449900	4 级 18—19 号俸
6 级	57	415500	492000	5 级 26 号俸
7 级	29	488100	520200	6 级 49—50 号俸

资料来源：一般職の職員の給与に関する法律（2017 年 12 月 15 日发布，2018 年 4 月 1 日实施）［EB/OL］．［2018-10-01］．http：//elaws.e-gov.go.jp/search/elawsSearch/elaws_search/lsg0500/detail?lawId=325AC0000000095#1620。

表 2—47　　　　　　　　　　海事职工资表（二）

职务级别	号俸数（个）	最低月工资（日元）	最高月工资（日元）	本级最低工资与低一级别工资的对应关系
1 级	85	146200	252200	——
2 级	105	190100	297200	1 级 29—30 号俸
3 级	113	224300	332800	2 级 21—22 号俸
4 级	109	257900	341400	3 级 21—22 号俸
5 级	89	289800	352300	4 级 21—22 号俸
6 级	69	318200	397600	5 级 28 号俸

资料来源：一般職の職員の給与に関する法律（2017 年 12 月 15 日发布，2018 年 4 月 1 日实施）［EB/OL］．［2018-10-01］．http：//elaws.e-gov.go.jp/search/elawsSearch/elaws_search/lsg0500/detail?lawId=325AC0000000095#1620。

表 2—48　　　　　　　　　教育职工资表（一）

职务级别	号俸数（个）	最低月工资（日元）	最高月工资（日元）	本级最低工资与低一级别工资的对应关系
1 级	129	212900	372100	——
2 级	105	273900	420900	1 级 25—26 号俸
3 级	89	321200	453900	2 级 20—21 号俸
4 级	77	405100	538300	3 级 38—39 号俸
5 级	21	534000	571300	4 级 70 号俸

资料来源：一般職の職員の給与に関する法律（2017 年 12 月 15 日发布，2018 年 4 月 1 日实施）［EB/OL］.［2018 - 10 - 01］. http：//elaws. e - gov. go. jp/search/elawsSearch/elaws_search/lsg0500/detail? lawId = 325AC0000000095#1620。

表 2—49　　　　　　　　　教育职工资表（二）

职务级别	号俸数（个）	最低月工资（日元）	最高月工资（日元）	本级最低工资与低一级别工资的对应关系
1 级	141	179400	333700	——
2 级	125	214200	416400	1 级 13—14 号俸
3 级	101	273900	439300	2 级 25—26 号俸

资料来源：一般職の職員の給与に関する法律（2017 年 12 月 15 日发布，2018 年 4 月 1 日实施）［EB/OL］.［2018 - 10 - 01］. http：//elaws. e - gov. go. jp/search/elawsSearch/elaws_search/lsg0500/detail? lawId = 325AC0000000095#1620。

表 2—50　　　　　　　　　研究职工资表

职务级别	号俸数（个）	最低月工资（日元）	最高月工资（日元）	本级最低工资与低一级别工资的对应关系
1 级	121	142800	299500	——
2 级	121	192500	344700	1 级 28—29 号俸
3 级	89	279100	397000	2 级 38—39 号俸
4 级	73	330500	438900	3 级 23—24 号俸
5 级	73	388200	527800	4 级 31—32 号俸
6 级	21	522900	559300	5 级 66—67 号俸

资料来源：一般職の職員の給与に関する法律（2017 年 12 月 15 日发布，2018 年 4 月 1 日实施）［EB/OL］.［2018 - 10 - 01］. http：//elaws. e - gov. go. jp/search/elawsSearch/elaws_search/lsg0500/detail? lawId = 325AC0000000095#1620。

表 2—51　　　　　　　　　医疗职工资表（一）

职务级别	号俸数（个）	最低月工资（日元）	最高月工资（日元）	本级最低工资与低一级别工资的对应关系
1 级	65	246400	392800	——
2 级	97	331800	486400	1 级 25—26 号俸
3 级	89	396700	540700	2 级 22—23 号俸
4 级	65	471100	571200	3 级 31—32 号俸
5 级	21	566100	602000	4 级 59—60 号俸

资料来源：一般職の職員の給与に関する法律（2017 年 12 月 15 日发布，2018 年 4 月 1 日实施）［EB/OL］.［2018-10-01］. http：//elaws.e-gov.go.jp/search/elawsSearch/elaws_search/lsg0500/detail?lawId=325AC0000000095#1620。

表 2—52　　　　　　　　　医疗职工资表（二）

职务级别	号俸数（个）	最低月工资（日元）	最高月工资（日元）	本级最低工资与低一级别工资的对应关系
1 级	85	147500	244000	——
2 级	105	185400	294100	1 级 23—24 号俸
3 级	113	220900	333200	2 级 23—24 号俸
4 级	105	247000	352900	3 级 19—20 号俸
5 级	85	279000	387000	4 级 23—24 号俸
6 级	65	326300	405600	5 级 24 号俸
7 级	53	370700	443400	6 级 23—24 号俸
8 级	37	436800	496100	7 级 37—38 号俸

资料来源：一般職の職員の給与に関する法律（2017 年 12 月 15 日发布，2018 年 4 月 1 日实施）［EB/OL］.［2018-10-01］. http：//elaws.e-gov.go.jp/search/elawsSearch/elaws_search/lsg0500/detail?lawId=325AC0000000095#1620。

表2—53　　　　　　　　　　医疗职工资表（三）

职务级别	号俸数（个）	最低月工资（日元）	最高月工资（日元）	本级最低工资与低一级别工资的对应关系
1级	169	161300	310200	——
2级	153	188800	337200	1级17—18号俸
3级	125	237200	362200	2级29—30号俸
4级	113	260000	375500	3级20—21号俸
5级	93	285000	392200	4级22—23号俸
6级	69	329500	430300	5级27—28号俸
7级	57	373700	460200	6级22—23号俸

资料来源：一般職の職員の給与に関する法律（2017年12月15日发布，2018年4月1日实施）[EB/OL]．[2018－10－01]．http：//elaws.e－gov.go.jp/search/elawsSearch/elaws_search/lsg0500/detail?lawId＝325AC0000000095#1620。

表2—54　　　　　　　　　　福利职工资表

职务级别	号俸数（个）	最低月工资（日元）	最高月工资（日元）	本级最低工资与低一级别工资的对应关系
1级	153	156100	283700	——
2级	121	206400	330700	1级34—35号俸
3级	93	252300	346400	2级30—31号俸
4级	93	273400	390600	3级15—16号俸
5级	77	318500	407800	4级22—23号俸
6级	61	362300	444500	5级22—23号俸

资料来源：一般職の職員の給与に関する法律（2017年12月15日发布，2018年4月1日实施）[EB/OL]．[2018－10－01]．http：//elaws.e－gov.go.jp/search/elawsSearch/elaws_search/lsg0500/detail?lawId＝325AC0000000095#1620。

表 2—55　　　　　　　　　　　专业职工资表

职务级别	号俸数（个）	最低月工资（日元）	最高月工资（日元）	本级最低工资与低一级别工资的对应关系
1 级	77	328200	409800	——
2 级	23	428200	482200	——
3 级	21	480900	543100	2 级 20—21 号俸
4 级	3	615300	688500	

资料来源：一般職の職員の給与に関する法律（2017 年 12 月 15 日发布，2018 年 4 月 1 日实施）［EB/OL］.［2018-10-01］. http://elaws.e-gov.go.jp/search/elawsSearch/elaws_search/lsg0500/detail?lawId=325AC0000000095#1620。

表 2—56　　　　　　　　　　　指定职工资表

职务级别	号俸数（个）	最低月工资（日元）	最高月工资（日元）
——	8	706000	1175000

资料来源：一般職の職員の給与に関する法律（2017 年 12 月 15 日发布，2018 年 4 月 1 日实施）［EB/OL］.［2018-10-01］. http://elaws.e-gov.go.jp/search/elawsSearch/elaws_search/lsg0500/detail?lawId=325AC0000000095#1620。

注：1-8 号俸的工资分别为 706000、761000、818000、895000、965000、1035000、1107000 和 1175000 日元。

（二）特别职公务员分类定薪

特别职公务员的工资由其职务确定，每个职务等级之下再设若干个工资号俸，公务员根据年功和成绩升工资号俸。

特别职分为 3 种工资表，工资标准按职务确定，一般都是一职一薪制。

表 2—57　　　　　　　　　　　特别职工资表（一）

职　务	月工资（日元）
内阁总理大臣	2010000
国务大臣 会计监察部院长 人事部总裁	1466000

续表

职 务	月工资（日元）
内阁法制局长官 内阁官房副长官 副大臣 国家公务员道德审查会的专职会长 公平交易委员会委员长 核能规制委员会委员长 宫内厅长官	1406000
检查官员（会计监察部长除外） 人事官员（人事部总裁除外） 内阁危机管理总监及内阁信息通信政策总监 国家安全保障局局长 大臣政务官员 个人信息保护委员会委员长 公害等调查委员会委员长 运输安全委员会委员长 侍从长	1199000
内阁官房副长官助理、内阁宣传长官及内阁信息官员 专职内阁总理大臣助理官员 专职大臣助理官员 国家公务员道德审查会的专职委员 公平交易委员会委员 国家公安委员会委员 核能规制委员会委员 式部官长	1175000
个人信息保护委员会专职委员 公害等调整委员会专职委员 中央劳动委员会专职公益代表委员 运输安全委员会专职委员 综合科学技术革新会议专职议员 核能委员会委员长 再就职等监督委员会委员长 证券交易等监督委员会委员长 注册会计师监察审查会会长 中央更生保护审查会委员长 社会保险审查会委员长 东宫大夫	1035000

续表

职　务	月工资（日元）
食品安全委员会专职委员	
核能委员会专职委员	
公益认定等委员会专职委员	
证券交易等监督委员会委员	
注册会计师监察审查会专职委员	
地方财政审议会委员	
行政不服审查会专职委员	913000
信息公开与个人信息保护审查会专职委员	
国家地方争讼处理委员会专职委员	
电信纠纷处理委员会专职委员	
中央更生保护审查会专职委员	
劳动保险审查会专职委员	
社会保险审查会委员	
运输审议会专职委员	
土地评估委员会专职委员	
公害健康损害补偿不服审查会专职委员	

资料来源：特別職の職員の給与に関する法律（2017年12月15日发布，2018年4月1日实施）［EB/OL］.［2018-10-01］. http：//elaws.e-gov.go.jp/search/elawsSearch/elaws_search/lsg0500/detail?lawId=324AC0000000252。

表2—58　　　　　　　　　特别职工资表（二）

职务	号俸	月工资（日元）
大使	3	1175000
	2	1035000
	1	913000
公使	3	1175000
	2	1035000
	1	913000

资料来源：特別職の職員の給与に関する法律（2017年12月15日发布，2018年4月1日实施）［EB/OL］.［2018-10-01］. http：//elaws.e-gov.go.jp/search/elawsSearch/elaws_search/lsg0500/detail?lawId=324AC0000000252。

表2—59　　　　　　　　　　特别职工资表（三）

职务	号俸数（个）	最低月工资（日元）	最高月工资（日元）
秘书官	12	264000	585800

资料来源：特別職の職員の給与に関する法律（2017年12月15日发布，2018年4月1日实施）[EB/OL]．[2018-10-01]．http://elaws.e-gov.go.jp/search/elawsSearch/elaws_search/lsg0500/detail? lawId=324AC0000000252。

注：1-12号俸的工资分别为264000、272900、294800、326000、361800、400300、435600、463000、493500、525100、555100、585800日元。

第三章

韩国公务员分类制度

第一节 概述

一 韩国公务员的概念与范围

韩国公务员按隶属关系分为国家公务员和地方公务员。国家公务员是由中央政府机关选拔和录用并处理全国性事务的公务员。韩国《国家公务员法》（2008年3月28日版，2021年7月20日修订）第2条规定，所有的国家公务员划分成经历职公务员（职业公务员）和特殊经历职公务员（特殊职业公务员）两大范畴。国家公务员中的"经历职公务员"是指根据业绩和资格任用，其身份被保障，可终生（任期制公务员视为任期内）从事公务员工作的公务员。其分类如下：（1）一般职公务员：负责技术、研究或者一般行政事务的公务员；（2）特定职公务员：法官、检察官、外交人员、警察、消防员、教师、军人、宪法法院宪法研究官、国家情报局工作人员、警卫人员等在特殊领域工作并由其他法律指定为特定职的公务员。国家公务员中的"特殊经历职公务员"是指，除经历职公务员以外的公务员，其类别如下：（1）政务职公务员：通过选举任命或者需国会批准任命的公务员；负责高级政策决策事项或协助执行相关决策事项并由法律或总统令（仅限于总统办公室和国家安全局发布的总统令）规定为政务职的公务员；（2）别定职公务员：为履行秘书官、秘书等辅佐业务或特定业务，在法令中指定为别定职的公务员。[①]

---

① 韩国《国家公务员法》（국가공무원법，2021年）第2条。[EB/OL]．[2022-03-15]．https：//www.law.go.kr/%EB%B2%95%EB%A0%B9/%EA%B5%AD%EA%B0%80%EA%B3%B5%EB%AC%B4%EC%9B%90%EB%B2%95。

其中，政务职公务员包括：（1）检察长、检察委员和秘书长；（2）国会事务总长、次长、图书馆馆长、预算政策处长、立法调查处长；（3）宪法法院法官、事务处长和事务次长；（4）中央选举委员会常任委员、事务总长和次长；（5）国务总理；（6）国务委员；（7）总统秘书室长；（8）国家安保室长；（9）总统警卫室长；（10）国务调整室长；（11）秘书处处长；（12）各部副部长、厅长（警察厅长担任特定职务）；（13）获得副部级以上待遇的秘书官（总统办公室首席秘书官、国务总理办公室室长、大法院院长办公室室长、国会议长秘书室室长）；（14）国家情报院院长及次长；（15）广播通信委员会委员长；（16）国家人权委员会委员长。别定职公务员包括：（1）秘书官、秘书；（2）长官政策辅佐官；（3）国会首席专门委员；（4）国家情报院企划调整室长；（5）其他法令指定为别定职的公务员。[①]

地方公务员是指由地方自治团体负责其经费的公务员，与国家公务员同样，也分为经历职公务员和特殊经历职公务员。"经历职公务员"是指根据业绩和资格聘用，并保障其身份，能够预估其一生（对指定就职期间聘用的公务员而言，是指其就职期间）就职于公务员的公务员，其类型如下：（1）一般职公务员：负责技术、研究或者一般行政事务的公务员。（2）特定职公务员：就职于公立大学以及专科大学的教育公务员、教育监（负责执行各市、道的教育及学业的行政机关）所属的教育专职职员、自治（地方团体）警察公务员、地方消防公务员以及负责其他特殊领域业务的公务员并由其他法律指定为特定职的公务员。"特殊经历职公务员"是指除了经历职公务员以外的公务员，主要分为：（1）政务职公务员：通过选举任命或者需地方议会批准任命的公务员；负责高级政策决策事项或协助执行相关决策事项并由法令或条例定为政务职的公务员；（2）别定职公务员：为履行秘书官、秘书等辅佐业务或特定业务，在法令中指定为别定职的公务员。

理论上，国家公务员和地方公务员处于不同的法律地位，但在实际管理中区别不大，国家公务员和地方公务员的职位类别划分相似，考录、考

[①] 韩国国家公务员类型 공무원의 종류 https：//www.mpm.go.kr/mpm/info/infoJobs/jobsProcedures01/。

核、晋升、薪酬等人事管理制度与标准都相似。

下文主要讨论韩国国家公务员相关内容。

二 韩国公务员的规模与结构

截至 2020 年年底,韩国公务员总计约为 1134995 人,其中,行政机关公务员为 1108622 人,占 97.68%;立法机关公务员为 4793 人,占 0.42%;司法机关公务员为 18160 人,占 1.60%;宪法法院 356 人,占 0.03%;中央选举管理委员会 3064 人,占 0.27%。行政机关中,国家公务员 746267 人,地方公务员 362355 人,分别占行政机关公务员总数的比例为 67.31% 和 32.69%。地方公务员中,地方自治团体 292124 人,教育自治团体 70231 人,分别占地方公务员总数的比例为 80.62% 和 19.38%。具体见表 3—1。

表 3—1　　　　　　2020 年韩国公务员总体规模　　　　单位:万人,%

类别			人数	占比
行政机关	合计		1108622	97.68%
	国家公务员		746267	
	地方公务员	合计	362355	
		地方自治团体	292124	
		教育自治团体	70231	
立法机关			4793	0.42%
司法机关			18160	1.60%
宪法法院			356	0.03%
中央选举管理委员会			3064	0.27%
总计			1134995	100%

资料来源:根据 2020 年行政部国家公务员人事统计资料(整体)整理,见 2020 년 행정부 국가공무원 인사통계(전체). [EB/OL]. [2022 - 03 - 15]. https://www.mpm.go.kr/mpm/lawStat/infoStatistics/hrStatistics/statisticsAnnual/? boardId = bbs _ 0000000000000037&mode = view&cntId = 932&category = &pageIdx = 。

2011—2020 年,韩国国家公务员从 621313 人增至 746267 人,女性公务员从 292038 人增至 357170 人,女性公务员在总人数中的占比从 47.0% 增至 47.9%。① 具体见表 3—2。

表 3—2　　2011—2020 年韩国国家公务员规模与性别结构　　单位:人,%

年份	在职人数	女性人数	女性占比
2011	621313	292038	47.0%
2012	622424	299539	48.1%
2013	621823	299101	48.1%
2014	634051	310860	49.0%
2015	637654	315290	49.4%
2016	650149	323575	49.8%
2017	656665	329808	50.2%
2018	669077	338489	50.6%
2019	681049	345773	50.8%
2020	746267	357170	47.9%

资料来源:2020 年行政部国家公务员人事统计(整体)2020 년 행정부 국가공무원 인사통계(전체) [EB/OL]. [2022 - 03 - 15]. https://www.mpm.go.kr/mpm/lawStat/infoStatistics/hrStatistics/statisticsAnnual/? boardId = bbs _ 0000000000000037& mode = view&cntId = 932&category = &pageIdx = 。

2020 年,从年龄结构看,韩国国家公务员中,40—50 岁的人数最多,为 23.4 万人,占总人数的 31.4%;其次是 30—40 岁的人数,为 21.8 万人,占比 29.2%;20—30 岁的人数最少,为 9.1 万人,占比 12.2%。

---

① 2020 年 4 月,由于地方消防员转为国家公务员,女性比例下降至 47.9%(不包括地方消防员则为 51.0%)。

表 3—3　　　　　　2020 年韩国国家公务员的年龄结构　　　　单位：万人，%

年龄段	20—30 岁	30—40 岁	40—50 岁	50 以上	总计
人数	9.1	21.8	23.4	20.3	74.6
占比	12.2%	29.2%	31.4%	27.2%	100.0%

资料来源：2020 年行政部国家公务员人事统计（整体） 2020 년 행정부 국가공무원 인사통계(전체) ［EB/OL］. ［2022 - 03 - 15］. https：//www. mpm. go. kr/mpm/lawStat/infoStatistics/hrStatistics/statisticsAnnual/？boardId = bbs＿0000000000000037&mode = view&cntId = 932&category = &pageIdx = 。

从类别结构看，韩国国家公务员中，经历职中的一般职为173727 人，占国家公务员总数的23.28%；特定职为571919 人，占比76.63%，两者合计为745646 人，占比为99.91%；特殊经历职中，政务职为132 人，占比0.02%，别定职为489 人，占比为0.07%，两者合计为621 人，占比为0.09%。一般职中，行政、技术、管理运营职人数最多，达138131 人，在一般职中占比为79.51%；特定职中，教育系统人数最多，达371291 人，在特定职中占比为64.92%。

表 3—4　　　　　　2020 年韩国国家公务员类别结构　　　　　　单位：人

类别		国家公务员	占比
政务职合计		132	0.02%
一般职	合计	173727	23.28%
	行政、技术、管理运营职	138131	
	专门官	220	
	研究职	5875	
	指导职	131	
	邮政职	23138	
	专业经历官	1083	
	时间选择制	1585	
	一般职任期制	2223	
	专业任期制	957	
	临时任期制	384	

续表

类别		国家公务员	占比
特定职	合计	571919	76.63%
	外交	2082	
	警察	138764	
	消防	57611	
	检察官	2171	
	教育	371291	
别定职合计		489	0.07%
总计		746267	100%

资料来源：根据2020年行政部国家公务员人事统计资料（整体）整理，见2020년 행정부 국가공무원 인사통계(전체). [EB/OL]. [2022-03-15]. https://www.mpm.go.kr/mpm/lawStat/infoStatistics/hrStatistics/statisticsAnnual/?boardId=bbs_0000000000000037&mode=view&cntId=932&category=&pageIdx=。

从行政、技术、管理运营职的横向细分类别结构看，行政职、技术职和管理运营职的人数分别为100114、31330和4764人，分别占总人数的72.48%、22.68%和3.45%，行政职公务员人数最多；从纵向细分级别看，高级公务员、3—9级公务员人数分别为1087、825、6331、15855、34133、44127、22755和13007人，占比分别为0.79%、0.60%、4.58%、11.48%、24.71%、31.95%、16.47%和9.42%，7级岗公务员人数最多。

表3—5　2020年韩国国家公务员中行政、技术、管理运营职人数　　单位：人

级别	高级公务员	副理事官	行政职	技术职	管理运营职	合计
高级公务员	1087					1087
3级		825				825
4级			4621	1710		6331
5级			11390	4465		15855
6级			25424	8494	215	34133
7级			31396	8692	4039	44127

续表

级别	高级公务员	副理事官	行政职	技术职	管理运营职	合计
8级			17149	5101	505	22755
9级			10134	2868	5	13007
合计	1087	825	100114	31330	4764	138120

资料来源：2020 年行政部国家公务员人事统计（整体）2020 년 행정부 국가공무원 인사통계(전체) [EB/OL]．[2022 - 03 - 15]．https：//www. mpm. go. kr/mpm/lawStat/infoStatistics/hrStatistics/statisticsAnnual/? boardId = bbs _ 0000000000000037&mode = view&cntId = 932&category = &pageIdx = 。

第二节　公务员分类制度的演进脉络

韩国职位分类制度的发展经历了初建时期、发展时期和改革时期三个阶段。职位分类制度在经历了两次失败之后，以"根据总统令等规定，可以按照从容易实施的机关、职务的种类、职位开始阶段性实施"①的形式保留了下来。

一　初建时期（1946—1962）

历史上，朝鲜模仿中国的官制，对官员根据其出身和资历实行等级划分，采取的是品位分类的方法。韩国独立初期，美国军事行政当局重建了韩国官僚机构，并置于军政府的管辖之下。当时，政府机构频繁变动，人事管理工作分散在多个部门，没有形成稳定的人事管理体制。美国占领当局企图直接引进美国人事行政制度。自 1946 年 5 月开始，美国军事占领当局引进了美国的职位分类制度，并在韩国中央和地方政府推行。当时，将韩国政府公务员分为四类：事务、行政和财政类；专业和技术类；工艺、保护和保管类；特定类。前三类中的每一类都根据工作难度和责任轻重又分 15 级。到 1948 年 6 月，全部军政府共分有 3453 个职位。② 但由于

---

① 韩国《国家公务员法》（2017）第 24 条。
② Kim, J. B., Implementation of West Concept of Merit in a Developing Society：The Case of Korean Civil Service System, P. H. Dissertation, University of Georgia. 转引自刘重春《理性化之路——韩国公务员制度研究》，中国社会科学出版社 2012 年版，第 86—87 页。

美军占领当局并不熟悉韩国的国情,这种简单引进的职位分类在韩国水土不服,没有取得预期的效果,以中途夭折而告终。

1949年韩国颁布实施了《国家公务员法》(《국가공무원법》),该法是韩国第一部在借鉴西方文官制度基础上的关于公务员的法律,旨在通过建立公务员职业系统和基于竞争考试制度产生一个专业官僚[①]。1949年《国家公务员法》将公务员分成特殊职和一般职,并根据工资水平将普通公务员分为5个等级,即1级、2级、3级、4级、5级,其中,1级为最高级,5级为最低级。1级公务员不适用公务员法上有关身份保障和惩戒方面的规定,5级公务员不适用有关资格和考试方面的规定。从1级到5级各自包括多种工种。然而此时的工种划分与职位分类制度中所说的职位不同,实际上并未严格显示出工种名称与职位之间的对应关系。公务员根据被授予的级别可以调任其他任何同级职位,在晋升方面也不受工种的限制。然而由于存在事务类和技术类这样一个大致的区分,在这两者之间的相互转换需要通过录用考试。不过所谓录用考试在当时也不过是形式上的走过场,几乎没有不及格的。对公务员的待遇不是根据职位而是根据级别统一执行的。在随后的十多年里,一直实行该制度。

二 发展时期(1963—1973)

朴正熙政权建立以后,将国家活动的重点转变到经济建设上来,希望通过发展经济,提高军人政权的合法性。朝鲜战争后,军人政权首先加强了公务员管理的法律法规建设。[②] 1963年4月,韩国对《国家公务员法》(《국가공무원법》)进行了大幅修改,重新推行职位分类制度,规定不得把属于一般职的职位以职位分类制度以外的方法进行分类。为了从根本上、一举把品位分类制度改为职位分类制度,同年11月,韩国政府颁布《职位分类法》(직위분류법),明确了中央部、处长官有权利和责任去负责职位分类制度的构想、实施及运营,职级、等级的设定和定级、分类标准

[①] 刘重春:《理性化之路——韩国公务员制度研究》,中国社会科学出版社2012年版,第57—59页。

[②] 刘重春:《理性化之路——韩国公务员制度研究》,中国社会科学出版社2012年版,第60页。

的制订等相关内容。该法第 3 条规定:"职位分类制是指按职务的种类、难易程度、责任轻重及所需资格条件作为分类依据。"公务员职位分类制度迎来了巨大的转机。但由于政权更迭,政府工作重心转移到执行第一个经济五年计划,直到 1967 年,中央部、处正式着手职位分类制度的确立工作,职位分类制度才开始实施。由于多方力量抵制,导致确立职位分类制度的工作被中断,职位分类制再次遭遇失败。1973 年,《职位分类法》自制定 10 年后就被宣布废除,修订后的《国家公务员法》废除了"一般职公务员不得以职位分类制度以外的方法进行分类"的规定。

职位分类法

总则

第一条（目的）

根据韩国《国家公务员法》(以下简称"《公务员法》")第二十一条规定,对职位分类制原则及其相关实施事项作出规定以确立职位分类制,促进民主且有效的人事行政运营。

第二条（适用范围）

本法适用于《公务员法》第三条规定的一般职。

第三条（关于职位分类制的决议）

职位分类制是指以职务的种类、难易程度、责任轻重及所需资格条件作为分类依据,按照本法规定的原则及方法对职位进行分类整理的计划。

职位分类制规定《公务员法》报酬决定原则的统一性及公正基础,应当用于任用、试验、训练及勤务成绩评定及其相关部门的人事行政工作。

第四条（术语定义）

本法中下列用语的含义定义:

"职位",是指赋予公务员的职务和责任。

"职务",是指分配到各个职位的任务。

"责任",是指公务员执行职务或监督职务执行的义务。

"职级",是指职务的种类、难易程度、责任轻重极为类似的职位群,对于同属一种职级的职位采用相同的任用资格、试验、报酬及其他人事行政事项。

"职列",是指职务的种类相似,但其难易程度及责任轻重相异的职级群。

"职群",是指职务的种类普遍类似的职列群。

"等级",是指职务的种类相异,但其难易程度、责任轻重及资格条件相当并可以支付相同酬劳的所有职位。

"职级明细书",是指记述职级职务及其责任的文本。

"定级",是指对职位进行的职级评定。

第五条（中央人事管理部门职责与权限）

内阁事务处长就本法的实施具有以下职责与权限：

有关《公务员法》及本法规定的职位分类制计划、实施及其运营事项。

就不同的职务种类、难易程度、责任轻重及其资格条件,有关职列、职级及等级评定以及职位定级事项。

有关职位定级基准、职列的确定以及职级明细书标准的事项。

职位分类原则及其实施

第六条（原则）

职列与职级的评定、职级明细书的指定与使用、职位的定级及其实施应遵照本法规定的标准和原则。

第七条（职位的分类）

①职位以职务的种类、难易程度、责任轻重及其资格条件的差异作为基础分为职列、职级,不得以任该职位的公务员的资格、成绩或能力为基础。

②一般职不得按照职位分类制以外的方法进行分类。

第八条（职级的决定）

职级依据职务的种类、难易程度、责任轻重及职位资格条件的相似性与差异性决定。

②职务的种类、难易程度、责任轻重及其资格条件极为类似的职位应包括在某一职级之内。

③职级应以职位分类的最小单位为准。

④职级应配有明确说明该职位性质的职衔，该职衔由内阁令予以规定。

第九条（定级）

①适用职位分类制的所有职位应匹配相应的职级。

②就前项的定级，应以职级明细书标注的职务种类、难易程度、责任轻重及其资格条件之要素作为决定标准。

③就监督职位的定级，应酌情参照监督性质及程度、部门规模、监督对象人数等要素结合前项要素予以考虑。

④就定级问题不得考虑除第二项及第三项规定要素无关的事项。

⑤就国家再建最高会议及法院一般职的定级，内阁事务处长应与国家再建最高会议总务处长或法院行政处长商定。

第十条（职级明细书）

①职级明细书是职位分类的标准，根据职级分别制定。

②职级明细书应记述职级的名称、该职级通用的职务内容、责任范围、职务执行的示例、资格条件以及报酬等级。

③职级明细书由人事规则予以规定。

第十一条（职级明细书的维持）

内阁事务处长应制定及维持职级明细书，以便分类标准妥善通用于所有职位。

第十二条（职列）

①职列由职务的种类相似、其难易程度与责任轻重相异的职级组成。

②职列应附有表述所属职级的职务及种类的定义。
③职列由内阁令予以规定。

第十三条（等级的决定）

对所有职级应确定薪酬等级划分标准。
②等级应按照该职级执行时通行的难易程度、责任轻重及资格条件的差异来决定。
根据第一项及第二项规定决定的等级，除技能岗位的一般职分为16个等级，技能岗位分为8个等级。相关分级标准参见附表1及附表2。
④关于前项规定之附表标准的适用范围由人事规则予以规定。

第十四条（职级的变更）

因第十一条规定的职务明细书发生变动，内阁事务处长预测将发生职级变更的，或其他内阁事务处长认定有必要的，应对该职位进行重新定级。
②职级发生变更的职位，内阁事务处长应向中央行政机关首长通报。
③第九条第五项的规定适用于第一项的情形。

第十五条（职位的调查及确认）

①内阁事务处长有权定期或随时对赋予职位的职务及责任进行调查和确认。
②有关职位的调查和确认所需的事项由人事规则予以规定。
③内阁事务处长根据第一项规定欲对国家再建最高会议及法院进行调查确认的，应与国家再建最高会议总务处长或法院行政处长商定实施。

第十六条（分类要求）

①职位的职务或责任发生显著改变或设置新职位的，中央行政机关首长、国家再建最高会议总务处长或法院行政处长应当向内阁事务处长提请对其予以分类之要求。
②前项之机关首长提出分类要求的，内阁事务处长应制作该职位的职级明细书，或予以变更后将对职级和等级予以妥善定级后，将该内容通报至申请机关。

第十七条（实施令）

有关本法实施所需的事项由内阁令予以规定。

附则

①（生效日期）

本法自 1967 年 1 月 1 日起正式生效实施。但本法规定之职级明细书的制定可先于本法生效日进行。

②（过程措施）

对于本法生效之日在职的公务员，视为其具有本法规之所在职位的等级资格。

附表 1

一级至五级公务员等级标准对照表

级别	等级	定 义
一级	一等级	关于国家发展，在行政、科学或专业领域，责任的重要程度仅次于部、处、厅级，且具有特殊技能的，尤为极其重要机关的首长职位； 关于国家发展，在行政、科学或专业领域，对运营或活动制定计划并指示的职位； 所受的责任权限仅低于部、处、厅级，执行泛国家范围活动或运营相关业务的职位； 具有的责任和执行业务的重要程度等同于上列各项的职位
	二等级	关于国家发展，在行政、科学或专业领域，责任的重要程度仅低于部、处、厅级的机关之中，极其重要机关首长职位； 关于国家发展，在行政、科学或专业领域，在运营或活动方面具有极其重大责任的职位； 具有的责任和执行业务的重要程度等同于上列各项的职位
	三等级	关于国家发展，在行政、科学或专业领域，责任的重要程度仅低于部、处、厅级的重要机关首长职位； 在多样性和复杂性方面，权限和责任的重要程度或活动范围认定为极其重要的部、处、厅局长职位； 具有的责任和执行业务的重要程度等同于上列各项的职位

续表

级别	等级	定义
二级	四等级	在多样性和复杂性方面，权限和责任的重要程度或活动范围认定为重要的部、处、厅局长职位； 三等级局长的辅佐职位； 具有的水平和责任等同于上列各项的独立机关首长职位； 具有的责任和执行业务的重要程度等同于上列各项的职位
二级	五等级	在多样性和复杂性方面，权限和责任的重要程度或活动范围认定为一般的部、处、厅局长职位； 四等级部、处、厅局长的辅佐职位； 在多样性和复杂性方面，权限和责任的重要程度或活动范围认定为极其重要的部、处、厅课长职位； 具有的水平和责任等同于上列各项的机关首长职位； 具有的责任和执行业务的重要程度等同于上列各项的职位
三级	六等级	五等级局长的辅佐职位； 在多样性和复杂性方面，权限和责任的重要程度或活动范围认定为重要的部、处、厅课长职位； 具有的水平和责任等同于上列各项的机关首长职位； 具有的责任和执行业务的重要程度等同于上列各项的职位
三级	七等级	在多样性和复杂性方面，权限和责任的重要程度或活动范围认定为一般的部、处、厅课长职位； 具有的水平和责任等同于前项的机关首长职位； 受部、处、厅课长的一般性监督，在其下级带着管理监督责任辅佐课长，且在多样性和复杂性方面，权限和责任的重要程度或活动范围认定为极其重要的职位； 具有的责任和执行业务的重要程度等同于上列各项的职位
三级	八等级	受部、处、厅课长的一般性监督，在其下级带着管理监督责任辅佐课长，且在多样性和复杂性方面，权限和责任的重要程度或活动范围认定为重要的职位； 具有的水平和责任等同于前项的机关首长职位； 具有的责任和执行业务的重要程度等同于上列各项的职位

续表

级别	等级	定　义
三级	九等级	受部、处、厅课长的一般性监督，在其下级带着管理监督责任辅佐课长，且在多样性和复杂性方面，权限和责任的重要程度或活动范围认定为一般的职位； 具有的水平和责任等同于前项的机关首长职位； 受部、处、厅课长或其下级的一般性监督，带着监督责任直接或间接辅佐课长，且在多样性和复杂性方面，权限和责任的重要程度或活动范围认定为极其重要的职位； 具有的责任和执行业务的重要程度等同于上列各项的职位
四级	十等级	受部、处、厅课长或其下级监督者的一般性监督，带着监督责任直接或间接辅佐课长，且在多样性和复杂性方面，权限和责任的重要程度或活动范围认定为重要的职位； 具有的水平和责任等同于前项的机关首长职位； 具有的责任和执行业务的重要程度等同于上列各项的职位
	十一等级	受部、处、厅课长或其下级监督者的一般性监督，带着监督责任直接或间接辅佐课长，且在多样性和复杂性方面，权限和责任的重要程度或活动范围认定为一般的职位； 具有的水平和责任等同于前项的机关首长职位； 具有的责任和执行业务的重要程度等同于上列各项的职位
	十二等级	受部、处、厅课长或其下级监督者的一般性监督，带着监督责任辅佐课长，且在多样性和复杂性方面，权限和责任的重要程度或活动范围认定为有限的职位； 具有的水平和责任等同于前项的机关首长职位； 具有的责任和执行业务的重要程度等同于上列各项的职位
	十三等级	受部、处、厅课长或其下级监督者的一般性监督，带着监督责任辅佐课长，且在多样性和复杂性方面，权限和责任的重要程度或活动范围认定为初级的职位； 具有的水平和责任等同于前项的机关首长职位； 在部、处、厅受一般性或间接监督，在书记的专业性或技术层面执行重要业务的职位； 具有的责任和执行业务的重要程度等同于上列各项的职位
	十四等级	在部、处、厅受一般性或直接监督，与包括各种性格的书记职务或执行专业性、科学性或技术性业务的职位有密切关联的职位； 具有的水平和责任等同于前项的基础之上，极其需要具备行政、科学或专业能力的职位

续表

级别	等级	定义
五级	十五等级	在部、处、厅受直接监督，按照反复的业务程序执行的书记业务或与专业性、科学性及技术性业务有关联的职位； 与前项有同等关联的职位或具有的水平和责任等同于前项的基础之上，需要具备行政、科学或专业能力的职位
五级	十六等级	在部、处、厅受直接监督，按照常规的业务程序执行的书记业务或与专业性、科学性及技术性业务没有直接关联的职位； 与前项有同等关联的职位或具有的水平和责任等同于前项的基础之上，无须具备行政、科学或专业能力的职位

附表 2

技能类公务员等级标准对照表

一等级	通过下属监督者对包括第四等级水平的熟练工职位或操作员职位执行的高度复杂且专业性的技能作业或操作业务在内的数个熟练工组或操作员组具有监督责任的总监督职位，与对第二等级执行作业的监督相比，其责任需要高难度的总监督者职位
二等级	1. 通过下属监督者对包括第四等级水平的熟练工职位或操作员职位执行的高度复杂且专业性的技能作业或操作业务在内的数个熟练工组或操作员组具有监督责任的总监督者职位； 2. 通过下属监督者对执行第五等级规定的技能操作业务的数个熟练工组或操作员组具有监督责任的总监督者职位，其责任虽与第三等级规定的各项责任类似，但与对第三等级执行作业的监督相比，需要高难度的总监督者职位； 3. 对执行技能作业或操作作业的一个交接班负责的责任人，或对大规模组操作员或生产熟练工负责的总监督者职位
三等级	1. 关于第四等级水平的熟练工及操作员执行的高度复杂且专业性的技能操作业务的监督者职位； 2. 通过下属监督者对执行第五等级规定的技能操作业务的数个熟练工组或操作员组具有监督责任的总监督者职位

续表

四等级	具有充分的资格和经验，且具有高度复杂且专业性的技能操作业务的熟练工及操作员水平的职位； 需具备完全的操作知识的同时需要经过专业训练和经验的复杂且熟练操作特殊的机械、电气及其他形式装备或机械的熟练工职位； 对第六等级水平的熟练工及操作员执行的技能操作业务具有监督责任的总监督者职位
五等级	1. 具有充分的资格和经验，且具有复杂且专业性的技能操作业务的熟练工及操作员水平的职位； 2. 关于第六等级水平的熟练工及操作员执行的技能操作业务的监督者职位； 3. 通过下属监督者对需要学识和经验的劳务业务进行总监督的职位
六等级	1. 具有充分的资格和经验，在复杂程度和专业性方面，执行的技能操作业务不如第五等级的熟练工及操作员水平的职位； 2. 对需要学识和经验的劳务业务进行监督的职位
七等级	1. 对于具有熟练度要求的技能操作业务，处于正在磨炼熟练度过程的职位； 2. 对于掌握技能方面比较容易的技能类熟练工及操作员职位； 3. 执行需要学识和经验的劳务业务的职位
八等级	1. 在执行作业时受直接监督的熟练工及操作员的助手职位； 2. 使用无须掌握熟练度的操作简单的机器来执行劳务业务的职位

这两次职位分类制度的失败，直接原因是对职位分类实施的困难估计不足，没有做好充分的准备。就技术层面而言，当时职列（相当于职组）的划分不够科学。1970年12月，有32个职列被废除，其中包括税务、统计、审计、交通、农业和林业。然而，后来这些职列又陆续被恢复，1971年4月恢复审计系列，1978年恢复税务和交通，1981年恢复统计，1986年恢复农业和林业。[①] 这些职列的存废并非基于客观需要和科学的分类，而是各部门权力斗争的结果。除了直接原因，更重要的是由于韩国政治文化传统中有着很强的身份等级意识和团队合作意识，职位分类制度的有效实施受到公务员的强烈抵抗。在韩国人看来，政府被看作类似于家庭的封闭组织，各项工作应以团队的形式开展，不分你我彼此，成员之间分

---

① Kim, Joong-Yang, The Korean Civil Service System. Bubwoosa, Seoul, Korea, 2006, p. 116.

工弹性很强,而每个人的等级地位则很固定明确,责任义务清楚。"人际关系而非个人能力构成韩国工作单元的导向。组织被看作完整的系统,而非工作人员原子的集合。因为以群体方式工作,每一个成员都有机会学习,工作弹性比较大,特别是在封闭的职业结构里,等级是固定的,必须严格遵守,但责任和义务则不那么有弹性。那种明确界定工作、与工作有关的报酬、有独立办公室的概念从来都没有存在于韩国人的头脑中。韩国人的方法是提供一个更宽的、更模糊的工作责任定义,伴随着更固定的等级观念。"[1] 这种强调个人等级而忽略工作分工的观念一直是阻止韩国实行职位分类制度的最重要因素。

尽管《国家公务员法》(1973年)废除了"一般职公务员不得以职位分类制度以外的方法进行分类"的规定,韩国《国家公务员法》并未彻底否定职位分类制度,根据1973年及之后的《国家公务员法》,总统令可以在遵循《国家公务员法》总体原则的情况下,确立职位分类制度,并在1973年修订后的《国家公务员法》中规定:"对一般职实施职位分类制的,依照总统令规定,可以从容易实施的部分开始逐步实施"。2008年修订后的《国家公务员法》第24条规定:"根据总统令等规定,职位分类制可以从容易实施的机关、职务的种类、职位开始阶段性实施。"该规定一直沿用至今。可见,《职位分类法》的引进基本确立了韩国公务员分类制度的原则和框架,并对一般职公务员的分类产生深刻的影响。从20世纪60年代初期开始,一般职公务员的分类在形式上、内容上和具体运用上与职位分类制度已非常相似。职位、职级、职列、定级等有关职位分类制度的专用术语也开始出现在了法令文书上。这种分类结构的框架一直沿用至今,只是在职列(相当于职组)、职类(相当于职系)和级别的数量上发生了较大的变化。1—5级一般职的职列达到了16个,职类则是83个。自20世纪60年代中期职类数开始逐渐减少,到1972年只剩下47个。[2] 而到了1973年,职列数量又有所增加,但并未出现细分的迹象。

---

[1] Kim, Pan Suk, Toward Representation Bureaucracy: A Trend Analysisi of the Korean Civil Service, P. H. Dissertation, The American University, 1990: 21.

[2] 포우헌. A Comparative Study of Personnel Administration between China and Korea, Konkuk University Korea, 2014: 22.

三 改革时期（1974年至今）

1981年，韩国政府大力推行人事制度改革，因职位分类符合人事管理专业化和理性化的要求，修改后的《国家公务员法》规定重新实施职位分类。在横向分类上，韩国公务员分为经历职公务员和特殊经历职公务员。"经历职公务员"是指根据业绩和资格任用，保障其身份，并终生作为公务员工作的人员，包括一般职公务员、特定职公务员和技能职公务员三类。"特殊经历职公务员"是指经历职以外的公务员，包括政务职公务员、别定职公务员、专门职公务员和雇用职公务员四类。具体内容见表3—6。其中，经历职公务员中将一般职公务员按职群、职列、职类进行分类。同一职列中，为了解决过度对比的问题，引入根据业务特征分离的职类制度。职类是决定任用考试的应试资格和考试科目的标准，同时在任职决定中被当作考虑因素。此次分类中，新设了5个职列，120个职类。根据1993年修改的《公务员录用条例》，又增加了国际贸易、环境、交通、城市规划、社会福利、教育管理、劳动等职列。[①] 2012年，韩国公务员有11个职群，71个职列，135个职类。[②]

2013年开始，不再设技能职类别。

表3—6　　　　　　　　　　韩国公务员分类

大类	细分类别	具体描述
经历职	一般职公务员	负责技术、研究或一般行政的业务，按职群、职列分类的公务员
	特定职公务员	作为法官、检察官、外交人员、警察公务员、消防公务员、教育公务员、军人及国家安全企划部的职员和负责特殊领域的公务员，由其他法律指定的特定职公务员
	技能职公务员	负责技能性业务，按其技能分类的公务员

[①] 刘重春：《理性化之路——韩国公务员制度研究》，中国社会科学出版社2012年版，第87页。

[②] 刘重春：《理性化之路——韩国公务员制度研究》，中国社会科学出版社2012年版，第87页。

续表

大类	细分类别	具体描述
特殊经历职	政务职公务员	一、根据选举就职或需经国会批准任命的公务员； 二、检察院的院长、检察委员及事务总长；平和统一政策咨问会议的事务总长；国会的事务总长、次长及图书馆长；宪法委员会的常任委员；中央选举管理委员会的常任委员及事务处长； 三、国务总理，国务委员，处的处长，各院、部、处（相当于中国人的部委）的次官或次长，厅长（非中央行政机关的厅除外），企划调整室长，行政调整室长，行政改革委员会的委员长、副委员长及常任委员，首尔特别市长，釜山市长，道知事，受次官级以上待遇的秘书官； 四、国家安全企划部的部长及次长； 五、其他法令指定为政务职的公务员
	别定职公务员	一、国会专门委员； 二、监察院事务次长及首尔特别市、釜山市、道选举管理委员会的常任委员； 三、国家安全企划部企划调整室长，原子力委员会常任委员，科学技术审议室长，各级劳动委员会常任委员，海难审判院的院长及审判官； 四、秘书官、秘书和其他法令指定为别定职的公务员
	专门职公务员	根据与国家的聘用合同，从事一定期间研究或技术业务的科学家、技术员及特殊领域的专家
	雇用职公务员	从事单纯体力劳动的公务员

资料来源：韩国《国家公务员法》（1981年）第二条。

在纵向分级上，新的职位分类制度增加了公务员的级别设置，将级别结构由1—5级调整为1—9级，1级原封不动，2级甲类称为2级，2级乙类为3级，3级甲类为4级，3级乙类为5级，4级甲类为6级，4级乙类为7级，5级甲类为8级，5级乙类为9级。自实施9级别制以来，对从事研究或特殊技术类的公务员采取了不适用9级别制的措施。

20世纪以来，韩国政府面临新的发展形势。一方面，韩国公民和普通政府雇员表达意见的愿望越来越强烈，政府事务变得更为复杂、多样，政府开始认识到高级公务员的角色日益凸显。面对各种复杂的冲突，高级公务员所面对的事务远比以往更具挑战性。过去，对高级公务员的管理过于重视通才标准，依靠传统的按部就班的管理方式就可以履行职责，但在新时期，"尽管对专业化的公共服务有日益增长的需要，韩国高级文官仍然不愿意在职业发展方面与专业人员和技术人员共享特权。人们倾向于将文官看作一个自上而下的层级组织，往往忽视了专业化的需要"①，当政府面临各种复杂冲突的时候，高级公务员必须具有远见卓识和创新领导能力方能胜任。另一方面，自2003年卢武铉总统执政以来，韩国开始重视国家治理。卢武铉非常认同"有限政府"理念，执政期间在政府部门大力推行分权与授权。这样做的好处是各部门的自主权比较大，但随之而来的后果是部门利己主义、部门分割现象比较严重，因此，整合政府与跨部门间合作的需求变得越来越迫切。为适应这一新形势，韩国政府决定建立新的高级公务员制度，对高级公务员在泛政府层次上进行有效的人事管理，集中力量将高级公务员培养成为国家级核心人才，以提升政府的管理能力和竞争力。为此，韩国加强了对公务员分类制度的改革，建立"高位公务员团"②制度，并把它作为公务员制度改革的切入点。高位公务员团的设定，就是通过职位分析，改变过去以等级管理为核心的管理体系，建立以职位管理为核心的管理方法，通过竞争的形式管理1—3级高级公务员（相当于我国的司局级），加强高位公务员团的开放性，强化业绩和问责制，使高级公务员管理摆脱了身份性职级限制。

2003—2004年，韩国对中央政府全部局处级以上职位进行了职位分析，2003年对18个部和局的957个职位中相对重要的457个职位开展工作分析，2004年则对37个委和局的558个职位中的431个职位开展分析。

---

① 左然、周至忍、毛寿龙编译：《新兴现代化国家行政改革研究——转型中的韩国公共政策与行政改革》，国家行政学院出版社1999年版，第101页。

② 高位公务员团是指，任职于以下困难性高、责任度高的职位上（以下简称"高位公务员团职位"），在职或者派遣、休职等人事管理中的一般职公务员、别定职公务员及特定职公务员群体（特定职公务员中有法律规定可任职于高位公务员团公务员的）。主要包括：（1）根据《政府组织法》第2条规定的中央行政机关的室长、局长及与此相当的辅助机关；（2）行政部各级机关（除检察院）职位中与第1号职位相当的职位；（3）根据《地方自治法》第110条第2款、第112条第5款和《关于地方教育自治法律》第33条第2款，由国家公务员担任地方自治团体及地方教育行政机关职位中与第1号职位相当的职位；（4）其他法令中规定，可聘用于高位公务员团所属公务员的职位。见韩国《国家公务员法》（2021年）第2条。

开展工作分析是找到改善绩效和责任、分析能力和报酬的一种方式。2004年1月，政府范围内的竞争性工作委派和跨部门任命也在32个中央部和局中的32个局级职位上开始实施。2005—2006年对新设职位和有所改变的职位进行了职位分析。①

为做好职位分析工作，韩国专门成立了由中央人事委员会、各部门职位分析推进小组、民间调查机构以及由社会有关专家四部分人员构成的政府职位分析推进机构。中央人事委员会对参与进行职位分析的人员进行专门培训，逐步对全部公务员岗位进行分析，改变过去以职级管理为主的传统做法，扩大人才的使用范围。新的职位分析主要强调投入、过程和产出三个重要环节以及专业知识、管理能力、处理人际关系技巧、思维环境、思维挑战性、行动能力、职位规模和个人影响力8个重要因素。每个因素都由低到高分成3—5个层次。通过职位分析，明确责任，构建成果管理体系；通过职位评价，设定职务等级，建立报酬体系；通过对职位能力要求的分析，建立能力评价体系和能力开发体系；通过对职位要素的分析，建立人员使用的标准。②

在职位分析的基础上，从2006年7月1日起，韩国开始全面实施"高位公务员团"制度，将室长或局长级别（1—3级）的高级公务员安排在政府各机构的适当位置。由于推行高位公务员团制度，过去按职级、资历排序，以各部委内部管理为主的高级公务员人事管理制度发生了巨大变化。为实施高位公务员团制度，韩国政府2006年修订了包括《国家公务员法》在内的77项法律，2007年又修订了政府发布的300余项总统令。高级公务员团制度进行了取消等级管理、采用职位成果合同制等一系列改革，是20世纪以来韩国公务员制度改革的重要举措。

高级公务员人事管理制度变化，可以用两个词加以概括，即"开放与竞争""成果与责任"。曾经受制于职级、资历序列、部门内竞争桎梏的高级公务员管理制度现在变得灵活多样。竞争既可以超越公务员资历，

---

① 刘重春：《理性化之路——韩国公务员制度研究》，中国社会科学出版社2012年版，第93页。

② 刘重春：《理性化之路——韩国公务员制度研究》，中国社会科学出版社2012年版，第93页。

在不同年度通过公务员考试的先、后辈之间进行，也可以在不同部委人员之间进行，使更具竞争力的人员得以受到任用。一些职位还向私营部门开放，以鼓励优秀的专家在公务员队伍中工作。①

不仅如此，通过实施"职务成果合同制""职务成果累积年薪制"和"任职资格评审制"等制度，使人事管理制度更加注重表现和工作业绩，表现欠佳的高级公务员会接受资格审查，以决定其是否继续担任高级公务员的职务。大大提升了高级公务员的事业心、责任心和竞争力。

该制度为高级公务员的管理注入生机与活力，促进了韩国政府的竞争力和创造力全面提升。截至2020年年底，韩国高级公务员人数为1544人（男性1412人，女性132人）②，其中在中央任职的国家公务员一般职高级公务员为1054人，在地方任职的国家公务员一般职高级公务员为33人。③

当前，韩国实行部分职位分类制。2021年，《国家公务员法》第22条规定："职位分类中所有职位按照职务的种类、难易程度、责任轻重分为职群、职列、职级或者职务等级。属相同职级或者相同职务等级的职位，需要分类成有相同的报酬或者类似的报酬"。在实施上，根据总统令等规定，职位分类制可以从容易实施的机关、职务的种类、职位开始阶段性实施。

总体来看，韩国公务员分类基本上在保留等级制度的同时，不断添加职位分类制度的要素。尽管《职位分类法》被废止，每当修订公务员任用令时，职列及职类的数量都会随之调整，不断反复"细化和整合"的过程。职位分类制度的完善，为韩国公务员其他各项管理制度，如招聘录用、考核、工资等提供了条件，促进了韩国政府人事管理专业化和理性化。

---

① The Senior Civil Service［EB/OL］.［2021-06-03］. http://www.mpm.go.kr/english/system/seniorCivilService/.

② 2021年人事革新统计报告 2021 인사혁신통계연보: 33［EB/OL］.［2022-03-15］. https://www.mpm.go.kr/mpm/lawStat/infoStatistics/hrStatistics/hrStatistics03/.

③ 2020年行政部国家公务员人事统计（整体）2020년 행정부 국가공무원인사통계(전체)［EB/OL］.［2022-03-15］. https://www.mpm.go.kr/mpm/lawStat/infoStatistics/hrStatistics/statisticsAnnual/?boardId=bbs_0000000000000037&mode=view&cntId=932&category=&pageIdx=.

第三节　现行国家公务员分类制度

一　横向分类体系

如第一节所述，韩国政府将国家公务员分成了经历职与特殊经历职两大类，经历职分为一般职与特定职；特殊经历职分为政务职和别定职。一般职之下又有若干具体分类，包括行政、技术、管理运营职，专门官，研究职，指导职，邮政职，专业经历官，专业任期制，临时任期制等类别。特定职之下又分为外交人员、警察、消防、检察官和教育等类别。与公务员分类制度相关的法律有《国家公务员法》《地方公务员法》《公务员考试令》《公务员任用令》《高位公务员团人事规则》《公务员绩效评价等规定》《公务员绩效评价等指南》等。

韩国《国家公务员法》（2008 年 3 月 28 日版，2017 年 7 月 26 日最新修订）第 24 条规定：根据总统令等规定，职位分类制可以从容易实施的机关、职务的种类、职位开始阶段性实施。当前，韩国公务员按照职位分类方式进行分类的只有一般职中的行政、技术和管理运营职群。职位分类制的原则是：对所有对象职位根据职务的种类、困难性、责任度来划分职群、职列、职级或者职务等级。属相同职级或者相同职务等级的职位，需要分类成有相同的报酬或者类似的报酬。

韩国国家公务员按横向分为职群、职列、职类，按纵向分为不同的职级。"职群"是指职务性质相类似职列的集合；"职列"是指一组职责类型相近，但责任轻重程度与难易程度不同的职类的集合；"职类"是指同一职列内，具有相同职责范围的一组工作；"职级"是指，职务的种类、难易程度与责任轻重程度相类似职位的集合。[①] 第 4 条规定，一般职公务员的职级分为 1 级至 9 级，按职群、职列等分类。但高级公务员除外。对于以下公务员，根据总统令等的规定不适用该规定的职级区分、职群和职列的分类：（1）从事特定职的公务员；（2）研究、指导、特殊技术职列的公务员；（3）为了提高人事管理效率和机关成果，有必要不适用第 1

[①] 韩国《国家公务员法》（2017）第 5 条。

款的职级区分、职群及职列分类的机关的所属公务员。[①]

韩国参与职位分类的国家公务员分为 3 个职群、53 个职列和 136 个职类。三个职群分别是行政职、技术职和管理运营职，其中，行政职群下设 15 个职列，25 个职类，技术职群下设 24 个职列 85 个职类，管理运营职群下设 14 个职列 26 个职类。国家公务员一般职职位分类具体内容见表 3—7。

表 3—7　国家公务员一般职（行政、技术、管理运营职）职位分类

职群	职列（职类数）
行政	教定（1）、调护（1）、检察（1）、毒品缉查（1）、出入境管理（1）、铁路警察（1）、行政（10）、职业咨询（1）、税务（1）、关税（1）、社会福利（1）、统计（1）、司书（1）、监察（1）、防护（2）
技术	工业（14）、农业（6）、林业（5）、兽医（1）、海洋水产（12）、气象（2）、保健（2）、医疗技术（1）、食品卫生（1）、医务（2）、药务（2）、护理（1）、医务护理（1）、环境（4）、航空（4）、设施（10）、防灾安全（1）、电子计算（4）、广播通信（5）、广播舞台（2）、驾驶（1）、公共照明管理（1）、卫生（2）、烹饪（1）
管理运营	土木运营（1）、建筑运营（2）、通信运营（1）、热线电话运营（1）、电力运营（1）、机器操作（2）、热力管理运营（1）、化工运营（1）、船舶通航操作（1）、船舶发动机操作（1）、农林运营（2）、森林保护运营（1）、保健运营（1）、事务管理（10）

资料来源：作者根据《公务员任用令》（공무원임용령）（시행 2018.1.15）附表一自行整理。

二　纵向分级体系

韩国政府根据国家公务员类别的不同规定了不同的等级/职级体系，其中，政务职的级别分为国家级、部长级、副部长级；别定职分为 1—9

[①] 韩国《国家公务员法》（2017）第 4 条。

级（含 SCS 高级公务员）9 个级别。一般职中，行政、技术、管理运营职分为 1—9 级（含 SCS 高级公务员）共 9 个级别；专门官分高级专门官和专门官共 2 个级别；研究职分为 1—5 级研究官（含 SCS 高级公务员）和 6—7 级研究员共 7 个级别；指导职均分 2—5 级指导官（含 SCS 高级公务员）和 6—8 级指导员共 7 个级别；邮政职分为邮政 1—9 级共 9 个级别；专业经历官分为 A、B、C3 个级别；专业任期制和临时任期制均分为 5 个级别。特定职中，外交人员分为 1—14 等级共 14 个级别（含 SCS 高级公务员）；警察和消防均分为 11 个级别；检察官分为 4 个级别；教育职分 6 个级别。等级/职级体系具体内容见表 3—8。

表 3—8　　韩国国家公务员的等级/职级体系

类别		等级/职级
政务职		国家级、部长级、副部长级
一般职	行政、技术、管理运营职	9 个级别，1—9 级（含 SCS 高级公务员）。1 级为最高级别，9 级为最低级别。
	专门官	2 个级别，高级专门官和专门官。
	研究职	7 个级别，1—5 级研究官（含 SCS 高级公务员）和 6—7 级研究员。1 级为最高级别，9 级为最低级别。
	指导职	7 个级别，2—5 级指导官（含 SCS 高级公务员）和 6—8 级指导员。2 级为最高级别，8 级为最低级别。
	邮政职	9 个级别，邮政 1—9 级。1 级为最高级别，9 级为最低级别。
	专业经历官	3 个级别，A、B、C。A 为最高级别，C 为最低级别。
	专业任期制	5 个级别，Ga、Na、Da、La、Ma。Ga 为最高级别，Ma 为最低级别。
	临时任期制	5 个级别，5—9 级。5 级最高，9 级最低。

续表

类别		等级/职级
特定职	外交	14 个级别，外交 1—14 等级（含 SCS 高级公务员）。14 等级为最高级别，1 等级为最低级别。
	警察	11 个级别，治安总监、治安正监、治安监、警务官、总警、警正、警监、警卫、警查、警长、巡警。治安总监为最高级别，巡警为最低级别。
	消防	11 个级别，消防总监、消防正监、消防监、消防准监、消防正、消防领、消防警、消防尉、消防长、消防校、消防士。消防总监最高级别，消防士最低级别。
	检察官	4 个级别，总检察长、高级检察官、检察官、检察员。总检察长为最高级别，检察员为最低级别。
	教育	6 个级别，校长、教授、助教、主任、主任助理、教员。校长为最高，教员为最低级别。
别定职		9 个级别，1—9 级（含 SCS 高级公务员）。1 级为最高级别，9 级为最低级别。

注：SCS 相当于之前的 1—3 级公务员。

资料来源：根据相关资料自行整理。见 2021 年人事革新统计报告 2021 인사혁신통계연보：6 – 14. [EB/OL]. [2022 – 03 – 15]. https：//www. mpm. go. kr/mpm/lawStat/infoStatistics/hrStatistics/hrStatistics03/공무원보수규정 韩国公务员工资条例 [EB/OL]. [2022 – 03 – 15]. https：//www. law. go. kr/LSW//lsInfoP. do？lsiSeq = 240475&efYd = 20220218&ancYnChk = 0#0000。

三　职位分类制的应用

韩国国家公务员职位分类主要针对行政、技术、管理运营职，在横向上将其分成了行政类、技术类和管理运营类，在纵向上将其分为 3—9 级。

行政职群下设行政职有教定、调护、检察、毒品缉查、出入境管理、铁路警察、行政、职业咨询、税务、关税、社会福利、统计、司书、监察、防护 15 个职列。除行政职列与防护职列细分职类外，其他职列未细分职类。其中，行政职列下设一般行政、人事组织、法务行政、财政经济、国际通商、运输、雇佣劳动、文化宣传、教育行政、会计 10 个职类；防护职列细分为防护和警备 2 个职类。

技术职群下设工业、农业、林业、兽医、海洋水产、气象、保健、医疗技术、食品卫生、一般医务、药务、护理、医务护理、环境、航空、设施、防灾安全、电子计算、广播通信、广播舞台、驾驶、公共照明管理、卫生、烹饪 24 个职列。除工业、农业、林业、海洋水产、气象、保健、医务、药务、环境航空、设施、电子计算、广播通信、广播舞台、卫生职列细分职类外，其他职列未细分职类。其中，工业下设一般机械、农业机械、驾驶、造船、电器、电子、原子能、造船、金属、冶金、纤维、化工、资源、物理 14 个职类；农业下设一般农业、蚕业、农业化学、植物检疫、畜产、生命基因 6 个职类；林业下设森林造景、森林资源、森林保护、森林利用、森林环境 5 个职类；海洋水产下设一般海洋、一般水产、水产制造、水产养殖、捕捞、水产品检验、一般船舶、船舶航海、船舶机构、船舶管制、水管道、海洋交通设施 12 个职类；气象下设气象、地震 2 个职类；保健下设保健、防疫 2 个职类；医务下设一般医务和牙务 2 个职类；药务下设药务和药剂 2 个职类；环境下设一般环境、水质、空气、废弃物 4 个职类；航空下设一般航空、驾驶、维修、管理 4 个职类；设施下设城市规划、一般土木、农业土木、建筑、地基、测绘、交通设施、城市交通设计、设施造景、设计 10 个职类；电子计算下设电子计算开发、电子计算机器、信息管理、信息保护 4 个职类；广播通信下设通信设备、通信技术、传输技术、电子通信技术、广播技术 5 个职类；广播舞台下设广播舞台技术、广播制作 2 个职类；卫生下设卫生、勤务 2 个职类。

管理运营职群下设土木运营、建筑运营、通信运营、热线电话运营、电力运营、机器操作、热力管理运营、化工运营、船舶通航操作、船舶发动机操作、农林运营、森林保护运营、保健运营、事务管理 14 个职列。除建筑运营、机器操作、农林运营与事务管理细分职类外，其他职列未细分职类。其中，建筑运营下设建筑运营、木工运营 2 个职类；机器操作下设机械运营、放映运营 2 个职类；农林运营下设森林管理运营、园艺操作 2 个职类；事务管理下设医务护理操作、打字操作、电算操作、制度运行、记录操作、图书管理、编辑操作、邮递运营、气象观测操作、鉴定操作 10 个职类。

一般职职级见表 3—9。

表 3—9　　　　　　　　　国家公务员一般职职级表

职群	类型	职位分类	级别与职级					
			三级	四级	五级	六级	七级	八级	九级
1.行政	教定	教定			教定官	教监	教尉	教师	教导
	调护	调护			调护事务官	调护主事	调护主事助理	调护书记员	调护书记员助理
	检察	检察			检察事务官	检察主事	检察主事助理	检察书记员	检察书记员助理
	毒品缉查	毒品缉查			毒品缉查事务官	毒品缉查主事	毒品缉查主事助理	毒品缉查书记员	毒品缉查书记员助理
	出入境管理	出入境管理			出入境管理事务官	出入境管理主事	出入境管理主事助理	出入境管理书记员	出入境管理书记员助理
	铁路警察	铁路警察			铁路警察事务官	铁路警察主事	铁路警察主事助理	铁路警察书记员	铁路警察书记员助理
	行政（10个职类）	一般行政	副理事官	书记官	行政事务官	行政主事	行政主事助理	行政书记员	行政书记员助理
		人事组织							
		法务行政							
		财政经济							
		国际通商							
		运输							
		雇佣劳动							
		文化宣传							
		教育行政							
		会计							
	职业咨询	职业咨询				职业咨询主事	职业咨询主事助理	职业咨询书记员	职业咨询书记员助理
	税务	税务				税务主事	税务主事助理	税务书记员	税务书记员助理
	关税	关税				关税主事	关税主事助理	关税书记员	关税书记员助理
	社会福利	社会福利			社会福利事务官	社会福利主事	社会福利主事助理	社会福利书记员	社会福利书记员助理
	统计	统计			统计事务官	统计主事	统计主事助理	统计书记员	统计书记员助理

续表

职群	类型	职位分类	级别与职级						
^	^	^	三级	四级	五级	六级	七级	八级	九级
1.行政	司书	司书	副理事官	书记官	司书事务官	司书主事	司书主事助理	司书书记员	司书书记员助理
^	监察	监察	^	监察官	副监察官	监察主事	监察主事助理	监察书记员	监察书记员助理
^	防护（2个职类）	防护			防护事务官	防护主事	防护助理主事	防护书记员	防护助理书记员
^	^	警备							
2.技术	工业（14个职类）	一般机械	副理事官	技术书记官	工业事务官	工业主事	工业主事助理	工业书记员	工业书记员助理
^	^	农业机械	^	^	^	^	^	^	^
^	^	驾驶	^	^	^	^	^	^	^
^	^	造船	^	^	^	^	^	^	^
^	^	电器	^	^	^	^	^	^	^
^	^	电子	^	^	^	^	^	^	^
^	^	原子能	^	^	^	^	^	^	^
^	^	造船	^	^	^	^	^	^	^
^	^	金属	^	^	^	^	^	^	^
^	^	冶金	^	^	^	^	^	^	^
^	^	纤维	^	^	^	^	^	^	^
^	^	化工	^	^	^	^	^	^	^
^	^	资源	^	^	^	^	^	^	^
^	^	物理	^	^	^	^	^	^	^
^	农业（6个职类）	一般农业	^	^	农业事务官	农业主事	农业主事助理	农业书记员	农业书记员助理
^	^	蚕业	^	^	^	^	^	^	^
^	^	农业化学	^	^	^	^	^	^	^
^	^	植物检疫	^	^	^	^	^	^	^
^	^	畜产	^	^	^	^	^	^	^
^	^	生命基因	^	^	^	^	^	^	^
^	林业（5个职类）	森林造景	^	^	林业事务官	林业主事	林业主事助理	林业书记员	林业书记员助理
^	^	森林资源	^	^	^	^	^	^	^
^	^	森林保护	^	^	^	^	^	^	^
^	^	森林利用	^	^	^	^	^	^	^
^	^	森林环境	^	^	^	^	^	^	^
^	兽医	兽医	^	^	兽医事务官	兽医主事	兽医主事助理		
^	海洋水产（12个职类）	一般海洋	^	^	海洋水产事务官	海洋水产主事	海洋水产主事助理	海洋水产书记员	海洋水产书记员助理
^	^	一般水产	^	^	^	^	^	^	^
^	^	水产制造	^	^	^	^	^	^	^
^	^	水产养殖	^	^	^	^	^	^	^
^	^	捕捞	^	^	^	^	^	^	^
^	^	水产品检验	^	^	^	^	^	^	^

续表

职群	类型	职位分类	级别与职级						
			三级	四级	五级	六级	七级	八级	九级
2.技术		一般船舶	副理事官	技术书记官					
		船舶航海							
		船舶机构							
		船舶管制							
		水管道							
		海洋交通设施							
	气象（2个职类）	气象			气象事务官	气象主事	气象主事助理	气象书记员	气象书记员助理
		地震							
	保健（2个职类）	保健			保健事务官	保健主事	保健主事助理	保健书记员	保健书记员助理
		防疫							
	医疗技术	医疗技术			医疗技术事务官	医疗技术主事	医疗技术主事助理	医疗技术书记员	医疗技术书记员助理
	食品卫生	食品卫生			食品卫生事务官	食品卫生主事	食品卫生主事助理	食品卫生书记员	食品卫生书记员助理
	医务（2个职类）	一般医务			医务事务官				
		牙务							
	药务（2个职类）	药务			药务事务官	药务主事	药务主事助理		
		药剂							
	护理	护理			护理事务官	护理主事	护理主事助理	护理书记员	
	医务护理	医务护理			医务护理事务官	医务护理主事	医务护理主事助理	医务护理书记员	医务护理书记员助理
	环境（4个职类）	一般环境			环境事务官	环境主事	环境主事助理	环境书记员	环境书记员助理
		水质							
		空气							
		废弃物							
	航空（4个职类）	一般航空	副理事官	技术书记官	航空事务官	航空主事	航空主事助理	航空书记员	航空书记员助理
		驾驶							
		维修							
		管理							
	设施（10个职类）	城市规划			设施事务官	设施主事	设施主事助理	设施书记员	设施书记员助理
		一般土木							
		农业土木							
		建筑							
		地基							
		测绘							
		交通设施							

续表

职群	类型	职位分类	级别与职级					
			三级	四级	五级	六级	七级	八级	九级
2.技术		城市交通设计	副理事官	技术书记官					
		设施造景							
		设计							
	防灾安全	防灾安全			防灾安全事务官	防灾安全主事	防灾安全主事助理	防灾安全书记员	防灾安全书记员助理
	电子计算(4个职类)	电子计算开发			电子计算事务官	电子计算主事	电子计算主事助理	电子计算书记	电子计算书记助理
		电子计算机器							
		信息管理							
		信息保护							
	广播通信(5个职类)	通信设备			广播通信事务官	广播通信主事	广播通信主事助理	广播通信书记员	广播通信书记员助理
		通信技术							
		传输技术							
		电子通信技术							
		广播技术							
	广播舞台(2个职类)	广播舞台技术			广播舞台事务官	广播舞台主事	广播舞台主事助理	广播舞台书记	广播舞台书记助理
		广播制作							
	驾驶	驾驶			驾驶事务官	驾驶主事	驾驶主事助理	驾驶书记	驾驶书记员助理
	公共照明管理	公共照明管理			公共照明管理事务官	公共照明管理主事	公共照明管理主事助理	公共照明管理书记	公共照明管理书记员助理
	卫生(2个职类)	卫生			卫生事务官	卫生主事	卫生主事助理	卫生书记员	卫生书记员助理
		勤务							
	烹饪	烹饪			烹饪事务官	烹饪主事	烹饪主事助理	烹饪书记员	烹饪书记员助理
3.管理运营	土木运营	土木运营				土木运营主事	土木运营主事助理	土木运营书记员	土木运营书记员助理
	建筑运营(2个职类)	建筑运营				建筑运营主事	建筑运营主事助理	建筑运营书记员	建筑运营书记员助理
		木工运营							
	通信运营	通信运营				通信运营主事	通信运营主事助理	通信运营书记员	通信运营书记员助理
	热线电话运营	热线电话运营				热线电话运营主事	热线电话运营主事助理	热线电话运营书记员	热线电话运营书记员助理
	电力	电力运营				电力运营	电力运营	电力运营	电力运营

续表

职群	类型	职位分类	级别与职级					
			三级	四级	五级	六级	七级	八级	九级
3.管理运营	运营					主事	主事助理	书记员	书记员助理
	机器操作（2个职类）	机械运营				机器操作主事	机器操作主事助理	机器操作书记员	机器操作书记员助理
		放映运营							
	热力管理运营	热力管理运营				热力管理运营主事	热力管理运营主事助理	热力管理运营书记员	热力管理运营书记员助理
	化工运营	化工运营				化工运营主事	化工运营主事助理	化工运营书记员	化工运营书记员助理
	船舶通航操作	船舶通航操作				船舶通航操作主事	船舶通航操作主事助理	船舶通航操作书记员	船舶通航操作书记员助理
	船舶发动机操作	船舶发动机操作				船舶发动机操作主事	船舶发动机操作主事助理	船舶发动机操作书记员	船舶发动机操作书记员助理
	农林运营（2个职类）	森林管理运营				农林运营主事	农林运营主事助理	农林运营书记员	农林运营书记员助理
		园艺操作							
	森林保护运营	森林保护运营				森林保护运营主事	森林保护运营主事助理	森林保护运营书记员	森林保护运营书记员助理
	保健运营	保健运营				保健运营主事	保健运营主事助理	保健运营书记员	保健运营书记员助理
	事务管理（10个职类）	医务护理操作				事务管理主事	事务管理主事助理	事务管理书记员	事务管理书记员助理
		打字操作							
		电算操作							
		制度运行							
		记录操作							
		图书管理							
		编辑操作							
		邮递运营							
		气象观测操作							
		鉴定操作							

资料来源：《公务员任用令》（공무원임용령）（2018年1月15日实施）附表一（2016年6月24日修订）。

第四节　现行国家公务员分类管理

一　公务员分类考录

韩国一般职公务员的录用原则上是通过公开竞争考试和职业竞争考试两种方式选拔的，公开竞争招聘考试面向所有公民，不论其学历或经历如何，均可享受同等的应试机会；职业竞争考试面向具备一定资格条件（如学位、资格证书、经历等）的公民，适用于难以通过公开竞争招聘考试招到人选的特殊领域（需要考虑政治因素或非常专业的职位），以确保满足日益复杂的行政需求。据统计，2011—2020 年，公开竞争考试人数占考试人数的比例在 40% 左右，职业竞争考试人数占比在 60% 左右。无论是公开竞争考试还是职业竞争考试，均根据类别的不同设置了差异化的考试科目。

表 3—10　2011—2020 年韩国国家公务员一般职两类考试人数及占比

年份	总数	公开竞争考试 人数	公开竞争考试 占比	职业竞争考试 人数	职业竞争考试 占比
2011	6277	2325	37.0%	3952	63.0%
2012	5903	2290	38.8%	3613	61.2%
2013	5319	1927	36.2%	3392	63.8%
2014	8563	3985	46.5%	4578	53.5%
2015	9018	3929	43.6%	5089	56.4%
2016	8644	3711	42.9%	4933	57.1%
2017	8782	4291	48.9%	4491	51.1%
2018	12025	5535	46.0%	6490	54.0%
2019	12551	5293	42.2%	7258	57.8%
2020	8792	3308	37.6%	5484	62.4%

资料来源：2020 年行政部国家公务员人事统计（整体）2020 년 행정부 국가공무원 인사통계(전체) [EB/OL]．[2022-03-15]．http://www.mpm.go.kr/mpm/lawStat/infoStatistics/hrStatistics/statisticsAnnual/?boardId=bbs_0000000000000037&mode=list&category=&pageIdx=2．

（一）公开竞争考试

公开竞争考试根据横向上类别的不同和纵向上级别的不同进行分类分级考录。横向上，不同类别人员如惩教、保护、检察、毒品调查、出入境管理、行政、税务、关税、社会福利、审计、工业、农业、林业、航空、设施、电子计算、广播通信等的第一轮考试内容均相同，为 PSAT（语言逻辑领域、资料解释领域、情况判断领域、宪法、英语、韩国史）[①]；第二轮考试科目均为与职位相关的专业科目。纵向上，公开竞争考试包括针对 5 级岗、7 级岗和 9 级岗的公开竞争考试。5 级岗、7 级岗和 9 级岗的考试的难度不同，岗位等级要求高，考试科目越多，难度越大。韩国自 1995 年开始对公务员考试内容进行改革后，5 级岗的公开竞争考试由之前侧重考察大学毕业程度的知识水平转向侧重考察政策规划和管理政策所需的能力和知识；7 级岗的公开竞争考试由之前侧重考察专科毕业程度的知识水平转向侧重考察执行专业行政任务所需的能力和知识；9 级岗的公开竞争考试由之前侧重考察高中毕业程度的知识水平转向侧重考察执行行政工作所需的基本能力、知识。

部分行政类公务员考录科目、部分技术类公务员考录科目具体内容见表 3—11 和表 3—12。

[①] 为了更好地招收优秀人才，适应 21 世纪行政环境的变化，改变过去片面依靠死记硬背的考试方式，韩国政府于 2002 年 1 月修改了《公务员考试令》，规定于 2004 年起开始逐步实行公务员能力测试（PSAT，Public Service Aptitude Test）。PSAT 是对于公务员活动所必需的基本知识、素质、水平等进行的一种综合测试，其目的是为全面评价新录用者是否具备基本的素质与条件。主要测评内容包括三大部分：语言理解；资料解释；状况判断。语言理解侧重考察应试者的韩语阅读理解水平和逻辑思维水平，如提供一些法律条文或新闻材料来测试应试者的理解力、表现力、论理力；资料理解主要考察应试者分析推理能力，如提供一些统计数据和资料，让应试者进行统计分析；状况判断主要测评应试者规划、分析、推论、判断、定义、解决问题等能力。参见刘重春《理性化之路——韩国公务员制度研究》，中国社会科学出版社 2012 年版，第 106—110 页。

表 3—11　　　　　　　部分行政类公务员考试科目

级别	考试科目	职列 职类	出入境管理 出入境管理	铁路警察 铁路警察	行政 一般行政	人事组织
5级	第一轮	必考	PSAT（语言逻辑领域、资料解释领域、情况判断领域、宪法、英语、韩国史）			
5级	第二轮	必考	刑事诉讼法、国际法、刑法、行政法	刑事诉讼法、刑法、行政法、行政学	行政法、行政学、经济学政治学	行政法、行政学、经济学、政治学、人事、组织论
5级	第二轮	选考	行政学、政治学、经济学、民法（亲属继承法除外）、德语、法语、俄罗斯语、汉语、日语、西班牙语、阿拉伯语、马来—印尼语中选1科	经济学、社会学中选1科	民法（亲属继承法除外）、信息体系论、调查方法论（统计分析除外）、政策学、国际法、地方行政论中选1科	
7级	第一轮	必考	PSAT（语言逻辑领域、资料解释领域、情况判断领域、宪法、英语、韩国史）			
7级	第二轮	必考	宪法、行政法、国际法、刑事诉讼法	宪法、刑事诉讼法、刑法、行政法	宪法、行政法、行政学、经济学	宪法、行政法、人事、组织论
9级	第一轮	必考	韩语、英语、韩国史			
9级	第二轮	必考	行政法总论、国际法概论	刑事诉讼法概论、刑法总论	行政法总论、行政学概论	行政法总论、人事、组织论

续表

级别	考试科目	职列职类	行政		
			法务行政	财经	国际通商
5级	第一轮	必考	PSAT（语言逻辑领域、资料解释领域、情况判断领域、宪法、英语、韩国史）		
	第二轮	必考	行政法、民法（亲属继承法除外）、行政学、刑事诉讼法	经济学、财政学、行政法、行政学	国际法、国际经济学、行政法、英语
		选考	商法、劳动法、税法、社会法、国际法、经济学中选1科	商法、会计学、经营学、税法、国际经济学、统计学中选1科	经济学、贸易学、财政学、经营学、国际政治学、行政学、德语、法语、俄罗斯语、汉语、日语、西班牙语中选1科
7级	第一轮	必考	PSAT（语言逻辑领域、资料解释领域、情况判断领域、宪法、英语、韩国史）		
	第二轮	必考	宪法、行政法、民法（亲属继承法除外）、刑事诉讼法	宪法、行政法、经济学、会计学	宪法、国际法、国际经济学、贸易学
9级	第一轮	必考	韩语、英语、韩国史		
	第二轮	必考	行政法总论、民法总则	经济学概论、会计原理	国际法概论、经济学概论

资料来源：公务员录用考试令（简称：公务员考试令）공무원임용시험령（약칭：공무원시험령）[EB/OL].[2022-03-14]. https://www.law.go.kr/LSW//lsInfoP.do?lsiSeq=211119&efYd=20220101&ancYnChk=0#0000。

表3—12   部分技术类公务员考试科目

级别	考试科目	职列职类	工业		
			电子	核能	造船
5级	第一轮	必考	PSAT（语言逻辑领域、资料解释领域、情况判断领域、宪法、英语、韩国史）		
	第二轮	必考	电磁学、电子回路、回路理论	反应堆工程学、反应堆理论、保健物理学	造船海洋工学、船舶设计、传播结构力学
		选考	半导体工学、自动控制、通信工学、电子材料、数字工程学、计算机工程学中选1科	核材料工程、核燃料管理、核化学工程、反应堆安全工程中选1科	船舶流体力学、造船工作法中选1科

续表

级别	考试科目	职列	工业		
		职类	电子	核能	造船
7级	第一轮	必考	PSAT（语言逻辑领域、资料解释领域、情况判断领域、宪法、英语、韩国史）		
	第二轮	必考	物理学概论、电磁学、电子回路、数字工程学	物理学概论、反应堆工程学、反应堆安全工程、保健物理学、	物理学概论、造船海洋工学、船舶设计、船舶流体力学
9级	第一轮	必考	韩语、英语、韩国史		
	第二轮	必考	电子仪器、电子工学概论	核工学概论、保健物理学概论	造船工学概论、船舶结构

级别	考试科目	职列	农业		林业
		职类	畜牧	生命遗传	山林造景
5级	第一轮	必考	PSAT（语言逻辑领域、资料解释领域、情况判断领域、宪法、英语、韩国史）		
	第二轮	必考	家畜饲养学、牲畜育种学、牧畜经营学	作物育种学、遗传学、生化学	造林学、造景计划学、山林生态学
		选考	家畜繁殖学、牧畜加工学、草地学中选1科	蛋白质学、微生物学、植物生理学、生物信息学、生物统计学、植物分类学中选1科	山林政策学、造景管理学、造景树木学、造景施工学、造景设计中选1科
7级	第一轮	必考	PSAT（语言逻辑领域、资料解释领域、情况判断领域、宪法、英语、韩国史）		
	第二轮	必考	生物学概论、家畜饲养学、家畜育种学、畜产经营学	生物学概论、遗传学、分子生物学、生化学	造林学、造景计划学、山林生态学、造景管理学
9级	第一轮	必考	韩语、英语、韩国史		
	第二轮	必考	家畜饲养学、家畜育种	生物学概论、遗传学	造林学、造景计划

续表

级别	考试科目	职列	保健		医疗技术	食品卫生
		职类	保健	防疫	医疗技术	食品卫生
5级	第一轮	必考		PSAT（语言逻辑领域、资料解释领域、情况判断领域、宪法、英语、韩国史）		
	第二轮	必考	保健行政学、力学、环境保健学	保健行政学、力学、传染病管理	保健行政学、医疗关系法规、传染病管理	食品储藏学、环境保健学、保健行政学
		选考	保健统计学、保健教育学、保健营养学、母婴保健学、老人保健学、地域社会看护学、预防医学、药剂学中选1科	保健统计学、预防医学、环境保健学、生物信息学中选1科	临床病理学、诊疗影像学、放射线管理学、物理治疗学、牙卫生学、保健统计学中选1科	食品卫生相关法规、保健微生物、食品化学、保健学、卫生化学中选1科
7级	第一轮	必考		PSAT（语言逻辑领域、资料解释领域、情况判断领域、宪法、英语、韩国史）		
	第二轮	必考	生物学概论、保健学、保健行政学、力学	微生物学、保健学、保健行政学、力学	生物学概论、保健学、保健行政学、解剖生理学	化学概论、食品卫生学、食品储藏学、食品化学
9级	第一轮	必考		韩语、英语、韩国史		
	第二轮	必考	公众保健、保健行政	公众保健、生物学概论	公众保健、解剖生理学概论	食品卫生、食品化学概论

级别	考试科目	职列	环境		
		职类	水质	大气	废弃物
5级	第一轮	必考		PSAT（语言逻辑领域、资料解释领域、情况判断领域、宪法、英语、韩国史）	
	第二轮	必考	水质污染管理、上下水道工程、水质污染分析	大气污染管理、微观气象学、大气污染分析	废弃物处理、有毒物质管理、土壤污染论
		选考	水质管理、数理水文学、微生物学中选1科	噪音振动学、燃烧工学、大气环境化学、流体力学中选1科	工业废弃物处理、分析化学、资源工学、燃烧工学中选1科

续表

级别	考试科目	职列	环境		
		职类	水质	大气	废弃物
7级	第一轮	必考	PSAT（语言逻辑领域、资料解释领域、情况判断领域、宪法、英语、韩国史）		
	第二轮	必考	化学概论、水质污染管理、上下水道工程、数理水文学	化学概论、大气污染管理、微观气象学、燃烧工学	化学概论、废弃物处理、土壤污染论、环境微生物学
9级	第一轮	必考	韩语、英语、韩国史		
	第二轮	必考	化学、水质污染概论	化学、大气污染概论	化学、废弃物处理概论

级别	考试科目	职列	航空		
		职类	普通航空	操控	维护
5级	第一轮	必考	PSAT（语言逻辑领域、资料解释领域、情况判断领域、宪法、英语、韩国史）		
	第二轮	必考	航空力学、航空法规、航空政策、	空中导航、飞行理论、航空气象	航空力学、航空法规、航空机机体
		选考	航空交通业务、航空机动力装置、航行安全设施、航空机机体、航空及电子装置中选1科	航空法规、航空力学、航空交通业务、国际航空机构、航空政策中选1科	航空机动力装置、航空机装备、航空机控制装置中选1科
7级	第一轮	必考	PSAT（语言逻辑领域、资料解释领域、情况判断领域、宪法、英语、韩国史）		
	第二轮	必考	物理学概论、航空力学、航空交通业务、航空法规	物理学概论、空中导航、飞行理论、航空法规	物理学概论、航空机机体、航空机动力装置、航空法规
9级	第一轮	必考	韩语、英语、韩国史		
	第二轮	必考	航空机概论、航空法规	空中导航概论、飞行理论	航空机维护概论、航空法规

续表

级别	考试科目	职列	设施		
		职类	测绘	交通设施	城市交通设计
5级	第一轮	必考	PSAT（语言逻辑领域、资料解释领域、情况判断领域、宪法、英语、韩国史）		
	第二轮	必考	测绘学、测量学、测量法规	交通规划、交通运营、交通设计	交通规划、交通设计、城市规划
		选考	天文测量学、照片测量学、地图学、重力及地磁测量、地形学、远程探测、地理信息学、海洋测量学中选1科	交通经济、交通用量、大众交通、货物交通、城市规划中选1科	交通需要、交通经济、交通安全工学、交通用量、交通调查分析、城市社会学中选1科
7级	第一轮	必考	PSAT（语言逻辑领域、资料解释领域、情况判断领域、宪法、英语、韩国史）		
	第二轮	必考	物理学概论、测地学、测量学、照片测量学	物理学概论、交通规划、交通运营、交通设计	物理学概论、交通规划、交通设计、交通运营
9级	第一轮	必考	韩语、英语、韩国史		
	第二轮	必考	地球科学、测量	交通工学概论、交通运营	交通工学概论、交通设计

级别	考试科目	职列	电子计算	广播通信	
		职类	信息保护	通讯社	通信技术
5级	第一轮	必考	PSAT（语言逻辑领域、资料解释领域、情况判断领域、宪法、英语、韩国史）		
	第二轮	必考	信息保护管理、网络保安、软件工学、	电波工学（天线及电波）、通信理论、电磁学	电磁学、通信理论、电子回路
		选考	信息保护管理、信息系统保安、材料结构论中选1科	电子回路、传送理论、计算机网络中选1科	回路理论、数字工程学、光纤通信工学、卫星通信工学、计算机网络中选1科

续表

7级	第一轮	必考	PSAT（语言逻辑领域、资料解释领域、情况判断领域、宪法、英语、韩国史）		
	第二轮	必考	信息保护管理、网络保安、信息系统保安、软件工学	物理学概论、通信理论、电波工学（天线及电波）、电磁学	物理学概论、通信理论、电磁学、数字工程学、
9级	第一轮	必考	韩语、英语、韩国史		
	第二轮	必考	网络保安、信息系统保安	通信理论、电波工学概论（天线及电波）	通信理论、电子工学概论

资料来源：公务员录用考试令（简称：公务员考试令）공무원임용시험령(약칭:공무원시험령)[EB/OL]．[2022-03-14]．https://www.law.go.kr/LSW//lsInfoP.do?lsiSeq=211119&efYd=20220101&ancYnChk=0#0000。

特别值得一提的是，为优待国家技术资格证等各种资格持有者，确保行政的专业性和效率性，韩国在6级及以下行政类（包括研究职、指导职）和技术类公务员公开竞争考试中，对与职位相关的资格证持有者，在笔试中予以加分，分值为满分的3%—5%。行政类加分具体情况见表3—13，研究职、指导职与技术类加分具体情况见表3—14。

（二）职业竞争考试

职业竞争考试包括录用职位资格证书持有者、特殊学校毕业生、专门学校毕业生、有经验的科研人员与特殊专业研究人员、外国语言专家等13种。[1]

韩国公务员的考试方式有笔试、面试、实操和书面材料审查等类型，通过这些方式决定是否录用。《公务员考试令》第五条规定："笔试考察通识教育水平及其履行相关工作所需的知识及其应用能力；面试应确定履行职责所需的能力和胜任力，分别就5个方面要素（精神面貌，专业知识及其应用能力，表达的准确性和逻辑性，礼貌、品行和诚信，创造力、意志力和发展潜力）评出高、中、低；实操通过实验、实践或实际技能的方式测试履行该职责所需的知识、技能或体力；书面材料审查是对与履

---

[1] 채용제도소개[EB/OL]．[2022-03-14]．https://www.mpm.go.kr/mpm/info/infoJobs/HrProcedures/recruit/recruit01/．

行该职责相关的候选人的资格和经历等是否符合既定标准进行审查，判断其是否合格。"

表3—13　　　　　　　行政职领域证书加分率（示例）

职列	职类	资格证书	加成率
教定	教定	律师、法务士	
保护	保护		
检察	检察	律师、注册会计师、法务士	
毒品调查	毒品调查		
铁路公安	铁路公安	律师、法务士	
行政	一般行政	律师、专利律师	3%—5%
	法律行政		
	财经	律师、注册会计师、评估师	
	国际通商		
	教育管理	律师	
	会计	注册会计师	
税务	税务	律师、注册会计师、税务师	
关税	关税	律师、注册会计师、海关人员	
社会福利	社会福利	律师 社工一级 社工二级 社工三级	
审计		律师、注册会计师、 估价师、税务师	

资料来源：加分特权　가산점　특전，https://www.mpm.go.kr/mpm/info/infoJobs/HrProcedures/recruit/recruit03/。

表3—14　　　　　研究职、指导职和技术职的加分率

类别	6、7级研究员、指导员、技术7级以上		8、9级研究员、指导员、技术8级或更低	
	注册工程师、技术长、技师	工业工程师	注册工程师、技术长、工业工程师	技术员
加分率	5%	3%	5%	3%

资料来源：加分特权　가산점　특전，https://www.mpm.go.kr/mpm/info/infoJobs/HrProcedures/recruit/recruit03/。

表 3—15　　　　　韩国公务员职业竞争录用考试种类

考试类型	职业竞争招聘等要求 (《国家公务员法》第 28 条第 2 款)	测试方法
1	—因病停薪留职的公务员的再任用 —已退休公务员的再任用	—书面材料审查 + 面试或实操 —免试
2	与拟录用职位相关的资格证书持有人	—书面材料审查 + 面试或实操
3	—工作经验或研究经验超过 3 年的人 — 2 年同等工作经历者	—书面材料审查 + 面试 —笔试 + 面试、实操或书面材料审查
4	特殊学校毕业生	—书面材料审查 + 面试或实操
5	一级公务员的任用	—书面材料审查
6	在特殊岗位、特殊环境、偏远岛屿等 特殊领域工作的人员	—笔试 + 面试、实操或书面材料审查
7	—地方公务员按照其职类和 级别转任国家公务员 — 技能职位	—可豁免 —笔试 + 面试、实操或书面材料审查
8	外国语言专家	—笔试 + 面试、实操或书面材料审查
9	与特定职位相关的院校毕业生	—笔试 + 面试、实操或书面材料审查
10	有经验的科学技术和特殊专业研究者	—书面材料审查 + 面试或实操
11	—公费生 —学徒	—书面材料审查 + 面试或实操 —免试
12	出于地域特殊性考虑录用的当地居民	—笔试 + 面试、实操或书面材料审查
13	归化者和脱离朝鲜的居民对象	—笔试 + 面试、实操或书面材料审查

资料来源：考录制度简介 채용제도 소개 [EB/OL]．[2022-03-15]．https://www.mpm.go.kr/mpm/info/infoJobs/HrProcedures/recruit/recruit01/

注：2 号、6 号、8 号、9 号、10 号、12 号、13 号以多数人为对象，以竞争方式录用（笔试可分科）。

二　公务员分类考核

韩国对不同级别人员采用了不同的考核评价方法，对高位公务员团、4 级以上的一般职公务员（包括研究职公务员、指导职和专业职公务员）采取能力评价制与绩效考核评价相结合的方式；对 5 级及以下的一般职公务员（包括研究职、指导职）采取工作业绩考核评价方式。其中，能力评价是公务员晋升的前提条件，只有通过能力评价才能获得晋升；绩效考核评价旨在系统、定期地对被考核的公务员进行考核，作为各种人事管理的基础资料，提高整个组织的效率，绩效考核评价结果纳入被考核公务员的晋升任用、教育培训、职务管理、特别晋升和绩效奖金发放等各项人事管理中。

表3—16　　　　　　　　　韩国公务员考核评价内容

职务	考核评价项目
高位公务员团	能力评价制：（1）思维能力：问题意识；战略思维；（2）工作能力：绩效导向；变革管理；（3）人际关系能力：客户满意度；协调整合
	绩效合同评价制：根据被考核期间被考核公务员所承担工作绩效目标的实现情况等进行考核
4级及以上的一般职公务员（包括研究职公务员、指导职和技术职公务员）	能力评价制：（1）思维能力：政策规划；（2）工作能力：绩效管理；组织管理；（3）人际关系能力：沟通；利益协调；激励
	绩效合同评价制：根据被考核期间被考核公务员所承担工作绩效目标的实现情况等进行考核
5级及以下的一般职公务员（包括研究职、指导职）	工作业绩评价制：以工作实绩、履职能力为基础，可增加履职态度和部门单位考核结果

资料来源：笔者根据韩国《公务员绩效考核规定》和人事革新处网页中"能力系统评估"相关介绍等资料自行整理。

（一）能力评价

从能力上看，韩国政府要求拟晋升至高级公务员职位（相当于1—3级职位）和课长级职位（相当于3、4级职位）的候选人必须通过能力评估，但对不同类型人员能力评估的侧重点不同。尽管高位公务员团与4级以上公务员的能力评价项目相同，但每个项目的具体指向有较大差异。

韩国为提高政府竞争力，在2006年7月实施高级公务员制度的同时，还对高级公务员进行能力培训和评估，以确保进入高级公务员队伍具备相应的能力素质。对要进入高级公务员队伍的候选人，要评估3个方面合计6项能力，即：（1）思维能力：问题意识；战略思维；（2）工作能力：绩效导向；变革管理；（3）人际关系能力：客户满意；协调与整合。具体内容见表3—17。若6项能力的平均分高于合格水平（即超过2.50分）①，则通过能力评估。如果未通过能力评估，可以重新进行评估，但开放性职位和临时性职位只能接受一次重新评估。据统计，2006年至2018年，共进行了909次评估，在5442名被评估者中，有1197人未通过，未通过率为22.0%。②

表3—17　　　　　　　　高位公务员团职位候选人能力评估

能力名称		定义
思维能力	问题意识	通过识别和分析信息及时发现和确认问题，以及分析与问题相关的各种事件以确定问题关键所在的能力
	战略思维	制定长期愿景和目标，并明确实施这些愿景和目标的替代方案的优先级，从而确保推进方案措施的能力
工作能力	绩效导向	在实现目标的过程中，寻求各种方法来最大限度地提高特定任务的绩效，并追求有效性和效率的能力
	变革管理	了解环境变化的方向和趋势，并采取措施确保个人和组织充分适应和应对变化情况的能力
人际关系能力	客户满意	将工作相关方视为客户，了解客户的需求，并努力满足他们需求的能力
	协调与整合	能够识别利益相关者的利害关系和冲突状况，从平衡的角度作出判断，并提出合理解决方案的能力

资料来源：고위공무원단 후보자，https://www.mpm.go.kr/mpm/info/infoBiz/compAppr/compAppr01/［2022-03-14］。

韩国自2009年开始探索对课长级职位候选人进行能力评估，自2015年起推广至所有课长级职位，要求必须通过能力评估的人员才能被录用、晋升或调任课长职位。对要进入课长级职位的候选人，需要评估3个方面合计6项能力，即：（1）思维能力：政策规划；（2）工作能力：绩效管理；组织管理；（3）人际关系能力：沟通；利益协调；激励。具体内容

---

① 能力评估按能力项目满分5分进行，但根据评价分数范围分为"非常优秀""优秀""合格""差"或"非常差"5个等级。

② 고위공무원단 후보자 https://www.mpm.go.kr/mpm/info/infoBiz/compAppr/compAppr01/［2022-03-14］。

见表3—18。若6项能力的平均分高于合格水平（即超过2.50分）或平均分数不低于2.3分且在被评估能力项目有2项以上获得高于3分的分数，则通过能力评估。如果未通过能力评估，可以重新进行评估，但开放职位、根据职业竞争考试录用的职位、按照公开选拔程序选拔的责任运营机构职位，只要所属长官提出要求，只能接受一次重新评估。据统计，2009年至2018年，共进行了1084次评估，在6471名被评估者中，有1571人未通过，未通过率为24.3%。[1]

3—18　　　　　　　　　　课长级职位候选人能力评估

能力名称	能力名称	定义
思维能力	政策规划	通过各种分析识别当前问题，评估待制定政策的可行性，并提出最佳方案的能力
工作能力	绩效管理	建立与组织的使命和战略相匹配的绩效目标，并检查和管理业务执行过程以实现这些目标的能力
工作能力	组织管理	制定行动计划以实现目标，确保获得必要的资源，并考虑到整个组织和各部门之间的关系来分配和组织工作的能力
人际关系能力	沟通	倾听对方的意见，准确理解对方的意思，并清晰有效地传达自己意见的能力
人际关系能力	利益协调	为共同目标解决不同利益相关者之间的冲突，并建立和维持合作业务关系的能力
人际关系能力	激励	引导和支持下属作为同一组织的成员，以自发性的努力和积极的态度履行职责的能力

资料来源：과장급 후보자，https：//www.mpm.go.kr/mpm/info/infoBiz/compAppr/compAppr02/［2022-03-14］。

（二）绩效考核评价

韩国对不同级别的公务员采取了不同的考核评价方法，一般而言，4级以上的公务员适用绩效合同评价制，5级以下的公务员适用工作业绩评

---

[1] 资料来源：https：//www.mpm.go.kr/mpm/info/infoBiz/compAppr/compAppr02/［2022-03-14］。

价制。韩国《公务员绩效考核规定》第 7 条规定，4 级以上公务员（包括高级公务员团的公务员）和研究型、指导员（《研究职和指导职公务员录用规定》第 9 条规定的研究官、指导员除外）和专业公务员的职务业绩评价，应当按照绩效合同等评价。但是，所属长官对 5 级以下公务员和邮政职公务员中认为适合进行绩效合同等评价的公务员，也可以进行绩效合同等评价。第 12 条规定，5 级以下公务员、邮政职公务员、《研究职和指导职公务员录用规定》的研究型、指导职务公务员的工作成绩评价，应当以工作业绩评价为准。

绩效合同评价以 12 月 31 日为考核基准，在次年 1 月份进行考核。针对 4 级以上公务员的考核，通常的做法是结合被考核对象在被考核期间所签订的绩效合同的目标实现情况等进行考核，所属长官可以从绩效目标的实现情况、部门业务考核结果以及其他与工作相关的资格或能力等考核结果中，确定一项或多项绩效合同评价项目。通常，考核等次数不得少于 3 个，比例由各部委自主确定。但是，高级公务员的绩效合同评价应根据个人绩效目标实现情况等客观指标，分为"非常优秀""优秀""合格""差"和"非常差" 5 个等次。最高级别人员的比例不得高于被考核人数的 20%，"差"和"非常差" 2 个等次的人员占比不低于被考核人数的 10%。[①]

工作业绩评价分为定期考核和平时考核，每年举行两次，以 6 月 30 日和 12 月 31 日为考核基准，在每年的 7 月和次年 1 月进行考核，两次考核的平均得分即是年终考核成绩。工作业绩考核的考核项目以工作业绩和履职能力为主要内容，但所属部门认为必要时，可将履职态度和部门单位的考核结果列入考核项目。考核等次数不得少于 3 个，比例由各部委自主确定。通常，获得最高等次人员按考核单位人数的 20% 进行分配，最低等次人员按 10% 的比例分配。

三 公务员分类晋升

韩国公务员晋升类型主要有普通晋升（考核晋升、考试晋升）、勤务晋升、特别晋升和公开竞争晋升。公务员晋升的主要考量因素有工作成

---

① 绩效评估系统 성과평가제도，https://www.mpm.go.kr/mpm/info/resultPay/bizPay05/。

绩、资历和能力等（韩国《国家公务员法》第 40 条规定）。

（一）普通晋升

1—3 级公务员和高位公务员团职位，需根据能力和经历等才能晋升；4 级公务员晋升为 3 级公务员的，结合工作成绩、能力、资历、人品与性格等因素经晋升审查委员会审查后晋升；5 级公务员晋升为 4 级公务员的，从该机关晋升候选人名单中排名靠前的人开始，经晋升审查委员会审查后晋升；6 级公务员晋升为 5 级公务员（邮政公务员，是指拟提拔邮政三级公务员为邮政二级公务员）的，一般需通过晋升考试，必要时，可根据总统令的规定，经晋升审查委员会审查后晋升；7 级以下公务员（邮政公务员是指邮政 4 级以下公务员）晋升为上一级公务员的，从该机关晋升候选人名单中排名靠前的人开始，经晋升审查委员会审查后晋升，如果认为有必要，可以由所属部门长官进行笔试或实际工作考试。[①]

从工作成绩看，主要根据绩效考核评定结果；从能力看，主要根据能力评价结果。前面已有相关介绍，此处不再赘述。

从资历上看，韩国对不同级别公务员晋升至上一级规定了最低年限，《公务员任用令》第 31 条规定：一般职公务员中，9 级公务员晋升至 8 级需 1 年 6 个月以上；第 7—8 级公务员晋升至上一级需 2 年以上；6 级公务员晋升至 5 级需 3 年 6 个月以上；5 级公务员晋升至 4 级需 4 年以上；4 级和 2 级公务员晋升至上一级需 3 年以上。邮政职 9 级公务员晋升至上一级需 1 年 6 个月以上；邮政 7—8 级公务员晋升至上一级需 2 年以上；邮政 3—6 级公务员晋升至上一级需 3 年以上，邮政 2 级晋升至上一级需 4 年以上。[②]

（二）勤务晋升与特别晋升

勤务晋升仅限于 6 级及以下岗位的晋升，7 级晋升至 6 级需工作 11 年以上；8 级晋升至 7 级需工作 7 年以上；9 级晋升至 8 级需工作 5 年 6

[①] 《国家公务员法》第 40 条规定，《公务员任用令》第 33—35、40 条。

[②] 《公务员任用令》第 3 条第 5 款规定，邮政 1 级和邮政 2 级相当于一般职 5 级，邮政 3 级、邮政 4 级、邮政 5 级和邮政 6 级相当于一般职 6 级，邮政 7 级相当于一般职 7 级，邮政 8 级相当于一般职 8 级，邮政 9 级相当于一般职 9 级。

个月以上。工龄晋升由所在机关制定晋升候选人名单。在7级工作满11年以上的在职人员中，每年有40%的绩效优秀人员得到勤务晋升。①

特别晋升适用于以下人员：（1）工作能力优秀者（4级及以下），即政府重点推进任务、发掘并推进国家任务、大规模节约预算以及其他符合所属长官考虑部门特点制定标准的人员；（2）人事革新处处长确定的奖励获奖者（4级以下），即因积极工作而获得"大韩民国公务员奖"的人（国务总理表彰以上）；（3）建议通过居家办公实施节约预算等有功绩的人员（5级以下），要求获得长安等级铜奖以上并达到晋升要求最低年限；（4）荣誉退休人员中的有特殊成就人士（3级及以下），即在名誉退休日前一天为止，在该级别任职1年以上且任职期间未因严重或重大不当行为受到纪律处分的人员；（5）因公殉职的特殊功臣。②

（三）公开竞争晋升

公开竞争晋升仅适用于高级公务员和5级公务员。韩国政府为了克服论资排辈的现象，提高高级公务员的竞争力，于2006年建立高位公务员团制度之后规定，资历在晋升高位公务员团职位时不再起决定性作用。对进入高位公务员团的3级以上公务员的晋升根据韩国政府规定，主要有三种方式：一是各部门内部晋升，比例为50%，任期一年以上；二是在公务员系统内部公开竞争，职位占30%，各部委符合条件的公务员均可申请参选，任期两年以上；三是开放性职位，比例为20%，面向社会公开选拔。③ 第一种方式属于一般晋升，第二种方式属于公开竞争晋升，第三种方式属于高级公务员考录。所有拟任高级公务员职位的候选人均需通过高位公务员团职位候选人能力评估。

在韩国公务员的晋升方式中，只有5级公务员须经过公开竞争性考试。6级公务员晋升为5级公务员（邮政公务员，是指拟提拔邮政三级公

---

① 《公务员任用令》第35条　공무원임용령https：//www. law. go. kr/LSW//lsLinkProc. do? lsNm = % EA% B3% B5% EB% AC% B4% EC% 9B% 90% EC% 9E% 84% EC% 9A% A9 % EB% A0% B9&chrClsCd = 010202&mode = 20&ancYnChk = 0#。

② 《公务员任用令》第32条。

③ 参见刘重春《理性化之路——韩国公务员制度研究》，中国社会科学出版社2012年版，第141页；关于开放职位和公开招聘职位运作的规定（简称：开放公开招聘职位规则）개방형 직위 및 공모 직위의 운영 등에 관한 규정(약칭：개방형공모직위규정) https：//www. law. go. kr/LSW//lsInfoP. do? lsiSeq = 237267&efYd = 20220113&ancYnChk = 0#0000。

务员为邮政二级公务员),一般需通过晋升考试,晋升考试分为一般晋升考试与公开竞争考试,但公开竞争考试只在必要时进行,以平衡不同机构间的晋升机会,根据考试成绩确定合格者。一般晋升考试与公开竞争考试区别如表3—19。韩国《公务员考试令》第 22 条规定,5 级公开竞争性考试分为三轮考试:第一轮考试原则上采取自选形式,但可以包括笔试;第二轮考试原则上以论文形式进行,但每科可设主观简答题;第三轮考试以面试或实操形式进行,同时进行实操和面试考试的,当对实操合格者进行面试。[①]

表3—19　　　　　一般晋升考试与公开竞争考试区别

考试名称	考试安排	确定合格者
5级一般晋升考试	2 轮考试,选择性实施;若所属长官要求,第 2 轮考试可以以论文形式进行	第一步:各科满分的 40% 以上全部科目总分的 60% 以上得分者全员;第二步:以各科满分 40% 以上的考生中考试成绩 70% 和候选人花名册中成绩的 30% 合计后,按得分高低顺序,直到达到合格要求人数为止
5级公开竞争晋升考试	3 轮考试第 1 轮:选择型;第 2 轮:论文型;第 3 轮:面试	第一步:各科目满分的 40% 以上全部科目总分的 60% 以上得分者中,根据考试成绩等因素在选拔人数的 5 倍以内决定;第二步:按各科满分 40% 以上得分者中高分者的顺序决定

资料来源:5급 공무원 승진시험, https://www.mpm.go.kr/mpm/info/infoJobs/HrProcedures/recruit/recruit04/。

在韩国公务员的晋升方式中,只有 5 级公务员须经过公开竞争性考试,而晋升到 5 级公务员的总人数中,只有约 20% 的职位面向社会招考,其余 80% 的 5 级公务员职位主要通过内部晋升,也有少数是通过特别招聘而来的。第一种方式属于公开竞争晋升,第二种方式属于一般晋升,第

[①] 公务员录用考试令(简称:公务员考试令)공무원임용시험령(약칭:공무원시험령)https://www.law.go.kr/LSW//lsInfoP.do?lsiSeq=211119&efYd=20220101&ancYnChk=0#0000。

三种方式属于公务员考录。①

四　公务员分类定薪

韩国公务员的工资制度大致分为月薪制和年薪制,年薪制分为固定年薪制、绩效年薪制和职务绩效年薪制。②

(一) 月薪制

月薪制是按月支付基本工资的制度,即每年通过定期加薪来增加工资的资历型薪酬制度。月薪制覆盖对象范围广泛。工资是根据职务的难易程度、责任程度和在职时间等来确定的,一般职的情况是按照级别划分,有23—32个档次。工资表根据职位类别不同进行设置,月薪制分11种工资表,即:一般职、特定职和别定职公务员工资表,专业经历职公务员工资表,公安职公务员工资表,研究职公务员及国家情报局专家工资表,指导职公务员工资表,邮政职公务员工资表,警察公务员、消防公务员和辅警工资表,幼儿园、小学、中学、高中教师工资表,国立大学教师工资表,军人工资表,宪法研究官和宪法研究员工资表。在每种工资表的各级别之下均设置工资档次以拉开差距。除基本工资外,公务员还可领取各种津贴。特别需要指出的是,为了提高公务员的积极性,营造良好的工作氛围,优待努力工作的人,会根据工作业绩和其他业绩发放差异化的绩效奖金。以下工资表发布的时间均为2022年1月4日。

表3—20　　　　　　　　公务员工资表的适用对象

区分	适用对象范围
附表3	一般职公务员(适用附表3之2及附表4至附表6工资表的公务员除外)、1等级至6等级的外交人员、普通军人、与一般职公务员同等级的特定职公务员、驻外公务员(驻外事务官除外) 附表3之2:专业经历职 附表4:公安职 附表6:指导职

---

① 刘重春:《理性化之路——韩国公务员制度研究》,中国社会科学出版社2012年版,第132—133页。

② 工资制度 봉급제도, https://www.mpm.go.kr/mpm/info/resultPay/bizPay02/。

续表

区分	适用对象范围
附表3之2	专业经历官、专业军务经历官
附表4	矫正、保护、检察、毒品调查、出入境管理、铁道警察职公务员（4级以上视为直接从事矫正、保护、检察、毒品调查、出入境管理、铁路警察工作的公务员）、监查院所属公务员中从事审计工作的公务员、在总统警卫处的公务员中，直接从事警卫工作的公务员；检察院所属公务员中的技术职公务员（4级以上视为直接从事技术工作的公务员）；在国家情报局工作人员中，1级到9级的特定职工作人员；法院所属公务员中，法院事务人员、登记事务职、调查事务职、口译员和法院警卫职公务员；宪法法院所属公务员中从事宪法审判申请工作的法院事务职、行政职、法定警卫职公务员；国会所属公务员中的警卫职公务员（包括直接从事警卫工作的四级）
附表5	研究职公务员、国家情报局专家
附表6	指导职公务员
附表8	邮政职群一般职公务员
附表10	警察公务员、消防公务员、警察大学生、警察干部候补生、消防干部候补生、战斗警察巡警及义务消防员
附表11	在高中以下各级学校工作的教员、奖学官及教育研究官（教育部、国史编撰委员会、中央教育研修院、国立国际教育院、教员诉请审核委员会、国立特殊教育院、国立大学工作的奖学官及教育研究官除外）、教育长、奖学师和教育研究师
附表12	不适用附表11的工资表的教育公务员、国立统一教育院、国立外交院、国防大学、司法研修院、警察大学、国家公务员人才开发院和其他公务员教育培训机构的教授、副教授、助理教授及助教
附表13	军人，士官生，士官候补生，入伍训练中的学生军事教育团士官候补生及副士官候补生
附表14	宪法法院的宪法研究官及宪法研究官辅

资料来源：공무원보수규정韩国公务员工资条例［EB/OL］．［2022-03-15］．https://www.law.go.kr/LSW//lsInfoP.do?lsiSeq=240475&efYd=20220218&ancYnChk=0#0000。

表3—21　一般职、特定职和别定职公务员工资表

（月支付额，单位：韩元）

级别 档次	1级	2级	3级	4级 6等级	5级 5等级	6级 4等级	7级 3等级	8级 2等级	9级 1等级
1	4189900	3771900	3403000	2916600	2606400	2150200	1929500	1720300	1686500
2	4336700	3911800	3528900	3035700	2711700	2250200	2017500	1803900	1709600
3	4487300	4053600	3658600	3156700	2821100	2353400	2110700	1892000	1748300
4	4641300	4196800	3789200	3280600	2934700	2458800	2208700	1982000	1802400
5	4799000	4341900	3921900	3406200	3051300	2567400	2310100	2075500	1872000
6	4958600	4487200	4055900	3533000	3170300	2679000	2414000	2171300	1959500
7	5120600	4634500	4191500	3660900	3291100	2790900	2518500	2267400	2046500
8	5284000	4781500	4327500	3789500	3413400	2903100	2623800	2359800	2130400
9	5449700	4929600	4464600	3918500	3536100	3015700	2723900	2447900	2210700
10	5616300	5077500	4601600	4047300	3659700	3121300	2819500	2531300	2288000
11	5782600	5226200	4738800	4177300	3775100	3221500	2909600	2612000	2361700
12	5954500	5379900	4881100	4299600	3886500	3320200	2998200	2690900	2435000
13	6127300	5534600	5013300	4414000	3992200	3412900	3082300	2766700	2505200
14	6300700	5674600	5136100	4520700	4090800	3500500	3162600	2839100	2573500
15	6452100	5803700	5249200	4621200	4183900	3584800	3239400	2908700	2638600
16	6586600	5922000	5354700	4716100	4271500	3663600	3312200	2975900	2701700

续表

级别 档次	1级	2级	3级	4级 6等级	5级 5等级	6级 4等级	7级 3等级	8级 2等级	9级 1等级
17	6705900	6031000	5452700	4804200	4353900	3738800	3381700	3038600	2763300
18	6812100	6130500	5543800	4886400	4431700	3810000	3448400	3099400	2820600
19	6907200	6222500	5628000	4963200	4505000	3877600	3511200	3157800	2877100
20	6992400	6306400	5707000	5035000	4573700	3941100	3571000	3213500	2930900
21	7071000	6383100	5780000	5102100	4638300	4002200	3628100	3266600	2981700
22	7140900	6453500	5847700	5165000	4699000	4059700	3681900	3317600	3030400
23	7200100	6517900	5910100	5224100	4756400	4113600	3734100	3366200	3076900
24		6570500	5968500	5279800	4809900	4165000	3783500	3413100	3121400
25		6620800	6016300	5330700	4860600	4213900	3830300	3457600	3164000
26			6062100	5373800	4908300	4260100	3875300	3500700	3202500
27			6104500	5413600	4947900	4303900	3913200	3536700	3235500
28				5451600	4985800	4340700	3948600	3571300	3267400
29					5020700	4375100	3982800	3604100	3298100
30					5054700	4409100	4015500	3635800	3328000
31						4440600	4046200	3666600	3357400
32						4470300			

资料来源：공무원보수규정 韩国公务员工资条例［EB/OL］．［2022-03-15］．https：//www.law.go.kr/LSW//lsInfoP.do? lsiSeq=240475&efYd=20220218&ancYnChk=0#0000。

表3—22　　专业经历职公务员工资表 （月支付额，单位：韩元）

工资档次	A 级	B 级	C 级
1	2606400	1929500	1686500
2	2730000	2034000	1710500
3	2853900	2140300	1750400
4	2979000	2247300	1806500
5	3106300	2353500	1878400
6	3230800	2461900	1966900
7	3351300	2571900	2054600
8	3473300	2678800	2139100
9	3596300	2772300	2221300
10	3721600	2864300	2302200
11	3833100	2954800	2376100
12	3941500	3035500	2441400
13	4038200	3117000	2510500
14	4137900	3188200	2580700
15	4242200	3259300	2648200
16	4321400	3332900	2712500
17	4399800	3406800	2769600
18	4469600	3473200	2827900
19	4543300	3534900	2887200
20	4612000	3600700	2947600
21	4685700	3667500	3004500
22	4756000	3726100	3063000
23	4829700	3787300	3116600
24	4905600	3851300	3173900
25	4979600	3910100	3226100
26	5059200	3969000	3282500
27	5136300	4030700	3336400
28	5211500	4092800	3384600
29	5290000	4150600	3431900
30	5363800	4207900	3476600
31	5439600	4265100	3517900
32	5517700	4321900	3557400
33	5594900	4380000	3594700
34	5671900	4435300	3631600
35	5748400	4492600	3670600
36	5825100	4545600	3708900
37	5902300	4598400	3747200
38	5979800	4651200	3785400
39	6055600		
40	6104500		

表 3—23　公安职公务员工资表

(月支付额，单位：韩元)

工资档次	1级	2级	3级	4级	5级	6级	7级	8级	9级
1	4414000	4106600	3750300	3256600	2813100	2311100	2058500	1818600	1686500
2	4560800	4246500	3876200	3375700	2918400	2411100	2146500	1902200	1720800
3	4711400	4388300	4005900	3496700	3027800	2514300	2239700	1990300	1778000
4	4865400	4531500	4136500	3620600	3141400	2619700	2337700	2080300	1866100
5	5023100	4676600	4269200	3746200	3258000	2728300	2439100	2173800	1954900
6	5182700	4821900	4403200	3873000	3377000	2839900	2543000	2269600	2045900
7	5344700	4969200	4538800	4000900	3497800	2951800	2647500	2365700	2133000
8	5508100	5116200	4674800	4129500	3620100	3064000	2752800	2458100	2216700
9	5673800	5264300	4811900	4258500	3742800	3176600	2852900	2546200	2297200
10	5840400	5412200	4948900	4387300	3866400	3282200	2948500	2629600	2374300
11	6006700	5560900	5086100	4517300	3981800	3382400	3038600	2710300	2448100
12	6178600	5714600	5228400	4639600	4093200	3481100	3127200	2789200	2521400
13	6351400	5869300	5360600	4754000	4198900	3573800	3211300	2865000	2591600
14	6524800	6009300	5483400	4860700	4297500	3661400	3291600	2937400	2659700
15	6676200	6138400	5596500	4961200	4390600	3745700	3368400	3007000	2724900
16	6810700	6256700	5702000	5056100	4478200	3824500	3441000	3074200	2788100
17	6930000	6365700	5800000	5144200	4560600	3899700	3510700	3136900	2849700

续表

工资档次	1级	2级	3级	4级	5级	6级	7级	8级	9级
18	7036200	6465200	5891100	5226400	4638400	3970900	3577400	3197700	2907200
19	7131300	6557200	5975300	5303200	4711700	4038500	3640200	3256100	2963500
20	7216500	6641100	6054300	5375000	4780400	4102000	3700000	3311800	3017400
21	7295100	6717800	6127300	5442100	4845000	4163100	3757100	3364900	3068000
22	7365000	6788200	6195000	5505000	4905700	4220600	3810900	3415900	3116800
23	7424200	6852600	6257400	5564100	4963100	4274500	3863100	3464500	3163100
24		6905200	6315800	5619800	5016600	4325900	3912500	3511400	3207900
25		6955500	6363600	5670700	5067300	4374800	3959300	3555900	3250400
26			6409400	5713800	5115000	4421000	4004300	3599000	3288700
27			6451800	5753600	5154600	4464800	4042200	3635000	3321900
28				5791600	5192500	4501600	4077600	3669600	3353800
29					5227400	4536000	4111800	3702400	3384600
30					5261400	4570000	4144500	3734100	3414500
31						4601500	4175200	3764900	3443800
32						4631200			

第三章　韩国公务员分类制度　/　143

表3—24　　　　研究职公务员及国家情报局专家工资表

（月支付额，单位：韩元）

工资档次	研究官	研究员
1	2606400	1929500
2	2734200	2051100
3	2861700	2172300
4	2989400	2293900
5	3116600	2415500
6	3301000	2534200
7	3484500	2653200
8	3667700	2772200
9	3850300	2890300
10	4032800	3008600
11	4195300	3097500
12	4357600	3186600
13	4517800	3276100
14	4679400	3365300
15	4839300	3454200
16	4995100	3525200
17	5150100	3595500
18	5305700	3666600
19	5459500	3736700
20	5613700	3807500
21	5742100	3875600
22	5869600	3944200
23	5997500	4012600
24	6125000	4080700
25	6252600	4148700

续表

工资档次	研究官	研究员
26	6359300	4195800
27	6467400	4242700
28	6574400	4289900
29	6680900	4335400
30	6787900	4382300
31	6870600	4429000
32	6953500	4469900
33		4510900
34		4551200
35		4591700
36		4629400

表3—25　　　　　　　　　指导职公务员工资表　　（月支付额，单位：韩元）

工资档次	指导官	指导员
1	2606400	1720300
2	2732500	1845100
3	2858200	1969500
4	2984500	2094000
5	3108800	2218800
6	3274200	2326700
7	3439600	2435300
8	3605600	2543000
9	3770600	2650900
10	3934600	2758400
11	4083000	2851000
12	4230400	2943400

续表

工资档次	指导官	指导员
13	4378000	3035000
14	4524800	3126400
15	4670500	3216600
16	4799100	3298100
17	4929700	3379400
18	5059100	3459800
19	5187200	3540100
20	5315100	3620700
21	5429100	3695400
22	5543700	3770600
23	5657500	3844800
24	5771200	3919200
25	5885200	3993000
26	5984700	4048900
27	6083600	4105300
28	6183200	4161800
29	6281800	4218200
30	6381900	4273500
31	6448900	4321900
32	6516600	4364200
33		4406700
34		4448700
35		4490900
36		4530100

表 3—26　　邮政职公务员工资表

（月支付额，单位：韩元）

工资档次	邮政1级	邮政2级	邮政3级	邮政4级	邮政5级	邮政6级	邮政7级	邮政8级	邮政9级
1	3090200	2877000	2680400	2492100	2313300	2150200	1929500	1720300	1686500
2	3207200	2989800	2789300	2598600	2416300	2250200	2017500	1803900	1709600
3	3328800	3106700	2900800	2707300	2522600	2353400	2110700	1892000	1748300
4	3455800	3228100	3013900	2818700	2631100	2458800	2208700	1982000	1802400
5	3586700	3353300	3129100	2930300	2742800	2567400	2310100	2075500	1872000
6	3720600	3481200	3248600	3043000	2854500	2679000	2414000	2171300	1959500
7	3859000	3611200	3368800	3155400	2966700	2790900	2518500	2267400	2046500
8	3998500	3743600	3492200	3268500	3079000	2903100	2623800	2359800	2130400
9	4139000	3876300	3615700	3382200	3192300	3015700	2723900	2447900	2210700
10	4280000	4009900	3739200	3496400	3305800	3121300	2819500	2531300	2288000
11	4422000	4143200	3862700	3611100	3412200	3221500	2909600	2612000	2361700
12	4556600	4263100	3975300	3721200	3515300	3320200	2998200	2690900	2435000
13	4682300	4374900	4079600	3824100	3613400	3412900	3082300	2766700	2505200
14	4799000	4480700	4179400	3921200	3706200	3500500	3162600	2839100	2573500
15	4907300	4579000	4271700	4013000	3794100	3584800	3239400	2908700	2638600
16	5008400	4672200	4359600	4100100	3877200	3663600	3312200	2975900	2701700
17	5101700	4758300	4442300	4181900	3956000	3738800	3381700	3038600	2763300

续表

工资档次	邮政1级	邮政2级	邮政3级	邮政4级	邮政5级	邮政6级	邮政7级	邮政8级	邮政9级
18	5188100	4839600	4520500	4259200	4030100	3810000	3448400	3099400	2820600
19	5268700	4915300	4594000	4331600	4099800	3877600	3511200	3157800	2877100
20	5343600	4986800	4663100	4400600	4166700	3941100	3571000	3213500	2930900
21	5413500	5052700	4728300	4465100	4229500	4002200	3628100	3266600	2981700
22	5477400	5115500	4789400	4525800	4287800	4059700	3681900	3317600	3030400
23	5530700	5174000	4847700	4582900	4343600	4113600	3734100	3366200	3076900
24	5580400	5223100	4901500	4637300	4396600	4165200	3783500	3413100	3121400
25		5268900	4947200	4687900	4446900	4213900	3830300	3457600	3164000
26			4990300	4730000	4493500	4260100	3875300	3500700	3202500
27			5031600	4769900	4533000	4303900	3913200	3536700	3235500
28				4808700	4570800	4340700	3948600	3571300	3267400
29				4844100	4605700	4375100	3982800	3604100	3298100
30					4639600	4409100	4015500	3635800	3328000
31						4440600	4046200	3666600	3357400
32						4470300			

表3—27　警察公务员、消防公务员和辅警工资表

（月支付额，单位：韩元）

工资档次	治安正监 消防正监	治安监 消防监	警务官 消防准监	总警 消防正	警正 消防领	警监 消防警	警卫 消防尉	警查 消防长	警长 消防校	巡警 消防士
1	4189900	3771900	3403000	3055500	2747600	2373500	2120600	1965600	1784900	1686500
2	4336700	3911800	3528900	3174600	2852900	2475500	2220600	2053600	1868500	1732900
3	4487300	4053600	3658600	3295600	2962300	2579500	2321800	2146800	1956600	1816000
4	4641300	4196800	3789200	3419500	3075900	2686700	2425800	2244800	2046600	1904000
5	4799000	4341900	3921900	3545100	3192500	2795600	2532400	2346200	2140100	1993000
6	4958600	4487200	4055900	3671900	3311500	2907200	2640000	2450100	2235900	2083900
7	5120600	4634500	4191500	3799800	3432300	3021000	2748700	2554600	2332200	2171000
8	5284000	4781500	4327200	3928400	3554600	3136500	2857500	2659900	2424400	2254800
9	5449700	4929600	4464600	4057400	3677300	3252200	2966800	2760000	2512500	2335200
10	5616300	5077500	4601600	4186200	3800900	3360400	3070100	2855600	2595900	2412500
11	5782600	5226200	4738800	4316200	3916300	3463000	3166900	2945700	2676600	2486200
12	5954500	5379900	4881100	4438500	4027700	3562900	3262300	3034300	2755900	2559300
13	6127300	5534600	5013300	4552900	4133400	3657300	3353000	3118400	2831300	2629600
14	6300700	5674600	5136100	4659600	4232000	3747500	3438100	3198700	2903700	2697800
15	6452100	5803700	5249200	4760100	4325100	3832000	3520300	3275500	2973300	2763000
16	6586600	5922000	5354700	4855000	4412700	3913300	3597100	3348100	3040500	2826100
17	6705900	6031000	5452700	4943100	4495100	3988800	3670700	3417800	3103200	2887800

续表

工资档次	治安正监/消防正监	治安监/消防监	警务官/消防准监	总警/消防正领	警正/消防领	警监/消防警	警卫/消防尉	警查/消防长	警长/消防校	巡警/消防士
18	6812100	6130500	5543800	5025300	4572900	4061500	3740200	3484500	3164000	2945200
19	6907200	6222500	5628000	5102100	4646200	4129600	3806300	3547300	3222400	3001700
20	6992400	6306400	5707000	5173900	4714900	4194100	3869000	3607100	3278100	3055400
21	7071000	6383100	5780000	5241000	4779500	4254900	3928800	3664200	3331200	3106000
22	7140900	6453500	5847700	5303900	4840200	4313700	3985200	3718000	3382200	3154900
23	7200100	6517900	5910100	5363000	4897600	4367600	4038500	3770200	3430800	3201400
24		6570500	5968500	5418700	4951100	4419700	4089800	3819600	3477700	3246000
25		6620800	6016300	5469600	5001800	4468700	4138600	3866400	3522200	3288300
26			6062100	5512700	5049500	4515200	4183300	3911400	3565300	3326900
27			6104500	5552500	5089100	4558600	4221500	3949300	3601300	3360000
28				5590500	5127000	4595800	4258400	3984700	3635900	3391800
29					5161900	4630300	4293100	4018900	3668700	3422600
30					5195900	4664200	4326000	4051600	3700400	3452600
31						4695400	4357200	4082300	3731200	3481800
32						4725100				

表3—28　　　幼儿园、小学、中学、高中教师工资表

（月支付额，单位：韩元）

工资档次	工资额	工资档次	工资额
1	1700000	21	3240100
2	1751500	22	3359700
3	1803700	23	3478300
4	1855800	24	3597100
5	1908300	25	3715900
6	1960600	26	3835200
7	2012400	27	3959500
8	2064000	28	4083600
9	2116400	29	4213300
10	2173700	30	4343600
11	2229800	31	4473400
12	2287100	32	4603000
13	2391300	33	4734700
14	2495900	34	4866000
15	2600400	35	4997400
16	2705100	36	5128400
17	2808600	37	5242400
18	2916900	38	5356400
19	3024600	39	5470700
20	3132400	40	5584300

表 3—29　　　　　　　　国立大学教师工资表　　（月支付额，单位：韩元）

工资档次	工资额	工资档次	工资额
1	2141200	21	4212800
2	2208500	22	4342300
3	2276400	23	4511100
4	2343700	24	4679500
5	2411600	25	4848000
6	2485900	26	5016100
7	2560000	27	5184300
8	2634500	28	5352400
9	2746300	29	5480400
10	2858000	30	5608500
11	2970000	31	5736400
12	3081300	32	5864300
13	3192400	33	5992300
14	3303600		
15	3434000		
16	3564300		
17	3694100		
18	3823800		
19	3954200		
20	4083300		

第三章 韩国公务员分类制度 / 153

表 3—30　军人工资表

（月支付额，单位：韩元）

工资档次	少将	准将	大校	中校	少校	大尉	中尉	少尉	准尉	元士	上士	中士	下士
1	5488400	5177600	4203300	3694800	3044000	2476000	1920900	1755500	2288600	3210800	2220700	1791100	1705400
2	5624100	5312100	4343700	3836100	3182000	2606100	2030000	1859000	2398500	3313400	2319200	1883200	1734600
3	5759800	5446600	4486100	3977400	3320000	2736200	2139100	1962500	2507400	3416000	2417700	1975300	1763800
4	5895500	5581100	4627500	4118700	3458000	2866300	2248200		2616300	3518600	2516200	2067400	1793000
5	6031200	5715600	4768900	4260000	3596000	2996400	2357300		2722200	3621200	2614700	2159500	1822200
6	6166900	5850100	4910300	4401300	3734000	3126500	2466400		2834100	3723800	2713200	2251600	1851400
7	6302600	5984600	5051700	4542600	3872000	3256600	2575500		2943000	3826400	2811700	2343700	1880600
8	6438300	6119100	5193100	4683900	4010000	3386700			3051900	3929000	2910200	2435800	1909800
9	6574000	6253600	5334500	4825200	4148000	3516800			3160800	4031600	3008700	2527900	1939000
10	6709700	6388100	5475900	4966500	4286000	3646900			3269700	4134200	3107200	2620000	1968200
11	6845400	6522600	5617300	5107800	4424000	3777000			3378600	4236800	3205700	2712100	
12	6981100	6657100	5758700	5249100	4562000	3907100			3487500	4339400	3304200	2804200	
13	7116800	6791600	5900100	5390400	4700000				3596400	4442000	3402700	2896300	
14			6041500	5531700	4838000				3705300	4544600	3501200	2988400	
15			6182900	5673000					3814200	4647200	3599700	3080500	

续表

工资档次	少将	准将	大校	中校	少校	大尉	中尉	少尉	准尉	元士	上士	中士	下士
16											3698200	3172600	
17									3923100		3796700	3264700	
18									4032000		3895200	3356800	
19									4140900		3993700	3448900	
20									4249800			3541000	
21									4358700			3633100	
22									4467600			3725200	
23									4576500				
24									4685400				
25									4794300				
26									4903200				
27									5012100				
									5121000				

表3—31　　　　　　宪法研究官和宪法研究员工资表

（月支付额，单位：韩元）

等级	工资额
16	8626400
15	8136900
14	7649900
13	7213100
12	6844400
11	6666600
10	6457500
9	6108100
8	5691700
7	5332700
6	4995700
5	4670600
4	4343300
3	4027000
2	3711300
1	3293800

（二）年薪制

过去，以资历为基础的薪酬制度的缺点是，比起补偿的公正性，更注重公平性，不能很好地反映个人的能力和业绩、贡献度以及组织绩效，激励功能不足。因此，从1999年开始韩国引入年薪制，目的是通过将公务员的薪酬制度从年工资制度向能力（业绩）主义薪酬体系转变，提高政府部门的竞争力和工作效率，营造富有创造性和努力工作的良好氛围，并通过薪酬体系的转变，吸引私营部门的优秀专业人员到政府部门任职。通过复杂薪酬体系的简单化，确保薪酬制度的透明性。年薪制分如下三类。

一是固定年薪制，适用于次官级以上政务职公务员。不同于普通公务员，政务职公务员的业绩测量非常困难，因此每个职位都规定固定年薪。适用固定年薪制的公务员除按《公务员报酬条例》领取规定的年薪外，还根据相关法令规定领取家庭津贴、子女学费补贴、职务工资补贴、定额伙食费等。

表3—32　　　　　　　年薪制公务员工资表的适用对象

区分	适用对象范围
固定年薪制	政务职公务员
绩效年薪制	适用附表1 各公务员工资表区分表的附表3 及附表4 的工资表的公务员（国家情报局职员、总统警卫处职员除外）中，下列各项所列公务员 1. 1级（同等级）至5级（同等级）公务员 2. 首席专家及与专家同级别公务员
	适用附表1 公务员工资表区分表的附表3 之2 工资表的的公务员中，符合A群的公务员
	适用附表1 公务员工资表区分表的附表5 及附表6 工资表的公务员中，属于研究官或指导官的公务员
	适用附表1 公务员工资表区分表的附表10 工资表的公务员中，符合下列各项所列公务员 1. 从治安正监到警正的警察公务员 2. 从消防正监到消防领的消防公务员
	国立大学教员（国立大学校长除外）
	任期制公务员（限时制公务员除外）
职务绩效年薪制	属于高级公务员团的公务员（总统警卫处工作人员中别定职公务员除外）

注：适用附表3 的备注第2 号的4 级（同级别）公务员及5 级（同级别）公务员除外。
资料来源：공무원보수규정 韩国公务员工资条例［EB/OL］．［2022－03－15］．https：//www. law. go. kr/LSW//lsInfoP. do? lsiSeq＝240475&efYd＝20220218&ancYnChk＝0#0000。

表3—33　　　　　适用固定年薪制的公务员年薪表　　　　（单位：千韩元）

区分	工资额
总统	244557
国务总理	189592
副总理及检察长	143438
长官及长官级公务员	139417

续表

区分	工资额
人事革新处长、法制处长、食品医药品安全处长、通商交涉本部长及科学技术革新本部长	137405
次官及次官级公务员	135398

二是绩效年薪制，适用于一般职、别定职1—5级（或同等级别）的公务员以及任期制公务员，由按等级的基本年薪和根据工作业绩的考核结果分档支付的绩效年薪组成。年薪在按等级设定的年薪限额范围内确定。其中，绩效年薪分四个档次，绩效评估结果在S等级的占总人数20%，绩效年薪制公务员获得的奖金是绩效年薪基准额（由人事革新处长规定，下同）的8%；评估结果在A等级的占总人数30%，绩效年薪制公务员获得的奖金是绩效年薪基准额的6%；评估结果在B等级的占总人数40%，绩效年薪制公务员获得的奖金是绩效年薪基准额的4%；评估结果在C等级的占总人数10%，绩效年薪制公务员不享受绩效年薪。[1] 除年薪外，还支付家庭津贴、加班费、子女学费补贴、年假补偿费、职务补贴费、定额伙食费、特殊工作津贴、特殊勤务津贴等。

表3—34　适用绩效年薪制的一般职、别定职1—5级（或同等级别）公务员年薪表　　（单位：千韩元）

区分	上限额	下限额
1级（或同等级别）公务员	120134	80080
2级（或同等级别）公务员	111028	73983
3级（或同等级别）公务员	103218	69337
4级（或同等级别）公务员	94424	54882
5级（或同等级别）公务员	77855	37161

---

[1] 공무원보수규정　公务员工资条例［EB/OL］．［2022-03-15］．https：//www.law.go.kr/LSW//lsInfoP.do？lsiSeq=240475&efYd=20220218&ancYnChk=0#0000。

表 3—35　　　　适用绩效年薪制的任期制公务员年薪表　　（单位：千韩元）

区分	上限额	下限额
首席专家公务员	103218	80080
专家公务员	77855	37161

三是职务绩效年薪制，适用于高位公务员团，其基本框架与绩效年薪制相同。但与绩效年薪制不同的是，基本年薪分为标准年薪和职务年薪，绩效年薪比重较高。其中，绩效年薪分四个档次，绩效评估结果在"非常优秀"等级的职务绩效年薪制公务员获得的奖金是绩效年薪基准额（由人事革新处长规定，下同）的18%；评估结果在"优秀"等级的职务绩效年薪制公务员获得的奖金是绩效年薪基准额的12%；评估结果在"一般"等级的职务绩效年薪制公务员获得的奖金是绩效年薪基准额的8%；评估结果在"差或非常差"等级的职务绩效年薪制公务员不享受绩效年薪。[1]

表 3—36　　　　　高级公务员新录用时标准年薪范围　　（单位：千韩元）

区分	属于高位公务员团的一般职、别定职及特定职公务员	属于高位公务员团的任期制公务员
标准年薪范围	98598—70427	119725—70427

注：根据《国家公务员法》第28条之4第1项，在开放式职位中被录用为任期制公务员时，标准工资自主划定范围为140853千—70427千韩元。

表 3—37　　　高级公务员（研究官、指导官除外）的职务年薪

（单位：千韩元）

区分	A 等级	B 等级
职务年薪	13000	7000

---

[1] 공무원보수규정　公务员工资条例 [EB/OL]. [2022-03-15]. https://www.law.go.kr/LSW//lsInfoP.do?lsiSeq=240475&efYd=20220218&ancYnChk=0#0000.

表 3—38　　　　高级公务员（研究官、指导官）的职务年薪　（单位：千韩元）

区分	A 等级	B 等级
职务年薪	6100	4600

表 3—39　　　　按职务等级分列的外务公务员年薪限制表　（单位：千韩元）

职务等级	A 等级	B 等级
13 等级	120134	80080
12 等级	120134	77305
11 等级	111028	73983
10 等级	106616	71615
9 等级	103218	69337
8 等级	94794	63680
7 等级	91791	61664
6 等级	91202	51404
5 等级	77855	37161

注：（1）14 等级的年薪额为 135398 千韩元；（2）即使基本年薪额加上绩效年薪额的总年薪额超过年薪上限，该年度仍可在人事革新处处长规定的范围内支付绩效年薪，但在下一年度计入基本年薪时，只计入不超过该年度年薪上限的金额。

（三）不同类别人员之间的待遇平衡

在实际操作中，考虑到各类人员的等级/职级不同，韩国建立了一个工资基准表，以平衡不同类别人员之间的待遇。

表 3—40　　　　普通任期制公务员年薪等级基准表

年薪等级 职务领域	1 号	2 号	3 号	4 号	5 号	6 号	7 号	8 号	9 号
一般职公务员等（适用附表 3 及附表 4 的公务员）	1 级	2 级	3 级	4 级	5 级	6 级	7 级	8 级	9 级
外交人员	12 等级	10—11 等级	9 等级	6—8 等级	5 等级	4 等级	3 等级	2 等级	1 等级

续表

年薪等级 职务领域	1号	2号	3号	4号	5号	6号	7号	8号	9号
研究职公务员	1级同等级别研究官	2级同等级别研究官	3级同等级别研究官	4级同等级别研究官	5级同等级别研究官	研究员			
指导职公务员		2级同等级别指导官	3级同等级别指导官	4级同等级别指导官	5级同等级别指导官	指导员			
警察公务员	治安正监	治安监	警务官	总警	警正	警监警卫	警士	警长	巡警
消防公务员	消防正监	消防监	消防准监	消防正	消防领	消防警消防卫	消防长	消防校	消防士
邮政职群—般职公务员				邮政1—2级	邮政3—6级	邮政7级	邮政8级	邮政9级

注：被上述年薪等级基准表中未明示的职务领域及等级对应的职位聘用时，以及被2个以上等级重叠的职位录用时（研究员、指导员等），与人事革新处处长协商确定相应的年薪等级。

第 四 章

英国公务员分类制度

第一节 概述

一 英国公务员的概念与范围

英国公务员的范围较小。1931年"钦命吏治委员会"（Royal Commission on the Civil Service）将文官定义为："具有王权的臣仆身份，非属于政治任命与司法官员的范围，而以文职人员的资格能力获得任用，并支领国会所通过的薪给之人员"。[1] 按照这个定义，英国公务员或文官即国家与政府任用的臣仆，而其范围指支领国会通过的薪给之文职人员，但不包括政务官与法官。

当前，英国公务员一般仅指非选举和非政治任命产生的，通过竞争考试而录用的事务官，既不包括由选举或政治任命产生的议员、首相、大臣、政务次官、政治秘书和专门委员等政务官，也不包括英国武装部队成员、警察、议会两院所属的非政府部门公共机构（non-departmental government bodies，NDPBs）、国家医疗卫生服务（National Health Service，NHS）雇员和王室工作人员。此外，由于英国实行地方自治，公务员只限于中央政府的官员，不包括地方政府官员。英国公务员在政治上中立，独立于政府，在中央政府部门、机构和非政府部门公共机构（Non-Departmental Government Bodies，NDPBs）工作。[2]

英国公务员有一般公务员与高级公务员（Senior Civil Service，SCS）

---

[1] Report of the Royal Commission on the Civil Service, 1931.
[2] https://www.gov.uk/government/organisations/civil-service/about#functional-model.

之分。1996年，为了更好地发挥高级公务员在公务员队伍建设中的引领作用，英国政府正式将高级公务员从公务员体系中独立出来进行管理，由内阁办公室高级领导委员会（Cabinet Office's Senior Leadership Committee）负责管理。《英国公务员管理办法》（Civil Service Management Code）规定，高级公务员由各部门和机构的最高层人员组成。部门和机构可决定哪些职位可纳入高级公务员队伍，前提条件是这些职位的职位权重（JESP）评分不低于7分。

二 英国公务员的规模与结构

2021年，英国公务员人数总计为484880人。由于英国公务员的工作方式既有全职公务员，也有非全职公务员，如果将非全职公务员的工作时间按全职公务员的工作时间进行折算，公务员总人数相当于452830人。[①]

2011—2021年，英国公务员人数从498433人降至484880人，其中，全职公务员从388318人降至382950人，全职公务员所占比例从77.91%增至78.98%。具体见表4—1。

表4—1　　　2011—2021年英国公务员的规模与工作方式　　　单位：人，%

年份	人数	全职人数	全职人数占比
2011	498433	388318	77.91%
2012	463812	354250	76.38%
2013	448835	340045	75.76%
2014	439942	332692	75.62%
2015	433812	322990	74.45%
2016	418343	316792	75.73%
2017	419399	321163	76.58%
2018	430075	331392	77.05%
2019	445480	343960	77.21%

---

① Civil Service Statistics 2018－2021，［EB/OL］.［2022－04－20］. https://www.gov.uk/government/statistics/civil－service－statistics－2021.

续表

年份	人数	全职人数	全职人数占比
2020	456410	351780	77.08%
2021	484880	382950	78.98%

资料来源：Civil Service Statistics 2018－2021，[EB/OL]．[2022－04－20]。
https：//www.gov.uk/government/statistics/civil－service－statistics－2021
https：//www.gov.uk/government/statistics/civil－service－statistics－2020
https：//www.gov.uk/government/statistics/civil－service－statistics－2019
https：//www.gov.uk/government/statistics/civil－service－statistics－2018
https：//www.ons.gov.uk/employmentandlabourmarket/peopleinwork/publicsectorpersonnel/bulletins/civilservicestatistics/2018

2011—2021年，从公务员级别结构看，高级公务员（SCS）人数占比从0.9%增至1.6%，高级管理人员（Grades 6&7）占比从7.1%增至13.3%，中级管理人员（SEO/HEO公务员）占比从19.9%增至27.6%，初级管理人员（EO公务员）占比从25.0%增至27.5%，初级公务员（AO/AA级公务员）占比从47.1%降至30.0%。具体见表4—2。

表4—2　　　　　2011—2021年英国各级公务员占比　　　　单位：%

年份	SCS	Grades 6&7	SEO/HEO	EO	AO/AA
2011	0.9	7.1	19.9	25.0	47.1
2012	1.0	7.3	20.3	25.9	45.5
2013	1.0	7.8	20.9	26.0	44.3
2014	1.1	8.6	22.9	26.4	41.0
2015	1.2	9.3	23.5	26.2	39.8
2016	1.2	9.7	24.1	27.0	38.0
2017	1.3	10.2	24.4	27.3	36.8
2018	1.3	11.0	25.5	26.5	35.7
2019	1.4	11.7	26.4	26.9	33.6
2020	1.5	12.5	27.4	26.4	32.2
2021	1.6	13.3	27.6	27.5	30.0

资料来源：Civil Service Statistics 2018－2021，[EB/OL]．[2022－04－20]。
https：//www.gov.uk/government/statistics/civil－service－statistics－2021
https：//www.gov.uk/government/statistics/civil－service－statistics－2020
https：//www.gov.uk/government/statistics/civil－service－statistics－2019
https：//www.gov.uk/government/statistics/civil－service－statistics－2018
https：//www.ons.gov.uk/employmentandlabourmarket/peopleinwork/publicsectorpersonnel/bulletins/civilservicestatistics/2018

2011—2021年,从公务员性别结构看,高级公务员(SCS)中女性占比从34.7%增至46.8%,6—7级(Grades 6&7)公务员中女性占比从40.7%增至48.4%,SEO/HEO公务员中女性占比从45.1%增至51.1%,EO公务员中女性占比从56.7%增至57.0%,AO/AA级公务员中女性占比从57.1%降至56.4%。具体见表4—3。

表4—3 　　　　2011—2021年英国各级公务员中女性占比　　　　单位:%

年份	SCS	Grades 6&7	SEO/HEO	EO	AO/AA
2011	34.7	40.7	45.1	56.7	57.1
2012	35.0	41.1	45.0	55.6	58.0
2013	36.2	41.7	45.6	56.5	57.6
2014	37.7	42.8	46.2	55.9	58.7
2015	38.9	43.8	47.4	56.1	58.3
2016	40.1	44.8	48.1	56.8	58.5
2017	41.2	45.4	48.4	56.4	58.1
2018	42.7	46.3	49.4	56.6	57.2
2019	44.7	46.9	50.0	56.2	57.2
2020	45.6	47.6	50.2	56.3	56.8
2021	46.8	48.4	51.1	57.0	56.4

资料来源:Civil Service Statistics 2018-2021,[EB/OL].[2022-04-20]。
https://www.gov.uk/government/statistics/civil-service-statistics-2021
https://www.gov.uk/government/statistics/civil-service-statistics-2020
https://www.gov.uk/government/statistics/civil-service-statistics-2019
https://www.gov.uk/government/statistics/civil-service-statistics-2018
https://www.ons.gov.uk/employmentandlabourmarket/peopleinwork/publicsectorpersonnel/bulletins/civilservicestatistics/2018

2021年,从公务员年龄结构看,50—59岁的人数最多,为137020人,占总人数的29.26%;其次是40—49岁的人数,为108320人,占比23.13%;16—19岁的人数最少,为1260人,占比0.27%。具体见表4—4。

表 4—4　　　　　　2021 年英国公务员的年龄结构　　　　单位：人，%

年龄段	16—19 岁	20—29 岁	30—39 岁	40—49 以上
人数	1260	74450	99540	108320
占比	0.27%	15.90%	21.26%	23.13%
年龄段	50—59 岁	60—64 岁	65 岁以上	合计
人数	137020	36460	11250	468300①
占比	29.26%	7.79%	2.40%	100%

资料来源：Civil Service Statistics 2021，[2022-04-20]。
https://www.gov.uk/government/statistics/civil-service-statistics-2021

从类别结构看，2021 年公务员统计数据显示，英国公务员第一大专业类别是运营服务，从事该专业类别的公务员接近半数，占比为 48.35%。这些公务员负责直接向公民或企业提供政府服务，包括支付福利与养老金、提供就业服务以及发放驾照等。排名在第二至第十的专业类别分别为政策，税务，项目服务，科学与工程，数字、数据和技术，法律，财政，安全，人力资源，占比分别为 7.99%、4.89%、4.40%、3.87%、3.65%、3.34%、2.51%、2.28%、2.16%。

表 4—5　　　2021 年英国分专业类别（Profession）公务员人数　　　单位：人

职业（Profession）	人数	占比
商业	5360	1.47%
通讯	3960	1.09%
公司财务	170	0.05%
反欺诈	890	0.24%
数字、数据和技术	13290	3.65%
经济	2160	0.59%
财政	9160	2.51%

---

① 各年龄段公务员合计数与公务员总数不一致，原因在于部分人年龄数据缺失。

续表

职业（Profession）	人数	占比
人力资源	7860	2.16%
教育培训督查	860	0.24%
情报分析	3400	0.93%
内审	780	0.21%
国际贸易	1470	0.40%
知识与信息管理	2390	0.66%
法律	12150	3.34%
医学	2500	0.69%
运营服务	176110	48.35%
运营研究	1190	0.33%
规划	200	0.05%
规划督查	340	0.09%
政策	29090	7.99%
项目服务	16020	4.40%
资产管理	6960	1.91%
心理学	1420	0.39%
科学与工程	14090	3.87%
安全	8310	2.28%
社会研究	1160	0.32%
统计	2040	0.56%
税务	17800	4.89%
兽医	450	0.12%
其他	22670	6.22%
合计	364250	100%

资料来源：Civil Service Statistics 2018－2021，[EB/OL]．[2022－04－20]。https：//www.gov.uk/government/statistics/civil－service－statistics－2021

第二节　公务员分类制度的演进脉络

英国是西方最早划分政务官和事务官并进行职务分类管理的国家。其公务员分类制度在不同的历史时期具有不同的特点，因此，必须在其历史进程中来理解。英国公务员制度的发展可以分为三个不同时期：初建时期、发展时期和改革时期。

一　初建时期（1854—1870）

较早提出公务员分类设想的是1854年《关于建立英国常任文官制度的报告》（诺斯科特—屈威廉报告）。该报告奠定了现代文官制度的基础，主张把政府公务员区分为高级政务官和低级事务官两大类。由于该报告在议会讨论时遭到反对，故报告中关于公务员分类的主张没有立即得以实施。

1860年，议会任命了一个五人委员会（1860年，英国斯坦利委员会建议，以公务员学历为标准划分高级和低级事务官，受过高等教育的划分为高级事务官，没有受过高等教育的划分为低级事务官），调查各机关的吏治状况。对于公务员的分类结构，委员会提出了下面的意见：（1）公务员应划分为高、低两级，高级公务员必须受过大学教育，低级公务员则无限制，但永远不能晋升到高级职位；（2）按工作性质把公务员分为若干类，每类之中再划分为高、低两级；（3）有计划地培养高级人才。以上意见曾被部分采纳。

1870年是英国公务员分类制度史上的非常重要的一年，历经十多年的酝酿，英国公务员分类制度的初步框架终于形成。英国政府于1970年颁布了关于公务员制度的第二枢密院令——《关于录用国王政府文官的枢密院令》。该枢密院令规定了英国现代文官制度的基本原则和措施，并成立了吏治委员会，专门主持文官的考选事宜，从而标志着世界上第一个具现代意义的文官制度的建立。该令将所有文官按照学历标准分为执行政策的高级文官（第一等级）和办理日常事务的低级文官（第二等级）。高级文官必须具备大学学历，低级文官虽无学历限制，但永不能升入高级文官序列。文官等级架构呈现完全封闭状态。

二　发展时期（1870—1971）

1875 年，议会成立了一个专门委员会，对公务员制度的有关状况进行调查。根据调查结果，该委员会提出了以下建议：（1）第二级人员再划分为成年级和学童级，以 19 岁为界限。学童级人员达此年龄，考试合格后可升入成年级。（2）成年级（第二级）公务员升入第一级时，必须由部长在征得财政部同意后推荐提名，再由公务员委员会发给证书。（3）第二级外另设抄写级，其报酬按工作时间或件数计算。1876 年，这些意见以枢密院令的形式得以实行，并且裁减了第一级人员，非重要职务全部列入第二级。1888 年，议会又成立了一个专门委员会。根据该委员会的建议，政府于 1890 年发布枢密院令，其中，对公务员结构作了如下改革：（1）对第一级公务员的人数及职位重新调整，限制人数规模；（2）第二级人员分为三级；（3）第二级人员升入第一级必须服务满 8 年。

1906 年，英国财政部以行政命令设置中间级，介于第一级与第二级之间。这一措施为以后设立执行级文官奠定了基础。

1920 年，英国政府在战前"麦克唐纳委员会"和战后"格勒斯顿委员会"的调查报告及建议的基础上，对公务员结构进行了幅度较大的改革。根据政府颁布的改组方案，公务员结构由三级增设为四级，原第一级改为行政级，中间级改为执行级，另外二级是事务级及助理事务级；每级中又含有不同的等级。每级人员都从受过相应教育的毕业生中招募。这次改革后确立的公务员四级结构持续了较长时间。

第二次世界大战后，随着社会分工的不断细化，英国文官队伍的职能范围也不断细化，许多专业性、技术性的工作进入了政府工作领域，而当时的文官制度远不能适应现实需求，特别是"通才"观念和"封闭型"的文官分类结构与日益复杂化专业化的政府工作之间的矛盾更加突出。为适应这一新的形势，英国政府对文官制度特别是分类制度进行了相应的改革，在品位分类的基础上增加了横向的职位划分。

战后英国文官结构的变动具有两个新的特点，即大量的实业人员与专业人员成为相对独立的构成部分。因此，英国公务员分类结构的规模不断扩大，包括实业人员与非实业人员两大部分。其中，实业人员分十大类，有其专门的待遇规定，其性质与一般公务员不同。非实业人员是指在行政机关工作的公务员（含外交领事人员），包括两大类：一大类是专业人员，分为法律、统计、科学、工务、医务、会计、邮政七类，这七类人员根据不同的条件划分为不同的等级；另一大类是一般行政人员，即原来意义上的公务员分类结构，分为行政、执行、事务、助理事务4个等级。

非实业人员（一般行政人员与专业人员）共分为6个等级：（1）行政级，是文官中的高级官员，包括常务次官、副常务次官、次官、助理次官、特等主管、主管和助理主管等。（2）执行级，是在行政人员领导下负责政策执行和政府机关的一般管理工作，包括高等执行官、执行官、事务员、事务助理等等。（3）办事员级，在行政人员和执行人员的指导下，办理日常事务工作。主要包括簿记员、处理申诉案件的人员以及协助高级官员准备文件的资料人员。（4）专业人员级，其中科学人员分为科学官员级，相当于行政级；实验人员级，相当于执行级；助理科学人员级，相当于办事员级。（5）助理办事员级，包括各种助理工作人员，如打字员、速记员、复印机管理员以及其他办公设备的管理人员等。（6）勤杂人员级，包括通讯、文件保管员、清洁卫生员和司机等工作人员。

但这次改革并没有从根本上改变英国文官"通才"与"封闭型"的特点，因为这种分类既没有把行政人员与专业技术人员纳入一个统一的分类结构中，也没有将专业技术人员纳入行政分级的范畴，难以发挥专业技术人员的作用。

英国文官体制架构，自1968年11月1日文官部成立之后，在其中央政府公务人员之体制架构上，从1970年以后已有重大改变。即精神上已由纯粹的以个人资格之分类（级），随着时代潮流之所趋，政府职能之日益扩大，分工技术之日切精细，演变为含有职务之性质与职责程度的分类（级）。此种情形，已多多少少接受了美国职位分类的原则，换言之，根据公务员所任工作的性质、繁简难易、责任轻重，及所具资格高低进行分类。

三 改革时期（1971年至今）

20世纪社会结构的大变动对传统的政府职能与行政体制提出了挑战，

要求政府的管理活动与此相适应。为此，1966 年，英国政府任命苏斯格斯大学副校长富尔顿等 12 人组成富尔顿委员会（Fulton Committee），从事改革的全面调查。1968 年，该委员会提出《富尔顿报告》，主张改变重通才、轻专才的传统。这涉及两个方面：一方面改变通才什么都可以干、什么都不专的管理状况，要求高级行政官员具备较高程度的专业化知识；另一方面，充分发挥专家的作用，打破行政人员与专业科技人员之间的壁垒，取消专业人员不能担任行政领导的做法，实行"开放结构"（既包括消除行政人员与科技人员之间的界限，也包括改变行政人员上下等级之间的封闭结构）。为此，提议改革原有的公务员分类结构，把所有非实业人员的各种职位和等级合并为一个统一的等级结构。同时建议成立公务员学院，为各级行政人员进行专业知识教育，对有关专家进行行政管理知识的培训。

英国政府采纳了这些建议，1971 年宣布取消原有的公务员等级划分，建立新的统一公务员分类结构，把所有非实业部门的公务员分为十大类，每大类中又包括若干小类。如综合类由 6 个小类构成，它们是行政、情报、经济、统计、文书、通信。其中，行政级由原公务员结构中的行政级、执行级、事务员级和助理事务员级 4 个等级合并而成。每一个小类中的职务再依职责及资格区分等级，但各类职等划分并无共同统一的标准，具体数目也各不相同。到 1972 年，英国制定了统一的开放结构的分类制度，即一个包括一切非实业部门的职位在内的有 10 个大类、19 个小类的"统一"的分类等级开放结构。在以往之行政、执行、书记、助理书记 4 个等级，依其性质区分为 10 个类别，其中若干类别，再按照性质细分为若干小类，而各小类中，又依其职责程度及资格之不同，再进行细分。

1. 通才类

（1）行政：内分为十一个小类。

（2）情报：内分为六个小类。

（3）经济：内分为四个小类。

（4）统计：内分为四个小类。

（5）文书：内分为五个小类。

（6）通信练习生：内分为两个小类。

2. 科学类

3. 专门技术类

（1）专门、技术：内分为五个小类。

（2）书画：内分为五个小类。

（3）海上勤务：内分为六个小类。

4. 研修类　相当于训练进修：内分为六个小类。

5. 法制类

（1）法制（英格兰、威尔士）：内分为三个小类。

（2）法制（苏格兰）：内分为三个小类。

6. 秘书类　内分为十个小类。

7. 社会保障（险）类　内分为两个小类。

8. 资料处理类　此属于电子计算机处理，内分为三个小类。

9. 公安类　内分为九个小类。

10. 调查员类

（1）社会科学调查：内分为五个小类。

（2）资源计划调查：内分为五个小类。

上述分类与美国职位分类制度不同，仅基于政府职能日益扩大和分工日益精细的需要不得不予以改进。但在其等级方面，在任用时有"限制"与"开放"的不同。具体而言，所谓限制，即：凡属于最低级（如打字员级）之职位，至高级（如副司长级）之职位，其人员选用与升迁，均需符合相应的资格条件。所谓开放，即：指司长、副次长、次长3个级别的选用、升迁与调用，无一定资格条件限制，到1984年1月已延伸至副司长及资深科长层级，因而运作极为灵活，加强了通才与专才之间的交流管道。这次改革将高级文官与低级文官合并为一类，使文官的晋升机会相对增多，某些有才能的事务员也有可能得以直接进入行政行列。

实际上正如1977年国会下院财政委员会指出的那样，"富尔顿报告提出的时候，有47种适用于一个部门以上的等级和1499个仅适用于一个部门的职位"①，而目前尚有 38 个等级和 500 个仅适用于单一部门的级别，其中"绝大部分仅在单独部门使用的等级制度应该废除"。②

撒切尔政府对公务员分类制度进行了比较大规模的改革，使得公务员公开结构扩大化。公开结构是 1968 年《富尔顿报告》提出的，将公务员结构简化为大类、小类和职业 3 个层次。大别包括综合类、科学类、法律类、研究类、警察类、训练类、秘书类、专业技术类、社会安全类、资料处理类，而每一大类又分为若干小类，小类又被划分为若干职业等。改革后，英国公务员建立了更为开放和公开的职位等级体系。1984 年之前，公开结构仅有 1—3 级，1984 年后扩大到 4—6 级，1986 年又增加了主管级。改革在鼓励公开结构横向流动的同时也鼓励行政人员的纵向流动。尤其通过取消行政见习能力测验分数的办法，打破了对组内人员提拔的阻碍，改变了中级公务员职位几乎由外来者（主要是大学毕业生）垄断的局面。

1980 年 1 月，政府又增设了两个大类（含 3 个级别）。非产业类除开放结构外，分为十九个大的小类，即行政、秘书、科学、专业技术、社会保障、训练、法律、博物、警察、研究、普通服务、部门、经济学家、信息、图书馆、统计等类别。这十九个小类本身又包括了按不同性质和职责划分而成的 59 个级别。另外，在"开放结构"中，行政主管级以上高级文官又分成了 7 个等级（G1—G7）。英国非实业类文官所实行的分类制度，实际上是一个半封闭的等级结构，各部门内部仍有不少各自为政的分类分级办法。实业类文官则分为非熟练工、熟练工、学徒工 3 类。

这个阶段，英国公务员的等级类别，已采用分类的精神与原则，但绝非美国职位分类之架构与内容。

下列为 1989 年英国文官的类别、等级划分及人数③：

---

① 参见徐颂陶《外国公务员法规选编》，河北人民出版社 1989 年版，第 55 页。
② 引自劳动人事部等编《联合国文官制度改革研讨会报告汇集》，劳动人事出版社 1986 年版，第 76 页。
③ 引自劳动人事部等编《联合国文官制度改革研讨会报告汇集》，劳动人事出版社 1986 年版，第 76 页。

非产业类文官总数　499821

开放结构　19873

G1 常务次官　　39

G2 代次官级　　130

G3 司长级　491

G4 督导与专业技术组　226

G5 处级　2269

G6 高级主管级（副处级）　4119

G7 科级　12599

行政组　222269

主要执行官　　8931

高级执行官　　28199

行政受训官　116

执行官　52342

行政官　83869

行政助理官　48785

经济学家组　133

信息官员组　916

图书管理组　431

统计组　119

秘书组　19732

科学组　10349

专业技术组　22984

有关专业技术组　1036

测绘组　402

海洋事务组　454

社会保障组　45865

训练组　4874

法律组　68

博物组　103

警官组　　　　3980
研究组　　　　207
普通服务组　　15728
特殊部门组　　49477

产业类文官：
非熟练级　　34050
熟练级　　　19442
学徒级　　　2896

1991年以来，公务员分为16类，其各类及其列等，若干"等"中再分"级"，情形如下①（自1996年起，各部会文官等级均由部会首长核定）。

表4—6　　　　1991年英国公务员横向分类与纵向分级

类别	说明
行政（人员）类 （Administration Group）	中央公务员中人数最多之一类，除高等文官、资深科长与科长外，分列七等（由上而下职称为资深执行官、高级执行官、行政见习员、执行官、行政事务员、行政助理员）
新闻类 （Information Office Group）	分列三等
统计 （Statistician Group）	分列两等
科学 （Science Group）	分列四等

---

① R. Pyper, op. bit. P23－36. Also see K. Dowding, The Civil Service, London, Routledge, 1995, P25.

续表

类别	说明
专门技术类（Professional and Technology Group）	分列七等
经济类（Economist Group）	分列两等
图书管理类（Librarian Group）	分列三等
社会安全（保险与福利）类（Social Security Group）	分列两等
秘书类（Secretarial Group）	分列四等
其他七类——制图类、潜艇工作类、训练类、法制类、博物馆类、警政类、研究类	等级有弹性（以上1996—）

1994—1995年公共服务办公室发表了两份报告，总结了文官制度的管理进程。首先，进一步强调了完整、政治公正、客观、择优录用和晋升以及向议会负责等传统核心价值。其次，提出了以下改革建议：（1）采用书面非定期合同的方式建立高级公务员编制；（2）颁布新的文官法案，并列明所需的框架和价值标准；（3）从1996年开始结束中央明确的等级制。

1994—1996年，英国公务员职位分类制度经历了一次重大改革，其中，专门成立了高级公务员管理组织，对高级公务员实行单独管理，并启用了新的管理办法，一是进一步扩大高级公务员职位的对外开放程度，二是采取签订合同的方式，根据特定岗位的要求以及公务员的工作业绩支付薪酬。①

1996年起实施高等文官新制：将常务次长（一等）、副次长、司处长、执行长（或科级主管）、副司处长（五等）五个职位称为高等文官（计约3000余名）。2010年以来又恢复为七等（常次以下至科长，人数约5000人）为现行之高等文官。自1996年起，普通文官由各部门自主进行

---

① 参见吴志华主编《当今外国公务员制度》，上海交通大学出版社2008年版，第47页。

分类。

至 1998 年年底，中央政府文官的总数约为 48 万人，上述的文官分为"国内文官"（Home Civil Service）与"国外文官"（Overseas Civil Service），国内文官再分为"高等文官"与"中下级文官"，各部会文官分属不同类别如行政类（Administrative Group）、经济类（Economist）、新闻类（Information Officer）、法务类（Lawyer）、图书管理类（Librarian）、专门技术类（Professional and Technical）、秘书类（Secretarial）、科学（Science）与统计（Statistician）类等。

除上述分类体系的公务员外，还有外交人员类（Diplomatic Service），服务于外交部门及驻外使领馆，其分类单独成一系统，自 10 级、9 级以上至 1 级（司处长级），其工资体系与分类体系一致，就工作条件与管理措施而言，外交人员与国内文官大致相似。

第三节　现行公务员分类制度

一　横向分类体系

公务员队伍由各种专业岗位组成——从传播者和工程师，到采购管理和律师。目前共有 28 种公认的职业，每一种都由一名专业负责人领导：

英国公务员按工作性质的不同划分为不同的类别。目前有 10 个功能领域和 28 个公认的专业类别。[①] 28 个专业类别分别是：公司财务、反欺诈、数字数据和技术、政府通信服务、政府经济服务、政府财政、政府 IT、政府知识和信息管理、政府法律服务、政府职业心理学、政府运营研究服务、政府规划督察、政府规划、政府资产管理、政府安全、政府科学与工程、政府社会研究、政府统计服务、政府税务、政府兽医、人力资源、情报分析、内部审计、医学、运营服务、政策、采购、项目服务。

各专业类别之下，有的直接细分为岗位，有的分为技能族（Skills Families）、工作族（Job Family），有的则在分为技能族、工作族等细分

---

① 资料来源：https://www.gov.uk/government/organisations/civil-service/about#functional-model。

别后再细分为具体岗位。如运营服务分为以下 6 个技能族：（1）帮助与建议；（2）所有权个案处理；（3）安全与执行；（4）验证与合规；（5）运营设计与支持；（6）领导与管理。在分为 6 个细分类别的基础上，设置不同的岗位。不同岗位对应的级别不同。

运营服务类在多个政府部门扮演着不同的角色和工作，包括内阁办公室、工作和养老金部、外交和英联邦办公室、破产服务、英国土地注册处、英国税务和海关、内政部、国家统计局、国防部、司法部、英国公共卫生部、脱欧部。在这个类别中有数百种不同的岗位，为了更容易地识别公务员个人的岗位并选择最相关的学习资源，这个专业细分为 6 个技能族。技能族是将某些岗位组合在一起的方式。

表 4—7　　运营服务技能族典型岗位（Typical Roles）举例

技能族	AA/AO	EO	HEO/SEO	G6/G7	SCS1/SCS2
帮助与建议	●商业调查官 ●法庭引座员 ●合作伙伴服务支持	●服务提供与工作指导	●资源管理者		
所有权个案处理	●强制复议官	●个案推进官	●投诉和通信管理者 ●客户关系管理者 ●提出清单官 ●决策团队管理者		
安全与执行	●暂无	●暂无	●质量保证和裁判组 ●服务管理者 ●干预行动运营管理者 ●合规官		

续表

技能族	AA/AO	EO	HEO/SEO	G6/G7	SCS1/SCS2
验证与合规	• 客户服务社会工作者	• 边防管理者 • 安全管理者	• 家庭事务管理者 • 高级管理者		
运营设计与支持		• PT操作技术员 • 培训设计师	• CFCD NINo主题专家 • 现代化设计培训管理者 • 业务支持管理者 • 服务分析师 • 苏格兰专业资格负责人		
领导与管理		• 客户服务一线管理者 • 增援和快速反应小组组长 • 裁判法庭的团队负责人	• 客户服务负责人 • 就业中心客户服务管理者 • 服务管理者	• 社会工作副局长 • 服务中心负责人 • 区域业务负责人 • 运营服务专业负责人	• 商住房运营局长 • 首席运营官 • 威尔士缓刑局局长

资料来源：Operational Delivery Profession Career Framework Version 4 March 2020：18，https：//odp－proto. herokuapp. com/content_assets/94？referrer＝career_framework&title＝Our＋Profession。

人力资源细分为9个工作族（HR Job Family），分别是个案处理、多样化与包容性、人力资源业务合作、人力资源运营、学习与人才开发、组织设计与发展、人力资源政策与员工关系、奖励、战略规划。其中，个案处理为部门管理者提供专家建议、指导和支持；多样化与包容性旨在解决代表性不足的问题，建立包容性文化，有助于创造条件，以确保每个人都能充分发挥潜力，思想和经验的多样性是包容性政策制定和提供优质公共服务不可或缺的组成部分；业务合作在识别、开发和提供符合业务目标的人员干预方面发挥着关键作用，业务伙伴与高层领导紧密合作，培育具有天赋、领导力和文化等战略性人才，并开发人才解决方案，以实现组织的目标；运营提供一系列服务，是一个庞大的工作大家族，在许多不同的背景下提供独特的岗位和经验，如：招聘、入职离职手续办理、工资福利、运营供应商管理等；学习与人才开发旨在吸引、识别、开发、留住和使用被认为对组织特别有价值的个人；组织设计与发展从业者帮助组织理解"当前状态"，并朝着想象或期望的"未来状态"努力，识别问题和机会，并通过改变有效地支持和促进人员、团队和组织；人力资源政策包括制定与组织总体战略相一致的人员政策，这个岗位包括让利益相关者参与开发，并确保在他们的需求随时间变化时，人员政策继续支持组织发展员工关系即维护组织内领导者与被领导者之间的关系；奖励是指确保公务员的技能、行为和贡献得到有效的奖励和认可；战略规划旨在确保各部门在适当的时间、适当的地点拥有适当的资源、能力和人才，以达成组织短期、中期和长期目标。①

项目服务分为 20 类岗位（Project Delivery Roles）：专业负责人、SRO/发起人、组合管理者/主任、活动管理者/主任、项目管理者/主任、PMO 管理者/主任、组合分析师、项目策划者、资源管理者、商业案例管理者、质保管理者、配置管理者、项目支持者、治理与报表管理者、风险事务管理者、顾问、利益协调者、福利管理者、商业变更管理者、商业分析师。②

分析功能领域分为 25 类岗位（Analytical Roles）：数据分析师、数据整理师、数据科学家、绩效分析师、战略政策分析师、社会和人口分析师、社会研究员、用户研究者、检测和评估分析员、运营研究员、经济学家、微观经济分析师、宏观经济分析师、计量经济建模者、方法学家、统计学家、调查管理、生产统计分析师、数学建模师、精算师、地理分析

---

① HR Career Framework：6，18. 见 https：//assets. publishing. service. gov. uk/government/uploads/system/uploads/attachment_data/file/958120/HR_Career_Frameworks – A4_v0l. pdf。

② Project Delivery Capability Framework：5. 见 https：//assets. publishing. service. gov. uk/government/uploads/system/uploads/attachment_data/file/755783/PDCF. pdf。

师、地理顾问、地理空间信息专家、分析副局长/局长、专业负责人。[1]

二 纵向分级体系

英国公务员分为高级公务员（SCS）和一般公务员，两类公务员对应不同的级别。高级公务员由内阁办公室管理。过去，英国公务员队伍拥有统一的结构和等级，但现在的称谓不再统一，一些职位使用数字等级表示（如7级），一些职位使用薪酬宽带等级表示（如第一级薪酬宽带），有些则使用描述性称谓表示（如政策助理、高级政策顾问等）。但是，由于公务员队伍没有统一的职衔，过去的一些职衔仍在使用。7等以上的英国公务员等级分类对照表如下。

表4—8　　　　　　　7等以上的高级公务员等级对照表

更早的职衔 （Very Old Title）	旧职衔 （Old Title）	现在的称谓 （Nowadays Often Known As）
内阁秘书（Cabinet Secretary & Head of the Civil Service）		
常务次长（Permanent Secretary Civil Service Head of Each Department）		
副次长 （Deputy Secretary）	2等 （Grade 2）	总干事 （Director General）
司处长 （Under Secretary）	3等 （Grade 3）	局长 （Director）
助理司处长 （Assisstant Secretary）	5等 （Grade 5）	局长或助理局长 （Director or Assisstant Director）
资深科长/科长 （Senior Principal & Principal）	6等/7等 （Grade 6 & 7）	副局长（Deputy Director）、助理局长（Assisstant Director）、团队领导（Team Leader）、政策管理者（Policy Manager）等

资料来源：http://www.civilservant.org.uk/information-grades_and_roles.html。

---

[1] Government Analysis Career Framework Version 4 March 2020：18. 见 https://assets.publishing.service.gov.uk/government/uploads/system/uploads/attachment_data/file/941369/Analysis-Function-Career-Framework.pdf。

《公务员管理准则》（Civil Service Management Code）7.1.12 规定："高级公务员主要包括三个薪酬宽带（注：2002 年 4 月起，英国的高级公务员开始由以前的 9 级薪酬改为 3 级薪酬宽带）。3 级薪酬宽带制度提供了一个可供选择使用的 1A 级（在第一级薪酬宽带之上）。部门或单位可根据实际情况决定是否选择使用 1A 级。部门和机构必须根据 JESP 分值范围给高级公务员职位定薪酬宽带级别。"因此英国高级公务员职位划分同时也是薪酬等级划分。《高级职位评价实践指南》（Job Evaluation for Senior Posts Good Practice Guide）对高级公务员的薪酬宽带级别进行了如下规定："高级公务员主要包括以下三个薪酬宽带：总干事（Director General Level），第三级薪酬宽带（Pay Band 3）；局长（Director Level），第二级薪酬宽带（Pay Band 2）；副局长（Deputy Director Level），第三级薪酬宽带（Pay Band 1）。"高级公务员第一级薪酬宽带相当于过去的 5 等，第二级薪酬宽带相当于过去的 3 等，第三级薪酬宽带相当于过去的 2 等。

一般公务员由各部门和执行机构实行各自的等级和薪酬安排，不进行统一管理。通常，一般公务员分为 4 个等级，初级公务员被称为 AO/AA（Administrative Officers/Assistants，行政管理人员/助理），初级管理人员被称为 EO（Executive Officer，执行官），中级管理人员被称为 SEO/HEO（Senior/ Higher Executive Officers，资深/高级执行官），高级管理人员被称为 Grades 6&7。其中，行政管理人员/助理（AO/AA）是公务员队伍的主要组成部分，他们从事各种工作，例如协助市民、支援高级同事或为呼叫中心配备人员；初级管理人员（EO）是部门中最低的管理级别；中级管理人员（SEO/HEO）可以是政策团队的高级成员，或在机构中承担相当大的管理责任；高级管理人员（Grade 6&7）可能领导一个小团队，或负责政策的某一方面，或在一个机构管理一个项目或一个地理区域。

特别需要说明的是，自 1996 年起，英国政府授权各部自行对公务员进行分级。因公务员的等级划分已下放至各部门，有些组织可能有自己的级别结构，部门间的级别结构各不相同，但各部门被要求按职责级别将其等级反映到一个通用框架。以下是部分类别对应的级别举例。

运营服务类技能族对应的级别如下：

表4—9　　　　　　　　运营服务类对应的纵向级别划分

技能族	AA/AO	EO	HEO/SEO	G6/G7	SCS1/SCS2
帮助和建议	●	●	●		
所有权个案处理	●	●	●		
安全与执行	●	●	●		
验证与合规	●	●	●		
运营设计与支持		●	●		
领导与管理		●	●	●	●

资料来源：Operational Delivery Profession Career Framework Version 4 March 2020：18。https://odp-proto.herokuapp.com/content_assets/94？referrer = career_framework&title = Our + Profession

人力资源类工作族对应的级别如下：

表4—10　　　　　　　　人力资源类对应的纵向级别划分

工作族	Leve 1 AO/EO	Level 2 HEO/SEO	Level 3 G7/G6	Level 4 Deputy Director/Director
个案处理	●	●	●	●
多样化与包容性	●	●	●	●
人力资源业务合作	●	●	●	●
人力资源运营	●	●	●	●
学习与人才开发	●	●	●	●
组织设计与发展	●	●	●	●
人力政策与员工关系	●	●	●	●
奖励	●	●	●	●
战略规划	●	●	●	●

资料来源：HR Career Framework：6，18，https://assets.publishing.service.gov.uk/government/uploads/system/uploads/attachment_data/file/958120/HR_Career_Frameworks - A4_v01.pd。

项目服务类岗位对应的级别如下：

表4—11　　　　　　项目服务类对应的纵向级别划分

岗位	B1	B2		A		Senior Civil Service		
	EO	HEO	SEO	G7	G6	SCS1	SCS2	SCS3
专业负责人						●	●	●
SRO/发起人				●	●	●	●	●
组合管理者/主任				●	●	●	●	●
活动管理者/主任			●	●	●	●	●	●
项目管理者/主任		●	●	●	●			
PMO管理者/主任			●	●	●			
组合分析师	●	●				●	●	●
项目策划者	●	●	●	●	●			
资源管理者		●	●	●	●			
商业案例管理者	●	●	●	●	●			
质保管理者	●	●	●	●	●			
配置管理者	●	●						
项目支持者	●	●	●					
治理与报表管理者	●	●	●	●	●			
风险事务管理者	●	●	●	●	●			
顾问						●	●	
利益协调者	●	●	●	●	●			
福利管理者	●	●	●	●				
商业变更管理者	●	●	●	●	●			
商业分析师	●	●	●	●				

资料来源：Project Delivery Capability Framework：5，https：//assets.publishing.service.gov.uk/government/uploads/system/uploads/attachment_data/file/755783/PDCF.pdf。

分析类岗位对应的级别如下：

表4—12　　　　　　　　分析类岗位对应的纵向分级划分

岗位	C2 AO	B1 EO	B2 HEO	B2 SEO	A G7	A G6	Senior Civil Service SCS1	Senior Civil Service SCS2	Senior Civil Service SCS3
数据分析师	●	●	●	●	●	●			
数据整理师	●	●	●	●	●	●			
数据科学家		●	●	●	●	●	●		
绩效分析师		●	●	●	●	●			
战略政策分析师	●	●	●	●	●	●			
社会和人口分析师		●	●	●	●	●			
社会研究员	●	●	●	●	●	●	●	●	●
用户研究者		●	●	●	●	●			
检测和评估分析员		●	●	●	●	●			
运营研究员	●	●	●	●	●	●	●	●	●
经济学家									
微观经济分析师		●	●	●	●	●			
宏观经济分析师		●	●	●	●	●			
计量经济建模者		●	●	●	●	●			
方法学家		●	●	●	●	●			
统计学家	●	●	●	●	●	●	●	●	●
调查管理	●	●	●	●	●	●			
生产统计分析师		●	●	●	●	●			
数学建模师		●	●	●	●	●			
精算师			●	●	●	●	●		●
地理分析师	●	●	●	●	●	●			
地理顾问	●	●	●	●	●	●			
地理空间信息专家	●	●	●	●	●	●	●		
分析副局长/局长							●	●	●
专业负责人					●	●	●	●	●

资料来源：Government Analysis Career Framework Version 4 March 2020：18，https：//assets.publishing.service.gov.uk/government/uploads/system/uploads/attachment_data/file/941369/Analysis-Function-Career-Framework.pd。

三 职位评价与定级

（一）分类依据

英国公务员的分类依据主要源于《公务员管理准则》《高级职位评价实践指南》和《职位评价与定级实践指南》三个文件。其中：

《公务员管理准则》（Civil Service Management Code）[①] 最新版于 2016 年 11 月发布，对公务员的分类分级进行了制度性规定。6.1.1 规定："各部门和机构有权决定高级公务员以外的公务员的数量和级别及其工作人员的分类，但有以下条件。"6.1.2 对此规定了相应条件："各部门和机构必须制定适合其业务需要的职位分级安排，这些安排必须符合政府关于公务员和公共部门薪酬的政策安排，并遵守公共开支控制。苏格兰政府和威尔士国民议会属于例外，他们必须制定适合其业务需要的员额评级安排，与政府关于公务员制度的政策保持一致，并考虑到政府的公共部门薪酬政策。职位级别的安排必须与薪酬安排结合起来制定，且要考虑到第 7.1 款规定的条件。"6.1.3 针对高级公务员作出如下规定："除了常任秘书外，高级公务员并无集中的等级安排。各部门和机构有权在内阁办公室制定的广泛框架内自主将高级公务员纳入薪酬宽带范围。"

高级公务员（SCS）职位类别划分的依据是《高级职位评价实践指南》（Job Evaluation for Senior Posts Good Practice Guide，2013 年 5 月 1 日发布），指导高级公务员职位评价。

普通公务员职位类别划分的依据是《职位评价与定级实践指南》（Job Evaluation and Grading Support Good Practice Guide，2013 年 5 月 1 日发布），该指南旨在提高和保持将评价与定级系统应用于实践的意识，该实践指南用于指导 Senior Civil Service（SCS）以下职位［即 6 级以下职位，从行政助理（Administrative Assistant，AA）到 Grade 6 资深科长］职位的评价与定级。

职位评价决定了职位的品质，为设计和维护公平、可靠的评级结构提

---

① 资料来源：https://www.gov.uk/government/uploads/system/uploads/attachment_data/file/566900/CSMC_November_2016.docx。

供了合理的依据。职位评价评估职位的需求，目的是确定不同职位间的差异。职位评价不考虑个人绩效与对组织目标的贡献程度，应将职位评价与个人贡献区分开来。职位评价也不考虑工作的忙闲程度和强度，而是聚焦于职位所需完成任务的性质及其所需承担的责任类型上。

(二) 高级公务员的职位评价

1. 高级公务员职位评价依据

当前，高级公务员（Senior Civil Service，SCS）职位类别划分的依据是《高级职位评价实践指南》[①]，该指南用于指导高级公务员职位评价，评价过程必须遵守该指南的相关规定。该指南将替代之前所有的 JESP（Job Evaluation for Senior Posts）指南版本，这一转变反映了职位评价政策从由部门负责到由政策规定的转变，以前由内阁办公厅专门负责，现在改由公务员就业政策（Civil Service Employee Policy，CS Employee Policy）进行规定。新版本的变化还包括针对备受争议的书面评价、职位评价库和审核决议提出的新的意见建议。进一步的修改方案将围绕职位评价网络开展，这一网络代表了人事部门在英国公务员职位评价中所起的作用，目前已进入讨论阶段。

JESP 作为一种职位分析评估的方法，于 1994 年引入高级公务员（Senior Civil Service，SCS）职位评价体系中。这一方法于 1997 年、2003 年和 2007 年进行修订完善，以确保其价值（高级公务员职位评价的相关因素和层级描述等）能够持续反映高级公务员职位的核心要求。

JESP 的主要目的是为了给高级公务员定薪酬宽带级别提供一个公平、一致的方法。《高级职位评价实践指南》旨在帮助 JESP 的使用者实现这一目的。它借鉴了相关部门的经验。

高级公务员负责领导整个公务员队伍，确保政府目标得以实现。无论是在个体层面还是在集体层面，高级公务员的核心要义是为部门内部与跨部门的政策制定和服务的有效提供明确方向。以分析性工作评估为基础的薪酬制度是推动公务员队伍实现政府目标的基本要素。

---

① 资料来源：https：//www.gov.uk/government/publications/job-evaluation-for-senior-posts-good-practice-guide。

2. 分类程序

在运用 JESP 进行职位评价时，分两种情况：一是书面评价；二是全面评价。只有在问题明确的情况下采用书面评价的方式，而当职位可能出现复杂或有争议的问题时，则应该对职位进行全面评价。两种评价方式的关键步骤有所不同。

大多数部委的 JESP 评价都是书面评价。书面评价过程包括以下关键步骤：（1）考虑需要与工会交流哪些信息；（2）评估者在与公务员及管理人员进行讨论后获得工作描述和职位分析表（Job Analysis Form，JAF）；（3）两位评估者。对匿名的职位概况进行评分，就出现的分歧进行讨论并最终达成一致；（4）由高级管理人员或正式授权代表他们的评估人员签署结果。

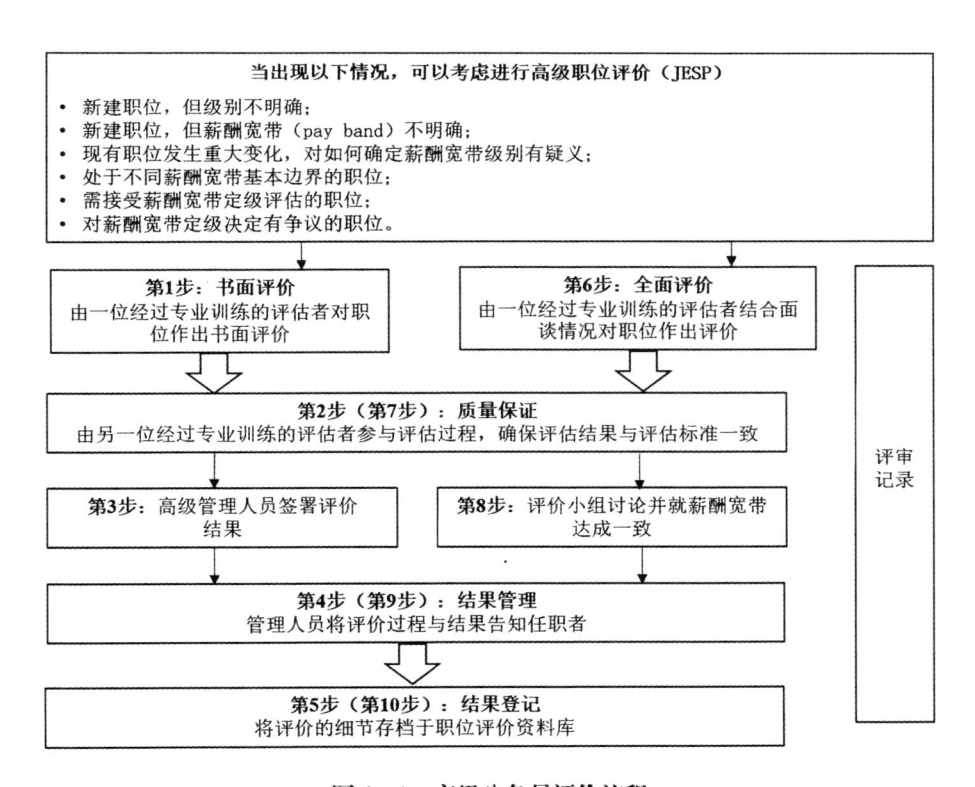

当出现以下情况，可以考虑进行高级职位评价（JESP）
- 新建职位，但级别不明确；
- 新建职位，但薪酬宽带（pay band）不明确；
- 现有职位发生重大变化，对如何确定薪酬宽带级别有疑义；
- 处于不同薪酬宽带基本边界的职位；
- 需接受薪酬宽带定级评估的职位；
- 对薪酬宽带定级决定有争议的职位。

第1步：书面评价
由一位经过专业训练的评估者对职位作出书面评价

第6步：全面评价
由一位经过专业训练的评估者结合面谈情况对职位作出评价

第2步（第7步）：质量保证
由另一位经过专业训练的评估者参与评估过程，确保评估结果与评估标准一致

第3步：高级管理人员签署评价结果

第8步：评价小组讨论并就薪酬宽带达成一致

第4步（第9步）：结果管理
管理人员将评价过程与结果告知任职者

第5步（第10步）：结果登记
将评价的细节存档于职位评价资料库

评审记录

图 4—1 高级公务员评价流程

JESP（高级职位评价）全面评价的关键步骤如下：

首先是收集证据，包括：（1）考虑需要与工会交流哪些信息（注：工会在职位评价中有参与权）；（2）经由任职者填写并由其上级认可的职位分析表（Job Analysis Form，JAF）；（3）经过专业训练的评估者与任职者进行面谈；（4）评估者起草职位概况；（5）任职者及其上级对职位概况进行评价；（6）评估者对职位概况进行补充修正；（7）任职者及其上级认可该职位概况描述。

其次是打分：（1）评估者就 JESP 中的相关因素对职位概况进行打分；（2）评估小组就职位概况展开集体讨论，并达成一致。

3. 主要因素

JESP（高级职位评价）主要涉及以下 5 个因素：

（1）人员管理（Managing People）：即直接管理的下属数量、工作类别、工作地点和工作部署，与任职者对其管理职责的贡献度。

（2）职责程度（Accountability）：即任职者对资源、决策、提供建议、业绩和结果负责任的程度。

（3）决策权限（Judgement）：即所适用的决策类型、所需的创造力水平以及决策对任职者所产生的影响。

（4）影响力（Influencing）：即通过非直接管理链达成工作结果的相关要求。这可能包括内外部的谈判、说服、代表性活动和/或协调。

（5）专业能力（Professional Competence）：即有效执行该职位工作所需的核心能力，包括任何强制性资格要求，以及任职者必须提供何种程度的投入（而不是管理其他"专家"）。

（三）一般公务员的职位评价

1. 一般公务员职位评价依据

当前，普通公务员职位类别划分的依据是《职位评价与定级实践指南》[①]，该指南旨在提高和保持将评价与定级系统应用于实践的意识，该实践指南用于指导 Senior Civil Service（SCS）以下职位（即 6 级以下职位，从行政助理 AA 到 Grade 6&7）的评价与定级。

该指南将替代之前所有的 JEGS 指南版本，这一转变反映了职位评价

---

① https：//www.gov.uk/government/publications/job－evaluation－and－grading－support－jegs－for－civil－servants.

政策从由部门负责到由政策规定的转变，以前由内阁办公厅专门负责，现在改由公务员就业政策（Civil Service Employee Policy，CS Employee Policy）进行规定。新版本的变化还包括针对备受争议的书面评价、职位评价库和审核决议提出的新的意见建议。

分析方法学是职位评价系统得以有效运用的关键。分析系统将职位分解为明确的部分，然后根据一组通用的标准（或因素）进行测量。JEGS 是一个以分数为基础的分析系统，旨在识别高级公务员（SCS）以下公务员职位的核心价值。

2. 分类程序

在运用 JEGS 进行职位评价时，分两种情况，一是书面评价；二是全面评价。只有在问题明确的情况下采用书面评价的方式，而当职位可能出现复杂或有争议的问题时，则应该对职位进行全面评价。两种评价方式的关键步骤有所不同。

大多数部委的 JEGS 评价都是书面评价。书面评价过程包括以下关键步骤：（1）考虑需要与工会交流哪些信息；（2）评估者在与公务员及管理人员进行讨论后获得工作描述和职位分析表（Job Analysis Form，JAF）；（3）两位评估者对匿名的职位概况进行评分，就出现的分歧进行讨论并最终达成一致；（4）由高级管理人员或正式授权代表他们评估人员签署结果。

JEGS（职位评价与定级）全面评价的关键步骤如下：

首先是收集证据，包括：（1）考虑需要与工会交流哪些信息（注：工会在职位评价中有参与权）；（2）经由公务员填写并由管理人员认可的职位分析表（Job Analysis Form，JAF）；（3）经过专业训练的评估者与公务员进行面谈；（4）评估者起草职位概况；（5）公务员及管理人员对职位概况进行评价；（6）评估者对职位概况进行补充修正；（7）公务员及管理人员认可该职位概况描述。

其次是打分：（1）评估者使用 JEGS（职位评价与定级）软件对职位概况进行打分；（2）评估小组就职位概况展开集体讨论，并达成一致。

3. 主要因素

JEGS（职位评价与定级）主要涉及以下 7 个因素：

（1）知识与技能（Knowledge and Skills）：即承担该职位所需的知识、

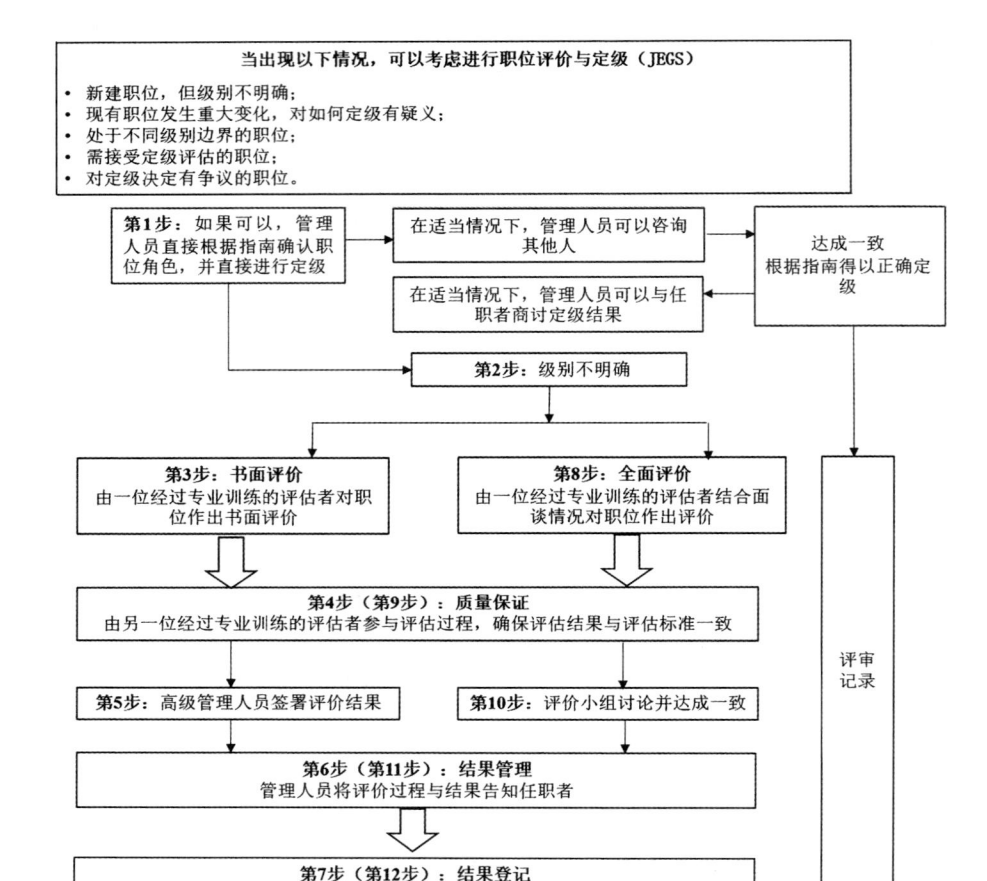

```
┌─────────────────────────────────────────────────────────────┐
│         当出现以下情况，可以考虑进行职位评价与定级（JEGS）    │
│  • 新建职位，但级别不明确；                                   │
│  • 现有职位发生重大变化，对如何定级有疑义；                   │
│  • 处于不同级别边界的职位；                                   │
│  • 需接受定级评估的职位；                                     │
│  • 对定级决定有争议的职位。                                   │
└─────────────────────────────────────────────────────────────┘
```

图4—2　一般公务员职位评价流程

技能和相关工作经验。

（2）交流与沟通（Contact and Communications）：即为完成职责所需进行的交流与沟通。不包括工作组内部的联系，但包括与机构内部的交流、与其他政府机构间的交流以及与机构外部的交流（如地方政府机构、服务对象以及其他公共部门）。

（3）问题处理（Problem Solving）：即处理问题的深度、广度、频率以及所需的分析与判断能力。

（4）决策权（Decision Making）：即该职位所需独立作出的日常决策

（不需要其他人批准）及其频率；对其他人决策的决定/建议权限。

（5）自主权（Autonomy）：即从高级主管、规章制度、先例和手册能得到的指导。

（6）资源管理（Management of Resources）：即涉及预算、设备和其他资源的管理；团队管理；对员工或完成任务负直线管理职责的范围和程度。

（7）影响力（Impact）：即该职位对机构的影响程度及产生影响的时间。

第四节　现行公务员分类管理

在介绍公务员分类管理之前，有必要介绍成功者特征分析框架（Success Profiles Framework）。根据公务员队伍建设计划中的承诺，英国正在引入成功者特征分析框架，以吸引和留住来自各行各业有才华和有经验的人才。成功者特征分析框架取代了自2013年4月至2019年年初使用的公务员能力框架（Civil Service Competency Framework，CSCF），在公务员分类管理中起到了重要作用。成功者特征分析框架适用于所有公务员，但会因类别、级别和岗位的不同而有所不同。这为公务员分类管理奠定了基础。

一　成功者特征分析框架

成功者特征分析框架使公务员录用不再使用纯粹基于胜任力（Civil Service Competency Framework）的评估系统。它引入了一个更灵活的框架，使用多种甄选方法针对一系列要素评估候选者。这将为实现人岗匹配提供最好的机会，提升绩效，提高多样性和包容性。[①]

成功者特征分析框架有5个要素，分别是：（1）行为，即在工作中产生有效表现（良好绩效）的行动和活动；（2）优势，即我们经常做、做得好的事情和激励我们的事情；（3）能力，即达到要求标准的能力

---

① Success Profiles Overview, https：//assets. publishing. service. gov. uk/government/uploads/system/uploads/attachment_data/file/717279/Success_Profiles_Overview_2018. pdf.

或潜力；（4）经验，即通过参与或接触某类活动或课程而获得的知识或掌握程度；（5）技术，即特定专业技能、知识或资格的证明。并非所有要素都与每个职位相关，成功者特征会因类别、级别和岗位的不同而有所不同。

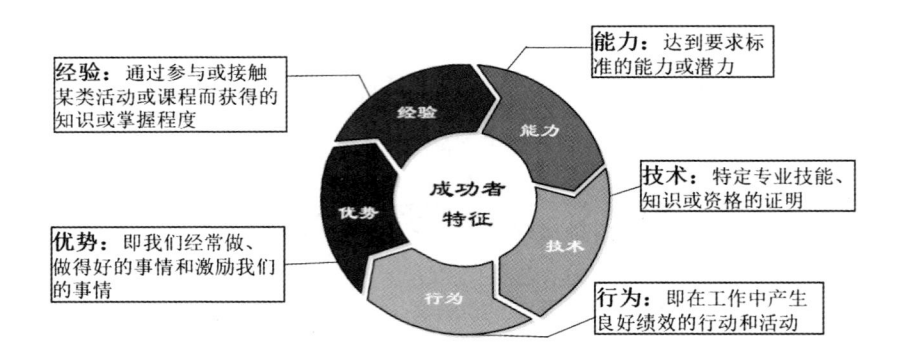

图 4—3　成功者特征分析框架①

（一）行为

公务员的行为与工作岗位的级别有关。之所以评估行为，是因为行为有助于预测公务员在特定岗位中的表现。评估公务员的行为可以从着眼大局、改变与改进、作出有效决定、领导力、沟通和影响、一起共事、自我开发和开发他人、管理优质服务、快速服务 9 个方面入手。其中，着眼大局意味着：了解你的岗位如何适应并支持组织目标；认识到更广泛的公务员工作重点，确保工作符合国家利益。改变与改进意味着：寻找创造有效改变的机会，并提出改进的创新想法；回顾工作方式，包括寻求和提供反馈。作出有效决定意味着：使用证据和知识来支持准确的、专家的决定和建议；仔细考虑备选方案、影响和决策风险。领导力意味着：表现出对公共服务的自豪感和热情；创造并让他人参与实现共同愿景；重视差异、多样性和包容性，确保所有人的公平和机会。沟通与影响意味着：以清晰、正直和热情的方式传达目标和方向；尊重他人的需求、反应和意见。一起

---

① Success Profiles Candidate Overview，https：//assets. publishing. service. gov. uk/government/uploads/system/uploads/attachment_data/file/744219/Success‐Profiles‐Candidate‐Overview. pdf.

共事意味着：与来自不同背景的内部和外部人员建立有效的伙伴关系，共享信息、资源和支持。自我开发和开发他人意味着：专注于自我、他人和整个组织的持续学习和发展。管理优质服务意味着：以职业、专业和高效的态度，满足不同客户的需求，实现服务目标。快速服务意味着：负责以专注和动力提供及时和高质量的结果。①

不同的级别对应不同的行为。成功者特征分析框架针对6个不同级别（1级—AA和AO或同等级别、2级—EO或同等级别、3级—HEO和SEO或同等级别、4级—G7和G6或同等级别、5级—副局长或同等级别、6级—局长或总干事），就行为的9个方面提出了不同的要求。级别越高，要求也越高。

（二）优势

公务员的优势与工作岗位的级别无关。之所以评估优势，是想了解公务员与组织或工作岗位是否匹配，这样更有可能在工作岗位表现良好并享受工作。评估优势主要看三个方面：（1）表现，可以在一项活动/行为上表现出很高的能力或熟练程度；（2）参与，当做一件事的时候，会感到有动力、有热情、有力量；（3）使用，有规律地、尽可能频繁地进行这项活动。优势对应于最相关的公务员行为，但如果适合该岗位，可以评估任何优势。这些优势与最相关的公务员行为相对应，但任何优势都可以被评估是否与特定的岗位相匹配。

成功者特征分析框架运用以下词汇体现行为要素9个方面的优势：（1）着眼大局：挑战者、使命、战略、有远见的；（2）改变与改进：适应性强、勇敢、变革的发动机、提高者、问题解决者、有弹性的；（3）作出有效决定：分析型、果断、预防者、问题解决者；（4）领导力：自信的、变革发动机、包容的、激励者、团队领导、有远见的；（5）沟通和影响：真实的、情商高的、解释者、包容的、影响者；（6）一起共事：挑战者、情商高的、包容的、协调者、联络人、关系建设者、团队建设者、调解者；（7）自我开发和开发他人：推动者、解释者、包容的、学习者；（8）管理优质服务：自律的、高效的、专注的、组织者、精准的、

---

① Success Profiles—Civil Service Behaviours，https://assets.publishing.service.gov.uk/government/uploads/system/uploads/attachment_data/file/717275/CS_Behaviours_2018.pdf.

预防者、以服务为中心的；（9）快速服务：适应性强的、自律的、促进变化的人、专注的、组织者、有弹性的、负责的。①

（三）能力

之所以评估能力，是希望通过了解公务员在干某一特定类型工作的能力，以帮助预测其未来的工作表现。②

（四）经验

之所以评估经验，是因为高级岗位或专业岗位通常需要经验。经验通过以前在某个特定领域取得的成绩或积累的知识等反映。不是看在某个领域工作了多长时间，而是表现如何。有时经验可以从非工作环境中转移。通过志愿工作或爱好获得的技能（如团队合作或沟通），可以证明该职位所需的经验。③

（五）技术技能

之所以评估技术技能，是因为专业类别中的岗位有时是专业化的，需要有特定的技能、知识或资格才能开展工作。一个专业岗位的例子是政府财政部门的工作，可能会要求具备会计资格，并了解政府内部管理财务的方式。④

公务员队伍有超过20个专业类别，岗位分布广泛，其中一些岗位专业性很强。这些岗位所需的具体技术技能、知识或资格将由每个专业负责人规定。

二　公务员分类考录

1996年，英国开始对一般公务员和高级公务员实行分别管理。普通公务员的考录在中央政府所制定的《2010年宪法改革和治理法案》和公

---

① Success Profiles—Civil Service Strengths Dictionary, https：//assets. publishing. service. gov. uk/government/uploads/system/uploads/attachment_data/file/717274/CS_Strengths_2018. pdf.
② Success Profiles—Civil Service Ability, https：//assets. publishing. service. gov. uk/government/uploads/system/uploads/attachment_data/file/744222/Success－Profiles－Civil－Service－Ability－vFV. pdf.
③ Success Profiles—Experience, https：//assets. publishing. service. gov. uk/government/uploads/system/uploads/attachment_data/file/744221/Success－Profiles－Experience－vFV. pdf.
④ Success Profiles—Technical, https：//assets. publishing. service. gov. uk/government/uploads/system/uploads/attachment_data/file/744220/Success－Profiles－Technical－vFV. pdf.

务员委员会发布的招聘原则的框架内，授权由各部门首长负责，由各机关自行办理。① 高级公务员的招录须经"公务员考录委员会"监督及"内阁办公室"核准后办理。

（一）英国公务员考录概述

公务员可以从外部招录，也可以从内部招录。每一个公务员职位在开放给公众申请前，都会先有三轮内部选拔，为的是先提拔内部员工，或将冗余的人员调配至缺人手的部门。高级公务员职位的招录必须全部对外部开放。普通公务员中，AO/AA、EO、HEO/SEO 三个级别的公开招录较多。

成为英国公务员的途径主要有三种：一是学徒制项目（Apprenticeships），二是快速升迁项目（Civil Service Fast Stream），三是直接申请空缺岗位（'Direct Entry' route by Applying for Live Vacancies）。其中，前两类针对毕业生群体，第三类针对非毕业生群体。

"学徒制"项目申请起点低，高中毕业就可以，而且 GCSE（英国高中毕业考试，相当于中国高中会考）成绩要求达到 C 以上即可。自 2015 年以来，学徒制项目招录了 40000 多名学徒，分布在不同地点、部门和专业。②

"快速升迁项目"是英国公务员的研究生发展项目，旨在培养未来的公务员领袖。快速升迁主要针对在校大学生群体。这个词过去只适用于招聘"通才"——即非专业人士：那些在英国政府各部门与大臣们工作最密切的人，但现在它也是招聘各类专家的主要途径。③

2021 年英国快速升迁项目招录情况如下：

表4—13　　　　　2021 年英国快速升迁项目招录情况　　　　单位：人

类别	职位数	注册人数	第一志愿	建议录用	成功率
通才	332	9746	9437	404	4.3%
统计	42	746	713	54	7.6%

---

① CIVIL SERVICE MANAGEMENT CODE, https://assets.publishing.service.gov.uk/government/uploads/system/uploads/attachment_data/file/566900/CSMC_November_2016.docx.

② https://www.civil-service-careers.gov.uk/apprenticeships/.

③ https://www.faststream.gov.uk/.

续表

类别	职位数	注册人数	第一志愿	建议录用	成功率
经济	111	1453	1406	84	6.0%
社会研究	31	4461	4323	26	0.6%
运营研究	30	469	457	44	9.6%
外交	28	16314	15872	27	0.2%
数字、数据与技术	83	4234	4071	100	2.5%
商业	37	2456	2371	40	1.7%
财政	38	3342	3241	38	1.2%
人力资源	57	4899	4711	67	1.4%
项目服务	79	3887	3752	103	2.7%
科学与工程	44	2729	2628	51	1.9%
议会	4	4319	4188	4	0.1%
资产管理	25	2503	2433	30	1.2%
合计	941	61558	59603	1072	1.8

资料来源：Civil Service Fast Stream：recruitment data 2021，[EB/OL]. [2022-04-20]。https：//assets. publishing. service. gov. uk/government/uploads/system/uploads/attachment _ data/file/1039977/2021 – CS – Fast – Stream – External – Annual – Report – Tables – pdf – 15. 11. 21. pdf

注：成功率等于建议录用人数除以第一志愿报考人数的百分比。每个人最多可以填报4个职位。

无论哪种途径，成为英国公务员的申请流程均与申请一般的工作大致相同，都要经历如下流程：发布招聘信息—候选人填写申请表—筛简历—网上测试—结果与反馈—面试—确定录用人员名单—任前检查—正式录用（高级公务员需签订正式合同）。

（二）评估方式

1. 针对成功者特征分析框架各要素的评估方式

公务员管理部门利用"成功者特征"提供灵活的招聘方式，为实现人岗匹配提供最好的机会。公务员考录涉及成功者特征分析框架中的5个要素，各要素均有相应的评估方式。行为可以在招聘过程的不同阶段以多种方式进行评估，包括：申请表、简历、公务员判断测试、面试、演示、实际业务演练、笔头分析/练习、性格测试、工作相关模拟、组织运动/讨论、角色扮演、口头简报、评估中心等。

优势可以通过多种方式进行评估，如：面试、录制视频采访、定制情境优势测试、模拟评估、性格测试等。

能力可以通过心理测试来评估，通常是在网上进行测试。能力可以在招聘过程的各个阶段进行评估，但通常在一开始就进行评估。公务员考试中最常见的考试有：（1）语言测试（VRT）—评估语言能力；（2）数字测试（NRT）—评估数字能力。考试会自动评分，候选人会被告知是否达到及格标准。

经验可以通过申请表、简历、面试等途径来评估。

用于评估技术水平的评估方法主要包括：申请表、简历、面试、技术演示和练习、技术测试、演示、工作样本、实际业务演练、工作相关的模拟、口头简报练习、笔头分析/练习、评估中心等。许多专业类别都建立了职业发展框架（Career Framework），旨在评估该类别中的专业岗位所需的特定技能、资格和知识。如果申请的岗位属于某个专业类别，有关该岗位技术要求的额外信息将包含在工作描述中。如果专业部门对特定资格或会员资格有要求，候选人可能会被要求提供资格证书或会员资格证书。

不同的岗位要求不同，评估有可能针对某些要素，也有可能针对全部要素，以更全面地了解候选人是否适合特定岗位。

2. 针对特定岗位候选人的评估方式

候选人评估方式有多种，采用哪种方式取决于申请的职位类型和级别。使用一系列评估方法有助于用人部门更准确地将人员与工作的基本要求相匹配。例如，候选人可能会被要求填写申请表或提供简历和支持声明，这可能有助于用人部门评估候选人的经验、技术资格和行为，或者候选人可能是被要求参加评估中心或完成在线测试以评估其能力。通常会使用这些方法的组合，并且可以在同一评估方法中测试多个要素。工作描述中包含将评估哪些要素以及如何根据这些要素评估候选人的详细信息。①

评估方式的一些例子：

（1）申请表。公务员行为是根据工作岗位的级别水平量身定制的，但不会要求你展示一个岗位的所有公务员行为。候选人可以使用公务员行为中给出的示例来思考之前展示过所描述行为的情况。这可能是在工作中或其他地方，例如工作经验、志愿服务或与爱好有关。不要假设招聘主管会知道或理解候选人所面临的情况，候选人需要确保清楚示例如何满足被评估的行为。

（2）简历和/或支持声明。候选人可能会被要求提交一份简历（有时是一份支持性声明）以及一份申请表，或者代替一份申请表。候选人的简历是展示自己的技能、经验和成就的首要机会之一，可用于筛选申请者以进入进一步的招聘阶段。可能会要求候选人以匿名格式提供的简历，其中会省略某些可用于识别候选人的信息，例如姓名、年龄或性别。候选人可能还会被要求仅包括与申请的职位相关的教育资格，例如专业资格。这是为了确保过程是公平的，并且在选择的过程中不考虑不相关的信息。如果候选人被要求提供支持性声明，候选人应该以此为契机进一步强调如何满足工作描述中规定的标准。

（3）在线测试。作为招聘过程的一部分，候选人可能会被要求完成一项或多项在线测试。候选人通常会收到一个链接，指向要完成测试的网站。这些测试有助于确定候选人是否具备该职位所需的技能，并评估候选人是否适合公务员通常从事的工作类型。候选人将被要求完成的测试数量和类型取决于候选人申请的职位类型。候选人通常可以在特定天数内的任何时间参加考试，这将在发送的电子邮件中列出。在参加考试之前，候选人还可以尝试一些练习题。测试可能是定时的，因此候选人应该确保在开始评估之前可以全神贯注。

（4）面试。评估过程通常会涉及面试。通常这将是面对面的，但有时会使用电话或录音采访。所有面试的目的都是一样的：评估候选人是否

---

① Success Profiles Candidate Overview. 见 https://assets.publishing.service.gov.uk/government/uploads/system/uploads/attachment_data/file/744219/Success-Profiles-Candidate-Overview.pdf。

适合这个职位。它通常会持续 30—60 分钟，并且可能会要求描述展示某种技能或行为的特定场合。在参加面试之前，请仔细查看工作描述，并考虑之前展示过所概述行为的时间示例。候选人可能还希望考虑将来如何处理类似情况。候选人也可能会被问及对什么感兴趣以及喜欢做什么。这些问题将帮助面试小组评估候选人的优势和首选的工作方式。公务员优势词典将使候选人了解用人部门在公务员中寻找的优势，尽管候选人永远不会被期望为一个工作岗位展示所有这些优势。在面试之前，候选人反思一下自己的个人优势和喜欢的工作方式会很有帮助。

（5）演示。作为评估过程的一部分，候选人可能会被要求进行演示。可能会提前告诉候选人演示的主题以便准备，或者可以在当天给候选人。演讲的主题可能是也可能不是候选人熟悉的领域，候选人可能会获得一些额外的材料帮助其做好准备。邀请候选人参加评估的信函将详细说明演示将采用的格式、允许的练习时间以及是否需要讲义或演示幻灯片。评估者也可能会就候选人的演示文稿询问更多问题。这些可能侧重于主题，但也可能涵盖候选人为评估做准备的方式。

（6）评估中心。评估中心通常由多种选择方法的组合组成，例如面试、演示和在线测试。通常会在邀请候选人到评估中心的信函中详细说明将使用哪些选择方法以及当天会发生什么。

（三）在线测试

在线测试是公平、一致和透明地评估人员的有效方法，是公务员考录中的重要环节。当候选人申请公务员职位时，一般会使用心理测试对候选人进行评估。常用的测试有 7 种：（1）公务员语言测试（Verbal Test）；（2）公务员数字测试（Numerical Test）；（3）公务员判断测试（Judgement Test）；（4）公务员管理判断测试（Management Judgement Test）；（5）公务员工作优势测试（Work Strengths Test）；（6）客户服务技能测试（Customer Service Test）；（7）个案工作技能测试（Casework Test）。[①]

1. 各类测试项目的适用对象范围

各类在线测试项目的使用对象范围的区别如下。

---

① Guidance—Civil Service online tests. 见 https：//www.gov.uk/guidance/civil－service－online－tests。

表4—14　　　　　　各类在线测试项目的适用对象范围

在线测试项目	AA/AO	EO	HEO/SEO	G6/G7	是否有时间限制
判断测试	适用	适用	适用	仅适用G7	不限时
数字测试	适用	适用	适用	适用	不限时
语言测试	适用	适用	适用	适用	不限时
管理行为测试	不适用	适用	适用	不适用	不限时
工作优势测试	适用，AA/AO/EO测试要求相同		适用，HEO/SEO/G6/G7测试要求相同		不限时
个案工作技能测试	仅适用AO	适用	不适用	不适用	限时
客户服务技能测试	适用	适用	不适用	不适用	限时

资料来源：Selecting online tests，https：//www.gov.uk/guidance/selecting-online-tests-vx。

所有可用的测试都与招聘人员相关，无论招聘规模大小，还是内部、外部、级别调动或晋升。使用一个或多个测试的决定是自主的，每项测试的主要目的是通过筛选表现最差的申请人，帮助选择最有可能成功的申请人。

1. 公务员语言和数字测试

语言和数字测试用于评估成功者特征分析框架中的能力，两个测试分别用于测量一般智力，被认为是所有工作级别和所有工作领域中最能预测工作表现的指标。语言能力测试候选人识别相关信息并从书面信息中得出逻辑结论的能力。数字能力测试评估候选人进行计算、评估和解释数字信息以解决问题的能力。根据候选人申请的工作，可能会被要求完成语言测试、数字测试或两者都要完成。[①]

2. 公务员判断测试（Judgement Test）

公务员判断测试用于评估成功者特征分析框架中的行为，是一种在线情境判断测试。它衡量候选人对特定公务员行为的判断和决策能力，这些行为对所选工作的成功至关重要。测试分为两个部分。在第一部分，候选人将被问及在工作中的典型行为和偏好。候选人必须评估其在工作场所的

---

① Guidance—Preparing for the Civil Service Verbal and Numerical tests. 见 https：//www.gov.uk/guidance/preparing-for-the-civil-service-verbal-and-numerical-tests。

雄心、积极性和灵活性。这部分是自我评估，占 CSJT 总分的 15%。在第二部分中，候选人将查看各种工作场所场景以及一系列可能的操作。候选人必须阅读场景，然后为每个操作提供有效性（四个选项：适得其反、无效、有用、效果较好）评级。候选人只会看到与申请的工作级别相关的场景。[1]

3. 公务员管理判断测试（Management Judgement Test）

公务员判断测试也用于评估成功者特征分析框架中的行为，是一个在线情景判断测试。该测试用于确定申请执行官（EO）和高级执行官级别（HEO/SEO）职位的人员的管理判断技能。它评估的是候选人在日常管理中表现出的判断和决策能力。测试中衡量五个方面的行为：（1）协作：授权和发展他人，团队合作，分享知识；（2）果断：利用证据作出有效和公平的决定；（3）同理心：考虑到别人的需要和感受，以冷静和有弹性的方式行事；（4）自信：坚定信念，承担责任，设定期望；（5）敏捷：有自我意识，能够快速适应变化。候选人将查看各种工作场所场景以及一系列可能的操作。[2]

4. 公务员工作优势测试（Work Strengths Test）

公务员工作优势用于评估成功者特征分析框架中的行为。该测试是对候选人的优势进行测试——经常做什么，哪些事情做得好以及是什么激励候选人。根据候选人申请工作级别的不同，采取不同的测试。

申请行政助理到执行官级别（AA/ AO/ EO）岗位的候选人在测试中所要衡量的优势包括：（1）分析/问题解决者；（2）关系建立者/团队成员；（3）适应性强/解释者；（4）组织者/果断；（5）以服务为中心/专注。

申请高级执行官到 6 级（HEO/ SEO/ G6/ G7）职位的候选人在测试中所要衡量的优势包括：（1）分析/问题解决者；（2）关系建立者/团队负责人；（3）适应性/弹性；（4）解释者/影响者；（5）组织者/战略。

---

[1] Guidance—Preparing for the Civil Service Judgement Test. 见 https：//www. gov. uk/guidance/preparing‐for‐the‐civil‐service‐judgement‐test。

[2] Guidance—Preparing for the Civil Service Management Judgement Test. 见 https：//www. gov. uk/guidance/preparing‐for‐the‐civil‐service‐management‐judgement‐test。

测试分为三个部分。在第一部分，候选人会被问及在工作中的典型行为和偏好，例如"当别人不理解我的想法时，我觉得很沮丧"。然后，候选人需评估对这些陈述的同意或不同意程度，范围可以从"非常同意"到"非常不同意"。在第二部分，候选人将查看各种工作场所场景以及一系列可能的操作。候选人必须阅读场景，然后为每个操作提供有效性评级（四个选项：适得其反、无效、有用、效果较好）。第三部分与第二部分类似，但不是为每个行动提供有效性评级，候选人需要说明最有可能采取的四项行动中的哪一项，以及最不可能采取的行动。①

5. 客户服务技能测试（Customer Service Test）

客户服务技能测试用于评估成功者特征分析框架中的技术技能，是对候选人与客户服务岗位相关的技能和能力的在线测试，并提供对公务员此类岗位通常涉及的内容的真实预览。该测试评估候选人三方面的技能和能力：（1）管理难缠服务对象的能力；（2）对在公务员工作中可能遇到的各种情况的判断和决策能力；（3）对细节的关注以及在特定条件下快速准确地工作的能力。该测试用于招聘行政助理/行政干事和执行官级别（AA/ AO/ EO）的客户服务人员。

测试分为三部分。在第一部分，候选人将回答一系列客户服务问题。每个场景都将包括一些情况背景和与服务对象的交流。在第二部分，候选人将查看客户服务设置中的一系列工作场所场景，以及一系列可能的操作，然后为每个操作提供一个有效性评级。第三部分是计时测试，评估候选人在时间压力下快速准确工作的能力。候选人有 10 分钟的时间来完成这个部分。②

6. 个案工作技能测试（Casework Test）

个案工作技能测试也用于评估成功者特征分析框架中的技术技能，测试候选人在担任个案工作时的技能和能力，并让候选人对公务员在这类工作中通常需要具备的技能有一个真实的预览。该测试评估候选人三方面的

---

① Guidance—Preparing for the Civil Service Work Strengths Test. 见 https：//www. gov. uk/guidance/preparing – for – the – civil – service – work – strengths – test。

② Guidance—Preparing for the Customer Service Skills Test. 见 https：//www. gov. uk/guidance/preparing – for – the – customer – service – skills – test。

技能和能力：(1) 处理来自各种来源的信息的能力，并利用候选人的主动性有效地分析情况；(2) 对在公务员工作中可能遇到的各种情况的判断和决策能力；(3) 对细节的关注和在特定条件下快速准确地工作的能力。该测试用于录用行政干事和执行官级别（AO 和 EO）的个案工作职责的人员。

测试分为三个部分。在第一部分，候选人将看到一个场景和一系列相关的背景信息，例如客户电子邮件、信件、同事的消息等。候选人的任务是查看场景和背景信息，然后阅读一些关于场景的陈述。对于每项陈述，候选人必须根据所提供的信息判断其真伪，并给出正确答案。在第二部分，候选人将查看个案工作环境中的各种工作场所场景，以及一系列可能的操作。候选人必须阅读场景，然后为每个操作提供有效性评级。第三部分是计时测试，评估候选人在时间压力下快速准确工作的能力。候选人有10分钟的时间来完成这个部分。①

三　公务员分类考核

由于分权，英国普通公务员的考核在中央政府所制定之公务员管理的标准和原则架构下，授权各部首长负责。统一的考核只针对高级公务员开展。

在对高级公务员的表现进行考核时，必须考虑他们"做了什么"以及"如何做的"。管理者应使用以下标准判断目标是否达到、未达到或超出预期：(1) 他们达成了什么目标？即是否实现了共同框架的业务交付、财务/效率和人员/能力（包括多样性和包容性）部分的目标，以及达到了什么程度。这些目标必须反映在相关单一部门计划（Single Departmental Plan，SDP）中作出的承诺。预计适用于工作人员岗位的每个部门目标都反映在工作人员的目标中，并且有明确的责任。如果 SDP 中有财务/效率目标，则必须在此类别下反映出来。(2) 目标是如何实现的？即根据《领导力声明》《成功者特征分析框架》中要求的行为，其展现出相关行为的程度以及他们的部门或专业的多元化和包容性战略中展示的行为的程

---

① Guidance—Preparing for the Casework Skills Test. 见 https：//www.gov.uk/guidance/preparing-for-the-casework-skills-test。

度，包括他们如何管理他们负责的资源（人员和财务）。评价内容主要涉及业务表现、财务与效率、人员与能力、组织贡献 4 个方面，[1] 并从这 4 个维度设置考核目标：每一个维度至少需要有一个延伸指标，人员与能力维度之下至少要有多元化与包容性目标。

（一）业务表现

与这些标准相关的实际表现将被全面考虑。例如，以牺牲良好的团队领导为代价达成业务结果，或者以管理不善为代价来达成业务目标都是不能接受的；应体现公务员价值观——个人有遵守《公务员守则》的义务，领导者应体现这些价值观；还应根据实际考虑实现目标的难易程度。

1.《领导力声明》[2] 对高级公务员行为的要求

体现了公务员期望其领导表现出的三个关键特征：

（1）鼓舞人心——关于工作及其未来。表现出对公共服务的自豪和热情，以清晰和热情传达目标和方向；重视并树立专业卓越和专业知识的典范；奖励创新和主动性，确保下属既能从成功中学习，也能从失败中学习。

（2）自信——与大家相处。在沟通中直截了当、真实和坦诚，解决紧张局势和解决分歧；提供清晰、诚实的反馈，支持团队取得成功；成为团队合作者，不会容忍保护孤岛和部门主义的不合作行为。

（3）授权——为团队成员赋权。为团队提供空间和权力来实现他们明确设定的目标；可见的、平易近人的，并欢迎挑战，无论多么令人不舒服；支持差异和外部经验，认识到它们带来的价值；投资于员工的能力，以在现在和未来发挥作用。

2.《成功者特征分析框架》对高级公务员行为的要求

成功者特征分析框架中的行为要求旨在补充已由公务员各职业/职能（Civil Service professions/functions）开发的职业胜任力框架的不足（pro-

---

[1] Cabinet Office. Performance Management arrangements for the Senior Civil Service ［April 2021］，资料来源：https：//assets. publishing. service. gov. uk/government/uploads/system/uploads/attachment_data/file/1068908/Performance_Management_Arrangements_for_the_Senior_Civil_Service__April_2021_. pdf。

[2] 资料来源：What is the Leadership Statement? https：//www. gov. uk/government/publications/civil – service – leadership – statement/civil – service – leadership – statement。

fessional competency frameworks that have been developed by the Civil Service professions/functions）。如果高级公务员属于某个专业类别，则应将 CS Behaviors 与它一起使用。不同级别的高级公务员行为要求不同。

对副局长或同等级别的高级公务员的行为要求如下：

（1）着眼大局。预测国内和国际层面的政治、经济、社会、环境和技术对本部门的影响。创建联合策略，并付诸实践，支持政府对未来的愿景。确定并塑造你的工作领域如何适应并支持组织的优先事项。深入了解受你工作领域和更广泛的公共部门背景影响的客户、服务、社区和市场。确保工作符合国家利益，同时满足所有终端用户的不同需求。

（2）改变与改进。挑战一贯的做事方式并提出改进建议，从经验中学习。寻求、鼓励和认可来自广泛人群的主动性和富有想象力的想法。营造一个让所有同事都能安全挑战的环境。鼓励可衡量的风险承担和创新，以提供更好的方法和服务。实施改进灵活性、响应能力和服务质量的变革。确保改进能为业务增加价值，并清楚地说明改进的必要方式和原因。引领向使用数字技术的转型，确保充分考虑无障碍需求和终端用户的多样性。有效地管理变更并对关键事件作出及时响应。建设性地挑战无益的变化。

（3）作出有效决定。果断行动，在战略层面作出大胆、公正的决定。理解广泛的政治和国家压力与影响，以制定符合组织目标的战略。清楚地传达建议和决定的目的与原因。必要时与他人协商，确保决策满足最终用户的不同需求。建设性地接受和回应挑战。明确建议的最佳选择，阐明其对经济、环境、政治和社会因素的风险和影响。

（4）领导力。保持所有同事和利益相关者的可见性和可接近性。在内部和外部积极提升组织的声誉。表现出对工作的激情和热情，帮助激励同事和利益相关者充分参与目标和长期愿景。建立包容与人人机会均等的文化，重视和尊重个人背景和经历的多样性。努力影响战略、方向和文化，以提高效率。

（5）沟通和影响。实施沟通策略，确保嵌入有效沟通并考虑到人们的个人需求。嵌入一种可以广泛使用现有基础设施的文化，以支持实现物有所值的各种沟通方式。以直截了当、诚实和真实的方式进行沟通，并考虑所使用方法的影响。面对艰难的谈判或挑战，坚定而清晰地沟通。在传达信息时尊重并考虑受众的多样性，并适当地传递这些信息。影响外部合作伙伴、利益相关者和客户，成功确保互惠互利的结果。

（6）一起共事。主动创建、维护和促进跨组织和外部的强大联系网络。嵌入一种包容的文化，创建积极和支持团队，考虑其他同事的不同需求和感受。确保考虑和支持组织内所有个人的福祉。明确欺凌、骚扰和歧视是不可接受的。鼓励和建立跨界共享知识和资源的机制，以支持业务。鼓励团队与各种交付合作伙伴和利益相关者互动，听取他们的反馈并采取行动。

（7）自我开发和开发他人。提供一系列经验以鼓励所有人的发展、人才和职业管理。树立榜样，不断自我学习和发展，评估有效性并计划下一步。确保同事对自己的学习和发展负责。为同事提供与他人分享知识和技能的机会，以提高组织效率。通过辅导和指导分享自己的专业知识，以支持团队取得成功。创造一个包容性的环境，让所有人都能在其中发展，无论他们的需求或背景如何。提供战略以提高所有群体的可持续发展能力，包括那些具有高潜力的群体，并确保这些战略解决多样性的不平衡问题。

（8）管理优质服务。澄清和阐明服务对象和交付合作伙伴的不同要求。利用服务对象洞察力推动高质量和高效的服务交付，这是纳税人的一项良好投资。与服务对象和交付合作伙伴协作管理、监控和交付商定的结果。确定需要改进的领域并进行适当的更改以达到专业卓越。将复杂的目标分解为清晰、实用和可管理的计划。确定支持实施的资源需求。确保监控和管理风险，以尽可能防止服务交付出现问题。

（9）快速交付。将战略重点转化为管理人员和团队明确的以结果为中心的目标。提高组织的应变能力和响应能力。实现自己的目标，同时确保其他人对他们的领域负责。建立一种包容的文化，让人们有空间和权力来实现他们的目标，同时确保在需要时提供适当的支持。为人们保持对优先事项的关注，同时快速响应不断变化的需求而给予肯定。通过展示效率和专注，同时对新想法持开放态度并诚实面对挑战，成为交付的榜样。明确说明实现结果和解决意外发展所需的行动。确保所有适当的工具和资源为个人履行工作职责所用。

对局长和总干事的行为要求如下：

（1）着眼大局。深入了解政府和本部门的动态和问题。了解国内和国际层面的政治、经济、社会、环境和技术影响。确定该部门在公务员内部的位置并与整个公务员系统保持一致。确保团队了解他们在更广泛的业务中的角色。塑造部门在提供符合国家利益并满足所有利益相关者需求的公务员优先事项方面的作用和目的。制定明确的长期战略，专注于为国家增加价值，并作出超越公务员制度的真正、持久的改变。与政府高层充分沟通，支持战略决策。

（2）改变与改进。建设性地挑战整个公务员系统的官僚决策、资源分配结构和流程。努力简化使用数字技术创建有效组织的方法，确保充分考虑可访问性需求和各种终端用户。积极倡导和领导变革，寻求创新的方法、政策和系统，为组织增加价值。建立一种创新、灵活和响应能力强的文化，使部门能够迅速响应变化。要有信心承担可计算的风险，改变做事的方式。建立一种氛围，让所有的同事都能放心地挑战，没有恐惧。考虑变革对组织文化和更广泛的政府结构的全面影响。

（3）作出有效决定。在考虑广泛的政治、国家和国际压力的同时，制定部门或职能战略和优先事项。在作出决策时管理和减轻评估的风险和选项。在决策过程中表现出透明度，并创造一种文化，让其他人觉得能够挑战正在作出的决策。根据广泛可靠的分析，向部长和其他高级官员提供公正的基于证据导向的建议。必要时，能够作出不受欢迎的决定并在最高级别进行辩护。在提出建议或决策时，确保与合适的利益相关者尽早并持续接触。强调考虑最终用户不同需求的重要性。

（4）领导力。积极发展和维护公务员队伍的声誉，树立为公众服务的自豪感和热情。提出明确且重点突出的战略，并为未来指明方向。在公务员队伍内外的最高级别以引人注目、鼓舞人心和可信的方式行事。创造一个包容性的环境，重视多样性并为所有人提供平等的机会。积极参与辩论并解决模棱两可的问题，为部门争取最好的结果。

（5）沟通和影响。以诚实、正直、公正和客观的态度呈现与促进沟通。确保有支持各种通信方法的基础设施，这些通信方法具有成本效益并跟上数字技术的进步。培养一种文化，让同事在决定如何沟通和理解所选方法的影响时考虑人们的个人需求。以尊重、清晰和热情的方式传达目标和方向。克服反对意见，使部门的理想和宗旨得到认可。利用你的影响力在整个公务员队伍内部和外部发挥积极的作用。

（6）一起共事。推动包容和协作的工作文化，重视多样性，鼓励开放，平易近人和同理心。确保组织内所有员工的福祉得到重视。在最高层次上面对问题和挑战假设，不管有多不舒服，都要以自信而有建设性的方式。创造一种不接受欺凌、骚扰和歧视的文化。在政府最高层和非执行董事之间建立一个强大的、多样化的专业关系网络。通过改善委员会层面的治理以实现公务员目标，为公务员更广泛的利益采取行动。

（7）自我开发和开发他人。建立持续学习和知识分享的强大文化。强调充分发挥每个人潜能的重要性。制定解决机会平等和重视所有人的多样性的能力战略。制定并保持组织承诺，使个人能够为自己的学习负责。从战略角度确定组织现在和未来的能力需求。成为其他资深人士的优秀导师和教练。积极寻求反向指导的机会，以增加您对代表性不足的群体所面临挑战的知识和洞察力。评估自身的有效性并规划发展方式。

（8）管理优质服务。跨政府部门工作，确保向服务对象提供卓越的专业知识。确保部门对广泛的服务对象需求有深入和不断发展的理解。在广泛的战略层面与交付合作伙伴建立、协商服务水平和可交付成果。倡导物有所值，强调纳税人的钱要有良好回报。确保交付链的所有部分都充分了解服务对象所需的结果。确保参与交付的所有同事及利益相关者都清楚服务和沟通不佳对服务对象的影响。

（9）快速交付。为部门设定并保持明确的方向，重点突出优先事项以及项目和计划成果。界定和整合内部结构、系统和资源，以促进有效提供服务。根据不断变化的情况迅速调整优先级。无论外部挑战如何，使组织能够始终专注于核心优先事项。鼓励、支持和指导个人和团队继续专注于交付。在部门内推动绩效文化，为团队提供实现目标的空间和权力，同时让他们对结果负责。

（二）财务/效率

所有高级公务员必须确保公共资金和其他资源按照管理公共资金指南得到正确和有效的使用。在特殊情况下，如果高级公务员没有个人预算责任，则应在更广泛的公司层面进行设置。这应该捕捉到他们作为部门或机构的领导者将在该领域做些什么来帮助其他人省钱或最大限度地提高效率。

(三) 人员/能力

包括强制性的多元化和包容性目标：这应该清楚地表明工作人员在创建包容性工作场所文化、提高团队能力以及支持其部门/专业的多元化与包容性目标方面将做些什么。这应该清楚地映射到领导力在行动的属性或领导力声明中规定的行为和标准，符合三个核心原则——激励、自信和授权领导（或两者兼而有之）。

(四) 组织贡献

这一强制性目标要求高级公务员的所有成员在日常工作之外为公务员的运行、绩效和声誉作出贡献。它鼓励员工在团队之外以联合的方式工作，改善团队之间的知识共享，并提高整个公务员队伍的效率。可以实现目标的一些方式包括：

高级公务员发展目标应侧重于专业能力。所有高级公务员都应注意核心能力——变革管理、数字化、商业和项目管理。如果高级公务员是某个职能或专业的明确成员，则应清楚地记录这一点，并记录与此相关的任何发展目标。

在绩效考核结果的区分上，英国政府将所有高级公务员的绩效考核结果分为高绩效、达标和低绩效3个等级。2019年之前，高绩效占总数的25%，达标占65%，低绩效占10%。[①] 2019年，英国政府决定取消高级公务员考核结果强制分布政策，其中25%的高级公务员被评为"表现最佳"，65%被评为"成就"，10%被评为"低"表现。与此同时，取消了有资格获得年终绩效奖（end of year nonconsolidated performance-related payment）的高级公务员只有25%的人数上限。

在以绩效奖奖励高级公务员时，各部门必须遵守以下原则：(1) 奖励系统的一个要素必须以某种方式与长期绩效挂钩；(2) 奖励分配不得与个人的级别挂钩；(3) 表现不佳者没有资格获得绩效奖；(4) 在未经财政部首席秘书（the Chief Secretary）批准的情况下，个人在一个业绩年

---

① Cabinet Office. Performance Management arrangements for the Senior Civil Service［April 2021］, https://assets.publishing.service.gov.uk/government/uploads/system/uploads/attachment_data/file/1068908/Performance_Management_Arrangements_for_the_Senior_Civil_Service__April_2021_.pdf.

度中，可获得的最高奖金仍为17500英镑，所有奖金均来自于3.3%的部门绩效奖。各部委可以获得年终绩效奖（end‐of‐year non‐consolidated awards）的人数比例不受限制，但获得年度绩效奖（in‐year non‐consolidated awards）的高级公务员不得超过该部高级公务员人数的20%，疫情期间该比例临时调增至40%。部委发放给高级公务员的绩效奖不得超过高级公务员薪酬总额①的3.3%。②

在处理低绩效方面，高级公务员要与其直接上级探讨绩效不称职的原因以及如何制定绩效改进计划，从而确保绩效水平的提高。

四　公务员分类定薪

除高级公务员工资制度外，政府没有建立统一的公务员工资制度。普通公务员的工资在财政部所制定的公务员管理的标准和原则架构下，授权各部首长负责，每个部门都被鼓励建立工资结构和支付规模，以满足各部门的个性化需求。英国高级公务员工资由基本工资、津补贴和绩效奖金组成。

（一）公务员工资统计数据

2021年公务员统计数据显示，公务员（非全职公务员的收入按全职公务员的工作时间折算收入）收入的平均数为33720英镑，中位数为29180英镑，78.11%的公务员收入在40000英镑以下。收入在25001—30000英镑的人数最多，为118140人，占总人数的24.38%；其次是收入在20001—25000英镑的人数，为114290人，占比23.58%；收入在150000英镑以上的人数最少，为190人，占比0.04%。具体见表4—15。

---

①　薪酬总额（Paybill）包括公务员的工资（Salary）、津贴（Allowances）、绩效奖（Non‐consolidated performance pay）、雇主保险（Employer national insurance）、雇主养老金（Employer pension）5项，见 Forty‐Third Annual Report on Senior Salaries 2021，https：//assets. publishing. service. gov. uk/government/uploads/system/uploads/attachment_data/file/1009002/Senior_Salaries_Review_Body_Report_2021_Web_Accessible. pdf。

②　Forty‐Third Annual Report on Senior Salaries 2021，https：//assets. publishing. service. gov. uk/government/uploads/system/uploads/attachment_data/file/1009002/Senior_Salaries_Review_Body_Report_2021_Web_Accessible. pdf。

表 4—15　　　　　　2021 年英国公务员年工资　　　　　单位：人，%

收入区间（英镑）	人数	占比
20000 以下	21240	4.38%
20001—25000	114290	23.58%
25001—30000	118140	24.38%
30001—35000	79000	16.30%
35001—40000	45870	9.46%
40001—45000	23620	4.87%
45001—50000	15630	3.23%
50001—55000	21750	4.49%
55001—60000	13640	2.81%
60001—65000	10280	2.12%
65001—70000	6850	1.41%
70001—75000	5660	1.17%
75001—100000	6880	1.42%
100001—125000	1190	0.25%
125001—150000	420	0.09%
150001 以上	190	0.04%
合计	484650①	100%

资料来源：Civil Service Statistics 2018 – 2021，[EB/OL]．[2022 – 04 – 20]．
https：//www.gov.uk/government/statistics/civil-service-statistics-2021

2021 年，公务员工资中位数因级别而异，级别越高，工资中位数越大。SCS 级别的中位数为 82380 英镑，AO/AA 级别为 21050 英镑。

表 4—16　　　　2021 年英国各级公务员年工资中位数　　　　单位：英镑

级别	中位数
SCS	82380
Grades 6&7	57000
SEO/HEO	36030

① 各收入区间公务员合计数与公务员总数不一致，原因在于部分人薪酬数据缺失。

续表

级别	中位数
EO	27570
AO/AA	21050
合计	29180

资料来源：Civil Service Statistics 2018－2021，[EB/OL]．[2022－04－20]。
https://www.gov.uk/government/statistics/civil-service-statistics-2021

2021年，女性公务员的平均工资为32420英镑，男性为35260英镑，男性平均工资高出女性8.1%。

表4—17　2021年英国各级公务员年平均工资差距（按性别分）　单位：英镑

级别	男性	女性	工资差距
SCS	92520	88270	4.6%
Grades 6&7	59270	58300	1.6%
SEO/HEO	37320	36290	2.8%
EO	28030	27540	1.7%
AO/AA	23390	21750	7.0%
合计	35260	32420	8.1%

资料来源：Civil Service Statistics 2018－2021，[EB/OL]．[2022－04－20]。
https://www.gov.uk/government/statistics/civil-service-statistics-2021

从2021年分专业类别公务员收入统计数据上来看，工资收入中位数最高的职业是教育和培训检查（74730英镑），其次是规划督查（58810英镑），再次是法律（49710英镑）。工资中位数最低的是运营服务（25830英镑），其次是安全（27760英镑），再次是心理（31180英镑）。

表4—18　2021年英国分专业类别（Profession）公务员的年工资　单位：英镑

专业类别（Profession）	下四分位数	中位数	上四分位数
商业	30090	37420	46790
通信	30850	38540	50400
公司财务	30650	46080	59540

续表

专业类别（Profession）	下四分位数	中位数	上四分位数
反欺诈	29850	35240	41580
数字、数据和技术	31740	38630	50020
经济	32940	43300	58640
财政	27240	36780	50400
人力资源	26700	33860	47680
教育和培训督查	51360	74730	75500
情报分析	27370	31510	38630
内审	35270	42810	52100
国际贸易	32480	40920	54640
知识与信息管理	26670	33340	42520
法律	32520	49710	59930
医学	31370	41720	82100
运营服务	21440	25830	31810
运营研究	34710	42490	52580
规划	34860	40720	53650
规划督查	47660	58810	65270
政策	33960	43050	57460
项目服务	32560	39040	52280
资产管理	26500	33300	42900
心理	27380	31180	42910
科学与工程	28650	37320	46080
安全	20310	27760	39070
社会研究	32680	40020	49100
统计	32010	39440	52930
税务	25560	31810	38630
兽医	37350	44610	52070
其他	21130	26930	36300
合计	23840	29180	38390

资料来源：Civil Service Statistics 2018－2021，[EB/OL]．[2022－04－20]。
https：//www.gov.uk/government/statistics/civil－service－statistics－2021

（二）高级公务员工资

高级公务员工资级别评估的一大特色是薪级不与官位、品级挂钩，而是与高级公务员所任职位的工作量挂钩。职位工作量由高级职位评估程序决定。职位分值确定不同级别，不同的分值职位对应不同的薪级。当前，英国高级公务员采用工资宽带制度。[①] 高级公务员主要包括3级工资宽带。每一级工资宽带均设有最低值与最高值，公务员工资可根据个人表现在工资宽带范围内变动。3级工资宽带制度提供了一个可供选择使用的1A级（在第一级工资宽带之上）。部门或单位可根据实际情况决定是否选择使用1A级。3个工资宽带具体如下：副局长（Deputy Director）的工资为第一级工资宽带（Pay Band 1），2020—2021年工资在71000—117800英镑，1A级工资在71000—128900英镑；局长（Director）的工资为第二级工资宽带（Pay Band 2），2020—2021年工资在93000—162500英镑；总干事（Director General）的工资为第三级工资宽带（Pay Band 3），2020—2021年工资在120000—208100英镑。常务次官（Permanent Secretary）是英国最高级别的公务员，其工资也设有工资宽带，2020—2021年工资在150000—20000英镑；具体见表4—19：

表4—19　　　　2020—2021年英国高级公务员工资宽带

工资宽带	最低值	最高值	中位数（奖金除外）
1（Deputy Director）	71000	117800	78500
1A（Deputy Director）	71000	128900	84700
2（Director）	93000	162500	103500
3（Director General）	120000	208100	138600
Permanent Secretary	150000	200000	172500

资料来源：Forty-Third Annual Report on Senior Salaries 2021，[EB/OL]．[2022-04-20]．https：//assets. publishing. service. gov. uk/government/uploads/system/uploads/attachment_data/file/1009002/Senior_Salaries_Review_Body_Report_2021_Web_Accessible. pdf

由于城乡和国内外生活水平不同，故除工资外，另设津贴，如伦敦津贴、外交津贴与国外津贴等津贴。

---

① 2002年之前，英国实行的是9级制薪酬制度，同时薪酬与绩效挂钩，该制度中薪级的划分程序极其复杂，操作难度大，繁多的薪级标准降低了政府部门薪酬管理的灵活性和部门管理的自由性，官僚等级色彩强烈。该制度的这一明显弊端，促使英国政府在2002年4月开始实施新的宽带薪酬制度，即将之前的9级薪酬改为3级薪酬宽带，该制度保持了薪酬与绩效挂钩的特点，并且在薪级上也有明显的减少。所谓宽带薪酬，是指通过常规的多等级和窄幅度的薪酬序列进行重新组合的方法形成一种等级少和幅度宽的薪酬结构。参见吴志华《当今国外公务员制度》，上海交通大学出版社2008年版，第228—229页。

第五章

美国公务员分类制度

第一节 概述

一 美国公务员的概念与范围

美国公务员属于中范围的划分。这种划分只把在国家行政机关中的所有工作人员通称为公务员，公务员不包括立法机关和审判机关的文职人员以及军事人员。美国公务员是在美国各级行政机构中执行公务的政府雇员（Government Employee）。[①] 美国公务员范围包括总统、特种委员会成员、部长、副部长、部长助理以及独立机构的长官等政治任命官员和行政部门的所有工作人员，还包括警察、消防人员、医护人员、保健人员，也包括在政府工作的工勤人员，如清洁工、水电工等。

按照是否适用于功绩制原则，可将美国公务员分为适用于功绩制、职位分类制度的政府雇员和不适用于功绩制、职位分类制度两类。适用于功绩制、职位分类制度的公务员即事务官，包括公开竞争性考试人员（常任文官）；非公开竞争性考试人员（专业技术性）；免试人员（劳工、机要人员、临时工、政策制定者、非考试录取者）。不适用于功绩制、职位分类制度的政府雇员，包括民选官员（如总统、副总统、州长等）；特殊委员会委员；部长、副部长、次长等（需经总统提名，参议院同意后任命）；聘任制专家。不适用于职位分类制的人员即政务官，具体涉及高级行政职位官员、外交官、邮政人员、警察、教师、保密人员、退伍军人机

[①] 为保持全书的统一性和方便与其他国家进行比较，本章后续内容中均将美国政府雇员统一称为公务员。

关职员、情报人员等。

按照职业划分，可将美国政府雇员的职业大体分为白领职业（White Collar Occupation）和蓝领职业（Trades and Labor Occupation）。白领职业按照工作内容、难易程度、责任大小、任职资格条件等标准进行分类，绝大部分白领职业职员为一般公务员序列（General Schedule，GS）。蓝领职业公务员由从事贸易、技艺和体力劳动的不熟练工、半熟练工和熟练工组成。绝大部分蓝领职业公务员适用于联邦薪酬系统分类及其报酬系统（Federal Wage System，FWS）。

按职位级别的不同，美国公务员有一般公务员与高级公务员（Senior Civil Service，SCS）之分。1978年，随着1978年美国《公务员制度改革法》的出台，美国建立了相对独立的"高级公务员"序列（SES，Senior Executive Service），借鉴品位分类的做法，对高级公务员实行"级随人走"的相对独立的工资制度。

根据行政隶属不同，美国公务员有联邦公务员、州公务员和地方公务员之分。由于美国各州独立性较强，各州的公务员制度有着不同的规定，故下文主要阐述美国联邦公务员的分类。

二 美国公务员的规模与结构

2021年，美国联邦公务员总数为2170157人。其中，白领人数为1985352人，占比为91.55%；蓝领人数为183345人，占比为8.45%。一般公务员（GS序列）人数为1450528人，占公务员总数的比例为66.84%；执法公务员（GL序列）人数为29699人，占公务员总数的比例为1.37%；高级公务员（ES序列）人数为8232人，占比为0.38%；行政首长（EX序列）人数为318人，占比为0.01%。[①]

从历史数据看，2001—2014年，美国行政部门联邦公务员（邮政公务员除外）数从177.8万人增至207.9万人，作为公务员占比最大的部门，国防部的公务员数从65.1万人增至72.3万人，占比从36.61%降至34.78%；文职部门人数从112.7万人增至135.6万人，占比从63.39%增至65.22%。

---

① 美国人事总署，https://www.opm.gov/data/。

表 5—1　2001—2014 年美国行政部门联邦公务员的规模与部门结构

单位：千人，%

年份	人数	国防部	文职部门	占比
2000	1778	651	1127	36.61
2001	1792	647	1145	36.10
2002	1818	645	1173	35.48
2003	1867	636	1231	34.07
2004	1882	644	1238	34.22
2005	1872	649	1224	34.67
2006	1880	653	1227	34.73
2007	1888	651	1237	34.48
2008	1960	670	1289	34.18
2009	2094	737	1357	35.20
2010	2133	773	1360	36.24
2011	2146	774	1372	36.07
2012	2104	730	1374	34.70
2013	2087	729	1355	34.93
2014	2079	723	1356	34.78

资料来源：Historical Federal Workforce Table, Executive Branch Civilian Employment Since 1940。https://www.opm.gov/policy-data-oversight/data-analysis-documentation/federal-employment-reports/historical-tables/executive-branch-civilian-employment-since-1940/

从年龄结构看，2021 年，美国联邦公务员中，50—54 岁的人数最多，为 310757 人，占总人数的 14.31%；其次是 55—59 岁的人数，为 306755 人，占比 14.13%；20 岁以下的人数最少，为 1628 人，占比 0.08%。

表 5—2　　　　　2021 年美国联邦公务员年龄结构　　　单位：人，%

年龄	代码	在职人数	占比
20 岁以下	A	1628	0.08
20—24 岁	B	44195	2.04
25—29 岁	C	126930	5.85
30—34 岁	D	202283	9.32

续表

年龄	代码	在职人数	占比
35—39 岁	E	282056	13.00
40—44 岁	F	297711	13.72
45—49 岁	G	272100	12.54
50—54 岁	H	310757	14.31
55—59 岁	I	306755	14.13
60—64 岁	J	206998	9.54
65 岁及以上	K	118744	5.47
合计		2170157	100

资料来源：美国人事总署，https://www.opm.gov/data/。

占比为作者自行根据各年龄段人数除以总数计算得出。

从类别结构看，2021年，美国联邦公务员中，行政管理（Administrative）人数最多，为843067人，占公务员总人数的38.88%；其次是专业人员（Professional）人数，为607651人，占比28.02%；其他类型白领（Clerical）人数最少，为84505人，占比3.90%。

表5—3　　　　2021年美国联邦公务员类别结构　　　　单位：人,%

类别	在职人数	占比
专业人员（Professional）	607651	28.02
行政管理（Administrative）	843067	38.88
技术人员（Technical）	348812	16.08
一般职员（Clerical）	101317	4.67
其他类型白领（Other White Collar）	84505	3.90
蓝领（Blue Collar）	183345	8.45
合计	2168697	100

资料来源：美国人事总署，https://www.opm.gov/data/。

占比为作者自行根据各类别人数除以合计数（2168697人，总数为2170157人，其中1460人数据缺失）计算得出。

从级别结构看，2021 年，美国联邦公务员 GS 序列中，12 职等人数最多，为 297195 人，占 GS 总人数的 20.49%；其次是 13 职等人数，为 259028 人，占比 17.86%；1 职等人数最少，为 306 人，占比 0.02%。

表 5—4　　　　2021 年美国联邦公务员中 GS 序列级别结构　　　单位：人，%

级别	在职人数	占比
GS – 01	306	0.02
GS – 02	744	0.05
GS – 03	7059	0.49
GS – 04	24389	1.68
GS – 05	72007	4.96
GS – 06	97596	6.73
GS – 07	110848	7.64
GS – 08	46208	3.19
GS – 09	133420	9.20
GS – 10	12104	0.83
GS – 11	197952	13.65
GS – 12	297195	20.49
GS – 13	259028	17.86
GS – 14	130834	9.02
GS – 15	60744	4.19
合计	1450434	100

资料来源：美国人事总署，https://www.opm.gov/data/。

占比为作者自行根据各类别人数除以合计数（1450434 人，总数为 1450528 人，其中 94 人数据缺失）计算得出。

第二节　公务员分类制度的演进脉络

一　萌芽时期（1838—1922）

公务员职位分类制度始创于美国。1838 年，美国参议院通过议案，要求以工作性质、职责、所需资格条件对公职人员分类，据此，确定薪酬。1853 年，美国国会通过分级法案，将联邦财政部、内政部、海军部、陆军部、邮政部等 5 部的 700 名秘书官划分为适用于不同的薪酬标准的主任秘书官、副主任秘书官、秘书官、助理秘书官等 4 类职位。1883 年，美国国会颁布《彭德尔顿法案》，确立了实行同工同酬的功绩制原则。1886年，美国众议院"吏治革新委员会"重申1853年分级法案，要求同工同酬。随着倡导"工作分析""工作评价"的科学管理运动的推进，职位分类理念深入人心，并被逐渐运用到政府部门。1896年，美国联邦文官委员会在工作报告中呼吁实行以职务和责任为基础的职位分类制度。1905年，美国总统西奥多·罗斯福设立"部务规程委员会"，致力于研究工作评价和职位分类。1907年，西奥多·罗斯福下令设立"职级薪酬委员会"，专门处理职位分类与公务员薪酬等事宜，并于1908年向国会提交关于公务员统一分类与工资评估的报告。

美国公务员的职位分类，首先是在地方政府推行的。芝加哥、伊利诺伊、费城、奥克兰、洛杉矶、匹兹堡、俄亥俄、克里弗兰、纽约等地方政府的职位分类实践推动了联邦政府职位分类制度的发展。早在1905年，芝加哥市政府就率先确认公务员职位分类原则，即"基于工作分析对职位分类定级，处于同等职位的任职者获得的薪酬一致"。芝加哥市文官委员会制定了公务员职位分类管理方案，并于1911年正式实施公务员职位分类制。

1919年，美国全国范围内出现了物价飞涨。由于物价飙升，工资急需调整。美国国会成立了工资分类调整委员会（Congressional Joint Committee on Reclassification），研究如何就工资进行重新分类。1920年，该委员会向国会提出职位分类的理论与实践的调查报告，报告指出：（1）同级职位缺乏一致的工资标准；（2）各部之间缺乏统一的工资级别；（3）职位称号不规范，而且过多；（4）缺乏统一的提级提薪计划；（5）人员流动过于频繁，造成浪费和无效率。

针对上述弊端，委员会提出三项对策：

（1）成立联邦一级的独立的权力机构，负责职位分类计划的推行，采用全联邦统一的建立在工作性质和工作客观评价（责任大小、难易程度、客观效果等）基础上的职位分类计划；

（2）采用统一的工资报酬表；

（3）责成执行部门负责实施并维持职位分类。

这个报告促进了1923年美国联邦政府第一个职位分类法的制定。

二 发展时期（1923—1977）

1923 年，美国国会正式通过了《联邦政府职位分类法》（*Classification Act*），成立"联邦人事分类委员会"（Personnel Classification Board）。其主要职责是：根据一定标准，对联邦政府各部职员进行合理的分类，以期待遇公平。该法按照同工同酬等原则，在职务、责任、任职资格条件基础上将美国公务员职位分为 5 职类，共 44 职等，并制定其工资范围。其内容如表 5—5 所示：

表 5—5　　　　　1923 年美国文官职位分类及工资表

职务性质	等级	工资范围（美元/年）
专门及科学职务类（Professional & Scientific Service）	7	1860—7000
次专门职务类（Sub‑Professional Service）	8	900—3000
书记行政级财政职务类（Clerical Administrative, & Financial Service）	14	1140—7500
保管职务类（Custodial Service）	10	600—3000
低级书记及机械职务类（Lower Clerical & Mechanical Service）	5	每小时 0.45—0.9 美元

资料来源：张金鉴：《各国人事制度概要》，三民书局 1981 年版，第 163 页。

1923 年的《职位分类法》，经 1928 年《威尔奇法案》（*Welch Act*）及 1930 年《布鲁克哈法案》（*Brookhart Act*）予以修正，进一步确立分等标准，扩大职位分类范围。将专门及科学职务类（Professional & Scientific Service）增为 9 等，工资改为 2000—9000 美元；次专门职务类（Sub‑Professional Service）仍为 8 等，工资改为 1020—3200 美元；书记行政级财政职务类（Clerical Administrative, & Financial Service）增为 16 等，工资为 1260—9000 美元；保管职务类（Custodial Service）仍为 10 等，工资

为 600—3200 美元；低级书记及机械职务类（Lower Clerical & Mechanical Service）并为 4 等，每小时工资改为 0.55—0.95 美元。

前述为联邦政府首都各部人员的分级，至于所派各地的公务人员，联邦政府人事分类局于 1931 年始有完全的分级计划，将所有公务员共分为 7 类、81 职等、1633 级，其内容如表 5—6：

表 5—6　　　　　　1931 年美国文官职位分类及工资表

类别	职等	职级	工资范围（美元/年）
专门及科学职务类（Professional Service）	9	456	2050—10000 或以上
次专门职务类（Sub‑Professional Service）	8	144	1080—3300
书记行政级及财政职务类（Clerical, Administrative, & Financial Service）	16	421	1260—10000 或以上
手艺及保管职务类（Craft & Custodial Service）	15	426	66—6000
调查及视察职务类（Investigational & Inspectional）	13	124	1620—9500
教育职务类（Educational Service）	10	37	1410—7200
灯塔及仓库职务类（Light‑keeping & Depot‑keeping）	10	15	1260—2930

资料来源：张金鉴：《各国人事制度概要》，三民书局 1981 年版，第 164 页。

1932 年，美国撤销"联邦人事分类委员会"，将其权力转移至文官事务委员会。1940 年，美国国会授权总统将文官委员会的分类权力扩大至附加职位。

1949 年，为了适应不断变化的情况，美国国会对 1923 年的《职位分类法》作了较全面的修改，这个修改后的新方案一直沿用到现在。美国国会颁布新《职位分类法》，调整了职位结构。按照新法案，美国公务员职位归纳为两大类：一是一般职位分类表（GS，General Schedule），包括专门与科学职务类、次专门职务类、事务行政与财政职务类。根据工作责任大小、难易程度、任职资格条件等，可将一般职位序列分为18职等，以第18职等为最高职等。二是技艺、保护、保管分类表（CPC，Crafts Protective Custodial Schedule），包括技艺与保管职务类，灯塔与仓库职务类，共10职等，以第10职等为最高职等。本次改革细分职组与职系，划分为27职组（Position Group）、569职系（Position Series）。这一法案规定，1—15职等的分类，由各部委自行办理；16—18职等的分类，由文官事务委员会直接办理。至于邮政人员、外交人员、教育人员、医务人员及警察消防人员的分类分级和待遇，则另有法律规定。

美国职位分类法自1949年修正后，按各类职位的责任轻重、工作繁简、教育高下、技术精粗划分等级即"职位评价"（Job Evaluation）。依美国职位分类法的规定，普通表所列的各类职位，划分为18个等级，其分等的标准如表5—7：

表5—7　　1949年美国职位分类法修正后的职等与分等标准

职等	分等标准
第一职等	其职责系在直接监督下，甚少或不需自行运用独立判断以从事者。
第二职等	在直接监督下，运用有限之自行独立判断，以从事机关中之例行工作；或属于专业、科学或技术方面限定范围内，担任略需训练或经验之较为次要的技术工作。
第三职等	在直接或一般监督下，从事机关中略为困难及稍具责任之工作，或在专业的、科学的或在技术方面限定范围内，担任较为次要的工作，并需某种训练或经验，且运用略具伸缩性的独立判断。
第四职等	在直接或一般监督下从事机关中之中等困难与责任之工作；或在专业的、科学的或技术方面担任较为次要的工作，并需适度的训练及略具监督性或其他经验，且需良好工作知识，运用独立判断。
第五职等	在一般监督下，从事机关中颇为困难，并负有责任之工作；或在专业的、科学的或技术方面担任较为次要的技术工作，并需相当之训练与监督性或其他经验，且需要广博工作知识及运用独立判断。
第六职等	在一般监督下，从事机关中甚为困难而有责任之工作；或在专业的、科学的或技术方面担任较为次要之技术工作，并需相当之训练与监督或其他经验，且需原理上的广博知识及相当程度的独立判断。

续表

职等	分等标准
第七职等	在一般监督下，从事机关中专门技术或监督之相当困难并具有责任之工作，或在专业的、科学的或技术方面担任较为次要的技术工作，并需要相当专门的或监督的训练与经验，业务较为复杂，且需原理上的工作知识及运用相当程度的独立判断。
第八职等	在一般监督下，从事机关中甚为困难及有相当责任之工作；并需要相当专门化或监督的训练与经验，且需要原理上广博与贯通的工作知识，及运用相当范围的独立判断。
第九职等	在一般监督下，从事机关中甚为困难及有相当责任之工作；并需要范围略广的专门训练及独立工作与独立判断的能力。
第十职等	在一般监督下，从事机关中高度困难及责任的工作；并需要范围略广的专门或行政之训练与经验，且具健全独立的工作能力，及能运用相当自由的独立判断。
第十一职等	在一般行政监督下，运用较广的独立自由判断，从事机关中有关专门技术的、监督的或行政的特别困难与有责任的工作；并需要广博之专门的、监督的、行政的训练与经验，且具健全独立措施及重要决定之才能。
第十二职等	在一般行政监督下，运用颇广的自由独立判断，从事机关中专门技术的、监督的或行政方面极高度困难及有责任之工作，并需要广博之专门的、监督的、行政的训练与经验，且具有领导能力，并表现有高度的成就。
第十三职等	在行政指示下，运用颇广的自由独立判断，从事专门的、监督的、行政的异常困难有责任之工作，并需要广博之专门的、监督的、行政的训练与经验，且具有领导能力及表现有特别成就。
第十四职等	在一般行政指示下，运用颇广的自由独立判断，从事专门的、监督的或行政的特别困难具有责任之工作，并在此方面表现有领导能力及异常成就。
第十五职等	在一般行政指示下，运用颇广的自由独立判断，从事专门的、监督的或行政的特殊困难与责任之工作，并在此方面表现有领导能力及特殊成就。
第十六职等	在一般行政指示下，运用甚为自由之独立判断，从事专门的、监督的或行政的特殊困难与责任之工作，并在此方面表现有领导能力及特殊成就。
第十七职等	（1）充任机关首长，其职责与权限之复杂与困难程度达于高度者。（2）计划并主持或计划与执行特殊困难，有责任及具全国意义之专业的、科学的、行政的、财务的或技术研究的工作，并需要广博知识与训练，及表现有特殊领导能力与成就。

续表

职等	分等标准
第十八职等	(1) 充任机关首长,其职责与权限之复杂与困难程度达于特殊之程度者。 (2) 计划并主持,或计划与执行特殊困难,有责任及具全国意义且系首创或无前例可循之工作,包括专业的、科学的、行政的、财务的或技术研究的业务;需要广博的训练与经验,并具有优异的领导能力与成就。

资料来源：根据以下资料整理，张金鉴：《各国人事制度概要》，三民书局 1981 年版，第 161—169 页；李华民：《各国人事制度》，五南图书出版公司 1988 年版，第 93—103 页。

1954 年，技艺与保管类职位被取消，其部分职位并入"一般职位"类，另一部分职位经文官委员会核准后作为不适用于职位分类法的例外职位。美国文官委员会于 1958 年将 GS 职位削减至 23 职组、524 职系（见表 5—8），于 1965 年再次削减至 22 职组、439 职系。

表 5—8　　　　　　　　　　1958 年职组及职系类别

职组名称	职系数
杂职组	38
社会科学、心理学和福利职组	28
人事管理及劳动关系职组	17
一般管理及文书事务职组	63
生物学职组	55
会计、财务职组	18
医疗、医院、牙医及公共卫生职组	44
兽医学职组	4
工学职组	33
法律职组	29
美术工艺职组	12
产业及工业职组	23
著作权、特许及商标职组	11
自然科学职组	22
司书、记录及保管职组	4
数理及统计职组	11

续表

职组名称	职系数
器械工程职组	25
教育职组	3
调查职组	24
检查职组	32
采购职组	13
运送职组	11
技能及劳务职组	4

资料来源：张金鉴：《各国人事制度概要》，三民书局 1981 年版，第 165—166 页。

职位分类计划是一种动态的规定，而非静态的制度，这是因为政府机关的职务与责任不是永恒不变的。尤其第二次世界大战以后，由于时间、观念、技术之演变，美国职位分类必须与时俱进，方能适应时代趋势与政府需要。至于职位分类本身引起的问题，如手续繁琐、归级困难、需要经常修正及"人"的因素被重视等。1972 年，文官委员会向美国总统提交报告，建议采用"因素评价法"（Factor Evaluation System，FES）修改职位分类，以替代此前定性的描述性的职位分类方法。1976 年 12 月 12 日，因素评价体系得以应用于非主管行政职位（GS1—15 等），美国的职位分类体系朝着系统化、精确化和科学化方向发展。

三　完善时期（1978 年至今）

1978 年 10 月，美国国会通过了《公务员制度改革法案》，其适当借鉴了"以人为中心"的品位分类的长处，矫正了"以职位为中心"的职位分类之非人格化的缺陷，高级公务员职位因此创设并于 1979 年 7 月 13 日开始实施。经过 5 年的推行，高级公务员职位于 1984 年 10 月 10 日由美国国会参议院、众议院作出无期限继续实施的决定后，正式成为美国联邦政府公务员制度的重要内容。

随着 1978 年美国《公务员制度改革法》的出台，联邦政府进一步调整公务员职位分类制度，此次职位分类制度改革的主要内容包括：

一是构建相对独立的"高级公务员"序列（SES，Senior Executive

Service），包括一般职务序列中的 16、17、18 职等，实行"级随人走"的相对独立的工资制度（借鉴了品位分类的做法）。设立高级公务员职位的目标是要在公务员序列中建立一个统一的高级行政官员群体，他们在同一系统内流动，并通过吸引新加入者尤其是私营部门的优秀高级人才使这一系统充满活力，从而使高级公务员职位体系更具开放性和竞争性。

此次公务员职位分类体系改革由人事管理总署会同预算局进行协调，将职位数目分配至各部委，并上报于总统和国会，为期两年。其将一般职务序列中的 16、17、18 职等的约 8000 个职位分离出来，并会同行政首长 5 职等和行政首长 4 职等，一并单独组成高级公务员序列。改革涉及 22 个机构和部门，涵盖综合行政管理、工程师、科学家、特殊行政管理（预算、人事）和律师等五类岗位。

具体来说，高级公务员职位分为常任职位和一般职位两类。前者是由具备常任资格的事务官担任的职位，此类职位由人事管理总署决定，约占职位总数的 45%；后者由政务官、常任事务官、有工作期限的公务员和临时委派人员担任。高级公务员职位中的政务官职位可以由总统和部长根据政治利益自主任命，但不能超过高级公务员职位数的 10%；常任职位根据"功绩制"原则进行选拔和任命，其资格标准由人事管理总署核准；定有工作期限的职位任用，任用期限最多为 3 年，临时委派职位的任用期限为 18 个月，这两类任用期满即行终止，不得再任，职位资格条件由各部门自行拟定，但这两类职位的总数不得超过高级公务员职位数的 5%，并需要得到人事管理总署的批准。

二是改革高级公务员之外的一般职务序列的职位分类制度。简化职位分类结构、程序、标准，压缩职等、职组、职系，实行浮动工资制度，简化职位说明书。

三是在部分中高级公务员中推行"绩效工资"（Merit Pay System）。1978 年的《公务员制度改革法案》首次以法律的形式确立了联邦政府公务员管理遵循的九条功绩制原则。在这九条原则中，最突出的是强调利用薪酬手段来激发公务员的工作积极性。改革的核心是推进按工作绩效付酬的功绩制，以提高政府行政工作的效率。对 GS 序列 12—15 职等的公务员，自 1981 年 10 月 1 日起，不再根据其工作年限进行等内加薪，而是根据其工作实绩和绩效考评成绩进行加薪，并酌情颁发奖金。

20世纪70年代末80年代初，美国经济处于战后30年以来的最低谷，滞胀现象非常严重，加之政府开支巨大、效率低下及政府对经济衰退的束手无策，国民对政府的信任达到最低点。为此，里根总统主张"控制联邦政府的过度膨胀"，"在各级政府间寻求一种平衡"，"还权于州"。从20世纪90年代初开始，美国联邦政府进行了持续十多年的政府改革，从克林顿政府的政府再造，到小布什政府的"改进联邦政府管理和绩效战略"，都带动了政府公务员管理制度的改革。

与此同时，20世纪80年代以后，美国公务员职位分类的弊端日益显现出来。即：职位分类没有关注于机构的使命（Lack of Mission Focus）；可信度低（Low Credibility）；职位分类过于繁琐（Complexity）；责任过于分散（Fragmented Accountability）；缺乏适应变化的弹性（Inflexibility）；等级导向过于严重（Hierarchical Orientation），而且过于精密、过于僵化的职位分类模式也严重阻碍了公务员的流动，影响了中低级公务员的职业生涯发展，美国政府掀起了一场简化职位分类体系的运动。

从1980年到2004年，美国联邦政府对一些部门和行政机构进行了改革试点。24年间，大约有20个联邦政府的部门及行政机构进行了改革试点。试点的一项重要内容就是对公务员职位分类体系的改革和完善。

改革的趋势之一就是对职位分类体系的简化和职位分类的权力下放。如1980年美国加州中国湖海军武器中心的试点，就把437个职系简化为5个职位类别（专业性的、技术性的、专家性的、行政管理性的和办事性的职位），同时废除18个职等，在每个职业类别中设置4—5个等级，每个等级确定宽带化的工资幅度，如将一般职位表 GS-9、GS-10、GS-11级的所有工程师分别归并为一个等级。

试验的内容包括：简化为5个类别，同时简化录用程序，改革原来的文牍主义和繁琐的公文旅行。职位说明书更加简化。5个类别是：（1）专业人员，包括科学家、工程师和高级职员；（2）技工，指从事具体技术工作或技术操作的人员；（3）一般技术人员，指经过训练的、支持和协助上述专业人员进行工作的技术人员；（4）一般管理人员；（5）一般办事人员，包括办事员和助理人员。

试验将这五个类别等级与原 GS 工资等级相对照，在五个职业等级中再划分为若干大的工资等级（4—6个等级），每等至少包括原 GS 等级中的 2—4 个工资等级，详见图 5—1。

	科学家、工程师和高级职员					
GS	1—4	5—8	9—11	12—13	14—15	16—18
示范区专业人员工资等级	A	I	II	III	IV	V

	技工			
GS	1—4	5—8	9—10	11—12
示范区技工工资等级	A	I	II	III

	一般技术人员			
GS	1—4	5—7	8—10	11—12
示范区一般技术人员工资等级	A	I	II	III

	一般管理人员			
GS	1—4	5—7	8—10	11—12
示范区一般管理人员工资等级	A	I	II	III

	一般办事员/助理人员				
GS	1—3	4—5	6—7	8—9	10—11
示范区一般办事员工资等级	A	I	II	III	IV

图 5—1　美国加州中国湖海军武器中心的试点

资料来源：王雷保主编：《公务员职位分类教程》，机械工业出版社 1989 年版，第 204—205 页。

1986 年 7 月 7 日里根政府更是在美国国会提出公务员简化方案（The Civil Service Simplification Act），该方案将加州两个海军机构经过 6 年试点所取得的成果加以具体化，将此前的 9 个职位评价因素压缩为 5 个，即所需知识、监督控制、人际联络、复杂性、范围和效果等。遗憾的是这一法案未经国会通过。

1988 年，美国人事管理总署启动"全国标准和技术协会"公务员管理示范项目，简化了公务员职位体系，将工作岗位分为四大类（科学与工程专业人员、科学与工程技术人员、行政人员以及保障人员等），每类包括一个或多个薪资等级。

1993年9月7日，戈尔副总统向克林顿总统提交题为《从红头文件到追求结果：产生一个工作更好、花钱更少的政府》的系列报告，其中包含题为"重塑人力资源管理"（Reinventing Human Resources Management）的子报告。该报告在"改革一般职务和基本薪酬制度"部分，提出五项改革措施。其中最重要的一项建议就是简化公务员职位分类体系。具体行动措施中有包括：一是在保留一般职位表15个职等结构的同时，废除所有15个职等的分类标准，以便使职位分类具有适应变化的灵活性；二是授予联邦政府各行政机构职位分类决策权，免除联邦政府人事管理总署对职位分类的评估和审批权；三是简化标准的分类制度。通过减少工作种类数量、分类标准、分类程序等措施，简化职位分类制度，赋予行政机构和一线管理者更大的职位分类自主权，保持职位分类的弹性和灵活性。

尽管1995年美国国会再度否决了克林顿政府提出的简化公务员职位分类体系法案，但这却表明了美国职位分类体系改革的方向。这一时期的改革试点还将公务员的职位分类与薪酬及公务员的职业生涯发展相联系，增强了公务员职位分类体系的灵活性和适应性。

第三节 现行联邦公务员分类制度

美国联邦政府采用的是横向分类与纵向分级相结合的职位分类体系。根据工作岗位的相似程度，其分类体系通常被划分为职组（Occupational Group）、职系（Series）、职等（Grade）和职级（Class of Positions）。[1]

一 职位分类的原则与依据

美国公务员职位分类体系综合运用现代心理学、管理学和行为科学等

---

[1] Introduction to the Position Classification Standards（TS-134 July 1995, TS-107 August 1991, Revised: August 2009）：3-4。见 https://www.opm.gov/policy-data-oversight/classification-qualifications/classifying-general-schedule-positions/positionclassificationintro.pdf。

科学方法，综合评价公务员职位的工作性质、工作难度、责任大小和任职资格条件（教育程度及相关工作和实践经验等）。根据包含因素和所处水平的不同，每个公务员职位都将得到相应的评分，这个评分是确定公务员职位、职级、职等的依据，不同政府机构的公务员职位之间也就有了横向和纵向比较的基础。在此基础上，公务员管理机构就可以按照职位的类别、等级决定担任某一职位公务员的选拔、绩效考核、薪酬、流动、培训等一系列人力资源管理制度，并可以充分体现公务员人力资源管理制度的公平、公正、公开原则。

美国公务员职位分类的法律基础最早源于 1923 年美国国会通过的《联邦政府职位分类法》（*Classification Law*）。1949 年国会通过新的职位分类法（*Classification Act of 1949*），对 1923 年的职位分类及工资范围进行重大改革。

当前，对于美国联邦政府公务员职位分类管理工作最重要的法规文件是美国人事管理总署于 1991 年发布并于 2009 年修改的《职位分类标准介绍》，其为美国各级联邦政府的领导和人力资源管理人员在确定公务员职位的职系、职级和职等时所需掌握的分类标准提供了详尽的规定和指导。

此外，美国人事管理总署还制定了公务员职位分类标准的相关文件，以准确确定公务员的职系和职级。这些规定包括：提供大概的职位分类指导的《人员分类手册》（*The Classifier's Handbook*）；提供完整的职位结构，且定义公务员分类体系中每一职组和职系的《职组和职族手册》（*Handbook of Occupational Groups and Families*）；定期出版，包含美国人事管理总署重大决策及参考意见摘要动态的《重大分类决策与意见摘要》（*Digest of Significant Classification Decisions and Opinions*）；规定每一职位所需最低工作经验和教育程度的《任职资格标准》（*Qualification Standards*）等。

最新的美国公务员职位分类体系，是由美国人事管理总署于 2018 年 12 月公布的《职组和职族手册》，该手册对现有的公务员职位分类标准进行了调整，对每个职系重新作出了归类和界定，将一般职位表划分为 23 个职组、400 个职系。与 2001 年 8 月公布的版本相比，2018 年版的职组数相同（个别职组名称有微调），职系数减少了 20 个；与 2009

年 5 月公布的版本相比，2018 年版的职组数相同（个别职组名称有微调），职系数减少了 6 个。

二 横向分类体系

按照是否适用于功绩制原则，可将美国政府雇员分为两类：一是适用于功绩制、职位分类制度的政府雇员，包括公开竞争性考试人员（常任文官）；非公开竞争性考试人员（专业技术性）；免试人员（劳工、机要人员、临时工、政策制定者、非考试录取者）。二是不适用于功绩制、职位分类制度的政府雇员，包括民选官员（如总统、副总统、州长等）；特殊委员会委员；部长、副部长、次长等（需经总统提名，参议院同意后任命）；聘任制专家。不适用于职位分类制的人员具体涉及高级行政职位官员、外交官、邮政人员、警察、教师、保密人员、退伍军人机关职员、情报人员等。

按照职业划分，可将美国政府雇员的职业主要分为白领、蓝领职业，适用于不同的职位分类和报酬系统。一是白领职业（White Collar Occupation）。白领职业按照工作内容、难易程度、责任大小、任职资格条件等标准进行分类。绝大部分白领职业职员适用于一般职务序列（GS）及其报酬系统。职组是一般职位表之下的主要分支，包括一组关联的或者相关的职业，如 GS - 0500 会计和预算职组、GS - 0800 工程和建筑职组、GS - 0300 一般行政、文秘和办公室事务职组等。职系是职组之下的分类，包括工作的专业要求与任职资格相似的职位系列，分类职系被标记为名称和数字的组合，如 GS - 0510 会计职系，GS - 0318 秘书职系，微生物职系 GS - 0403 等。

二是蓝领职业（Trades and Labor Occupation）。蓝领职业职员，由从事贸易、技艺和体力劳动的不熟练工、半熟练工和熟练工组成。绝大部分蓝领职业职员适用于联邦薪酬系统分类及其报酬系统（Federal Wage System）。

目前，美国白领职业职员所适用的一般职务序列（GS）中，共分为 23 个职组、400 个职系。

表 5—9　　　　一般行政类（GS）序列的职组及职系类别

职组代码	职组名称	2009 版职系数
GS-0000	混合职组	27
GS-0100	社会科学、心理学和福利职组	29
GS-0200	人力资源管理职组	7
GS-0300	一般行政、文秘和办公室事务职组	31
GS-0400	自然资源管理和生物学职组	30
GS-0500	会计和预算职组	16
GS-0600	医学、医院、牙医和公共健康职组	45
GS-0700	兽医学职组	3
GS-0800	工程和建筑职组	29
GS-0900	法律及相关职组	17
GS-1000	信息和艺术职组	19
GS-1100	商业和产业职组	25
GS-1200	版权、专利和商标职组	9
GS-1300	自然科学职组	25
GS-1400	图书馆和档案馆职组	6
GS-1500	数学科学职组	11
GS-1600	设施设备及维护职组	9
GS-1700	教育职组	11
GS-1800	检查、调查、执法和合规职组	19
GS-1900	质量鉴定、检验和评级职组	4
GS-2000	供给职组	8
GS-2100	交通职组	18
GS-2200	信息技术职组	2

资料来源：U. S. Office of Personnel Management. Handbook of Occupational Groups and Families, May 2018：12-17. 见 https://www.opm.gov/policy-data-oversight/classification-qualifications/classifying-general-schedule-positions/occupationalhandbook.pdf。

蓝领职业公务员适用的是联邦工资序列（Federal Wage System），共分为 36 个工作族（Job Families）和 210 种具体职业。

表 5—10　　　　联邦工资序列（FWS）的职族及职业

职组代码	职族名称	2018 版职业数
2500	有线通信设备安装及维修工作族	3
2600	电子设备安装及维修工作族	6

续表

职组代码	职族名称	2018版职业数
2800	电气装置及维修工作族	5
3100	纺织与皮革工作族	4
3300	仪器工作族	5
3400	机床工作族	4
3500	一般服务及支持性工作族	7
3600	结构与装修工作族	7
3700	金属加工工作族	9
3800	金属工作族	7
3900	电影、广播、电视以及音响设备工作族	3
4000	镜片与水晶制品工作族	2
4100	涂漆与裱糊工作族	3
4200	管道与管道安装工作族	4
4300	软装材料工作族	4
4400	印刷工作族	9
4600	木工工作族	6
4700	日常维业修及操作工作族	10
4800	通用设备维修工作族	9
5000	动植物工作族	6
5200	混合工作族	5
5300	工业设备维修工作族	11
5400	工业设备操作工作族	13
5700	运输/移动设备操作工作族	15
5800	运输/移动设备维修工作族	5
6500	弹药、炸药及有毒材料工作族	4
6600	武器工作族	6
6900	仓储与库存管理工作族	9
7000	包装与加工工作族	4
7300	洗衣、干洗及熨烫工作族	3
7400	食物制作与服务工作族	7
7600	个人服务工作族	2
8200	流体系统维护工作族	3
8600	发动机检修工作族	3
8800	飞机检修工作族	5
9000	胶片处理工作族	2

资料来源：U. S. Office of Personnel Management. Handbook of Occupational Groups and Families, Dec. 2018：130－134. 见 https：//www.opm.gov/policy－data－oversight/classification－qualifications/classifying－general－schedule－positions/occupationalhandbook.pdf。

三 纵向分级体系

美国根据联邦公务员类别的不同进行不同的等级划分。就白领职业公务员而言，行政首长序列分为五级，即一级（Level I）、二级（Level II）、三级（Level III）、四级（Level IV）、五级（LevelV），一级为最高，五级为最低。高级公务员不分级。执法人员序列分为 3－10 职等，数字越大，代表职等越高。每个职等之下设 10 个职级。外交人员序列分为 1－10 职等，数字越大，代表职等越高。每个职等之下设 14 个职级。

白领职业中，最具代表性的就是一般职位表（General Schedule）。根据职位的复杂程度、难易程度、责任轻重与任职资格条件将公务员划分不同的职等（Grade）与职级（Class of Positions）。其中，职等是用数字来表示从 GS－1 至 GS－15 的职位高低等级，数字越大，代表职等越高。职位相同的情况下，内容简单、难度低和责任轻的工作对应的职等低，工作内容复杂、难度高和责任重的职等高。职级则是在同一职系下具有相同职等的职位集合，每个职等之下设 10 个职级，如 GS－0510－12 这个职级中就包含了会计职系内职等相同的职位，并且这些职位在公务员人力资源管理中的测评、选拔、转岗和晋升过程中将采用相同的标准。

蓝领职业公务员适用的是联邦工资序列（FWS）中的非监督性和非领导性职位通过技能和知识、责任、体力和工作环境等因素来定义等级水平。以下是蓝领工作重点职业定级表。

表 5—11　　联邦工资序列（FWS）重点职业定级表

序号	重点职业	等级
1	洗衣工	1
2	门卫（轻）	1
3	门卫（重）	2
4	食品服务工作者	2
5	体力劳动者（轻）	2
6	体力劳动者（重）	3
7	商店工作者	4
8	叉车操作员	5
9	仓库管理员	5

续表

序号	重点职业	等级
10	助手（贸易）	5
11	卡车司机（轻）	5
12	卡车司机（中等）	6
13	包装工	6
14	仓库管理员	6
15	缝纫机操作员	6
16	装订工	7
17	办公设备维修员	7
18	卡车司机（重）	7
19	卡车司机（拖车）	8
20	厨师	8
21	机床操作员	8
22	水厂操作员	9
23	油漆工	9
24	木工	9
25	水管工	9
26	平地机操作员	10
27	汽车修理工	10
28	航空机械员	10
29	焊接工	10
30	管道工	10
31	钣金工	10
32	电工	10
33	机械师	10
34	电子设备维修员	11
35	雷达技工（地面）	12
36	机床、模具和计量器制造者	13
37	制模师	14
38	模型制造者	14
39	仪器制造者	15

资料来源：Introduction to the Federal Wage System Job Grading System：7. 见 https：//www.opm.gov/policy-data-oversight/classification-qualifications/classifying-federal-wage-system-positions/fwsintro.pdf。

四　职位分类评价方法

美国国会于1970年制定《工作评价政策法》，在公务员中全面推行工作评价和分级制度。该法以定量的因素评价法（Factor Evaluation System, FES）替代了以前定性的公务员职位分类方法。因素评价法应用于非主管行政职位（GS1－15等），该法经过多年试点于1976年12月12日正式在美国公务员职位分类体系中实施。该法把工作分级、因素比较与分数评定三种方法和技术综合在一起加以运用，也就是用标准职位说明和职位系列的因素水平说明来取代旧的描述性的职位分类标准，从而为分类标准中职等水平的数量化提供了新的方法。因素评价法的使用使公务员职位分类体系更为规范化、科学化和精确化。

因素评价法（FES）包括三个基本部分，即：基准标准、各种职位系列的因素水平说明和分数评定，标准职位系列说明及标准职位。

（一）基准标准

基本标准是指对白领职员所有级别的所有工作都适用的九项因素，也就是说，对所有GS1至GS15等非监督职位的评定都要用这九项因素来衡量，而不只是罗列某单项标准。而且所有标准都按统一格式书写。在因素评价法中基准标准被视作标准的标准。美国公务员职位分类体系基于该基准标准进行因素水平描述。基准标准说明了9个因素和各因素的不同水平等级以及每个水平等级适用的点数。这九项因素[①]是：

1. 职位所需知识

即所要求的知识和技能的种类及性质；这些知识和技能如何应用于工作。该因素衡量工作人员为使所做工作达到合格标准而必须了解的信息或事实的性质和范围（例如，步骤、程序、实践、规则、政策、原理、原则和概念），以及为了应用这些知识所需技能的性质和范围。所需知识及其应用，是确定这一因素各级水平的基础。

---

① 根据 The Classifier's Handbook（TS－107 August 1991）：21－27 相关资料翻译整理。见 https：//www.opm.gov/policy－data－oversight/classification－qualifications/classifying－general－schedule－positions/classifierhandbook.pdf。

2. 监督管理

即如何指派工作；执行任务时公务员所担负的责任；如何检查工作。监督管理包括主管人员所进行的直接或间接管理的性质与范围，公务员的责任，以及对完成工作的检查。主管实行管理的方法为分派工作，向公务员发出指示，确定工作重点与期限，明确目标与界限。公务员的责任取决于对公务员所期待的发展成果的范围，以及工作各个方面的时间安排、更改或修正指示的建议，以及参与确立重点和明确目标。检查完成工作的程度取决于检查的性质和范围，即仔细而详尽地检查每一段时期的工作任务；详尽地检查已完成的工作任务；抽查已完成工作的正确性；或仅检查政策的坚持性。

3. 指导方针

即履行工作职责所担负的指导性质；运用指导方针或发展新的指导方针所需的判断。这一因素包括指导方针的性质以及需要应用它们的判断。指导方针通常包括：办事员手册、已确立的程序与政策，传统实践以及诸如字典、文件风格手册、工程手册、药典和联邦人事手册等参考资料。

单项工作的特征，以及用来完成任务的指导方针的适用性和有效性上均有所不同，因而对公职人员工作强度和判断的要求也就有所不同。例如由于存在特别知识、程序和政策，就可能限制公职人员作出决策或采取行动的机会，然而，在缺乏程序的情况下可根据广泛说明的目标，公职人员可以利用为数甚多的判断来研究文献和发展新防范。

不应将指导方针同因素1职位所需要的知识混淆起来，指导方针既提供参考资料，也为利用知识规定了工作强度。例如，在医疗技术领域，在一本医疗技术手册中，可能为一特别诊断提供了三四种标准化验方法，一个医疗技术人员应了解这些诊断化验方法。然而在特定的实验室，也许政策只允许使用一种化验方法，或政策特别说明在何种情况下可使用其他化验方法。

4. 复杂性

即指派工作的性质；识别需要做些什么工作的难度；完成工作所包含的难度与独创性。这一因素包括工作任务的性质、数量、多样性与复杂性，完成工作的步骤、过程或防范；识别应做工作的难度，完成工作的难度和首创性。

5. 范围与效果

即工作的目的；工作产品或服务影响。范围与效果包括工作性质之间的关系，例如：工作任务的目的，工作的广度和深度，工作产品和服务在机关内外的影响。

效果衡量工作成果是否对他人的工作有促进作用，能否及时提供个人性质的服务，或是否能影响研究结论的正确性。仅仅是效果的概念还不能提供足够的信息来恰当理解和评价职位的影响。工作范围能起到这一作用，它允许不断加以评价。

仅考虑适当完成的工作效果，不计较公务员的错误可能带来的后果。

6. 人员接触

所接触的人员与环境。这一因素包括同非主管范围内的人员面对面的接触以及接电话和无线电的对话。这一因素所说明的水平是根据进行最初接触的要求，同那些接触人员交往的难度，以及进行接触的安排来决定的。

超出最低水平，这一因素应记载的要点仅仅是那些对顺利完成工作至关紧要，以及对进行工作的难度和责任有明显影响的接触。因素 6 和 7 的关系意味着可用同一接触来评价两个因素。因此，作为因素 7 确定水平的基础（指人员接触），同样可以作为因素 6 确定水平的基础。

7. 接触目的

即第 6 项因素中接触的理由。（注：在一些因素评价体系标准中，因素 6 和 7 的评分标准是在矩阵图中体现出来的。每个因素的水平则进行单独描述。）

人员接触的目的从真实的信息交换，直到就重要问题或有争议的问题，以及不同观点、目标或目的等情况交换意见。作为这一因素确定水平的基础（指人员接触）应同样作为因素 6 确定水平的基础。

8. 体力要求

即体力活动的性质、频繁程度和强度。体力要求是指工作任务对公职人员所要求的身体条件和体力，这包括体力上的特点和能力（例如，要求特殊的敏捷和灵巧），以及工作所要求的体力（例如，攀登、推、举、平衡、弯腰、下跪、蹲伏、爬行或伸屈）。体力上的某种程度的重复和强度也应加以考虑，例如，需长期站立的工作就比间歇站立的工作耗费更多的体力。

9. 工作环境

即自然环境所造成的风险与不适,以及为了避免事故与不适所需要的安全措施。工作环境因素所考虑的是公职人员自然环境的冒险性和不舒适,或所分配工作的性质以及所要求的安全规定。虽然采取安全预防措施能够在实际上消除某种危险和不舒适,但这种情况却要求公职人员在执行安全条例和采取安全技术措施时,还要采取额外的安全措施。

(二) 各种职位系列的因素水平说明和分数评定

9项因素又按不同水平加以说明,并按水平标以不同分数,各种职位系列的因素水平(即职位分类的基本标准的水平说明)和分数评定表(见表5—12)[①]。

表5—12　　　　　　　　因素水平与分数评定一览表

因素水平	1	2	3	4	5	6	7	8	9
因素1 所需知识	50	200	350	550	750	950	1250	1550	1850
因素2 监督管理	25	125	275	450	650				
因素3 指导方针	25	125	275	450	650				
因素4 复杂性	25	75	150	225	325	450			
因素5 范围与效果	25	75	150	225	325	450			
因素6 人员接触	10	25	60	110					
因素7 接触的目的	20	50	120	220					
因素8 体力要求	5	20	50						
因素9 工作环境	5	20	50						

资料来源:作者根据 Introduction to the Position Classification Standards (TS - 134 July 1995, TS - 107 August 1991, Revised: August 2009):42 - 56 资料整理。

https://www.opm.gov/policy - data - oversight/classification - qualifications/classifying - general - schedule - positions/positionclassificationintro.pdf

---

① Introduction to the Position Classification Standards (TS - 134 July 1995, TS - 107 August 1991, Revised: August 2009):42 - 56. https://www.opm.gov/policy - data - oversight/classification - qualifications/classifying - general - schedule - positions/positionclassificationintro.pdf

第五章 美国公务员分类制度 / 241

表5—13 职位所需知识的水平计分标准①

水平计分	水平1—1 50分	水平1—2 200分	水平1—3 350分	水平1—4 550分	水平1—5 750分	水平1—6 950分	水平1—7 1250分	水平1—8 1550分	水平1—9 1850分
职位所需知识说明	简单、日常或例行性的工作或操作的知识，包括照章办事并且很少要求预先的培训或经验；或操纵简单设备或惯性动作设备的技能，要求少之相当的培训和技能。	基本的或通用的规则、程序或操作的知识，需要一些预先的培训或经验；或操纵设备的基本技能，如键盘式设备，需要一些预先的培训或与之相当的知识和技能。	有关一批标准化的规则、程序或操作的知识，为了完成全部办事人员或技术性标准工作以及解决常见问题，需要相当的培训与经验，或与之相当的知识和技能。	有关大批规则、程序或操作的知识，需要广泛的培训和经验，为的是完成大量互相关联的标准程序的工作任务，或解决问题；或技术领域标准程序的实际知识，需与之相当的知识和技能。	有关一个专业或行政职位的基本原则、概念和方法论的知识（这种知识将通过相关的教育或经验、培训或自学习而获得），以及运用这些知识来完成基本任务、操作或解决问题的能力。	水平1—5所述有关一个专业或行政职位的原则、概念和方法论的知识，补充：(1)通过工作经验允许独立完成复杂性工作任务而得到的技能；	有关专业或行政职位的概念、原则和实践的广泛知识，这些知识将通过进一步的学习或经验而获得，以及运用这些知识来解决困难和复杂工作任务的才能，或技术领域广；	精通专业或行政领域，一能运用实验室的原理和新的发现来解决一些不好处理的问题，使之能按可接受的方法加以处理——做出决策或建议将极大地改变、说明或	精通专业领域，能导致产生和发展新的假设和原理；或与之相当的知识和技能。

① 资料来源：根据 Introduction to the Position Classification Standards（TS-134 July 1995, TS-107 August 1991, Revised: August 2009）：42-56 相关资料翻译整理。表7至表15的资料来源相同。见 https：//www.opm.gov/policy-data-oversight/classification-qualifications/classifying-general-schedule-positions/positionclassificationintro.pdf。

续表

水平 计分	水平1—1 50分	水平1—2 200分	水平1—3 350分	水平1—4 550分	水平1—5 750分	水平1—6 950分	水平1—7 1250分	水平1—8 1550分	水平1—9 1850分
职位所需知识说明	或经验；或与之相当的知识和技能。			要广泛的培训和经验，完成下列这类工作都需要这些知识，如：采用设备时就需要考虑设备功能上的特征；需要根据以前的经验和观察来解释试验的结果（而不是直接阅读说明或其他方法）获取信息时就要求考虑信息来源的适用性特点和质量；或与之相当的知识和技能。	程序的能力；或除水平1—4标准程序的实际知识以外，采用专门、复杂用技术来实现上述方案的实际知识；或与之相当的知识和技能。	(2)通过相关的教育经验或获得了为完成工作任务、操作和程序所需的专业行政知识，或这些知识比水平1—5所需的知识要更困难，更复杂；或有关专业领域范围的广泛知识、方法、原则及实践，以及设计困难的但有例可循的方案的才能；或与之相当的知识和技能。	泛、细微、实际的知识以及运用这些知识来发展新程序或新手段所需的才能；或与之相当的知识和技能。	发展重要公共政策或方案；或与之相当的知识和技能。	

242 / 外国公务员分类制度

表5-14 监督管理的水平计分标准

水平计分	水平2-1 25分	水平2-2 125分	水平2-3 275分	水平2-4 450分	水平2-5 650分
监督管理说明	主管作出特别委派的同一类或可重复性工作面给以明确、详尽和特别的指示。下属需要在所有原指示或指导中未特别涉及的事项得到主管的指示并与之协商。对于所有职位，工作均严加管理。对于某些职位，管理是通过工作本身结构的性质来实现的；对于其他一些工作，则可能受到完成工作的环境的制约。	主管人员提供一组或单项工作任务，指出应完成的工种工作，其范围限制，所期待的质量与数量、期限以及工作重点。主管人员还为新的困难或不寻常的工作方案，包括工作方法的建议或资料来源的利用，另提供特别知识。下属在没有特别知识的情况下，创造性地独自完成例行工作，但所涉及例外的问题以及对情况的生疏。	主管人员用明确目标和期限指的办法来协助公职作任务；并协助公职人员应付未有先例的非常局势。下属根据指示、政策、预先培训或在职实习来计划和采取相应步骤，以处理分配工作中的问题和偏差。完成工作的问题一般能评定为技术上正确、适宜，并符合政策和要求。用于达到最终结果的方法一般不作详尽检查。	主管人员确立全面的目标和可供利用的方法。公职人员及主管人员经商规定限期，方案和应完成的工作。 在这一级水平，已按工作要求来发展专长有的人员负有计划和完成工作任务的责任；当发生冲突时能解决大部分冲突，当需要时同他人协调工作；并按照既定目标创造性地解释政策。对某些工作任务，	主管人员依据广泛明确的工作任务或职能来规定行政管理的方向，下属有责任独立规划、设计以及执行方案、计划、研究成果或他工作。工作成果被认为在技术上有权威性。通常无重大变更既被接受，如果工作应予检查，则检查仅设计计划目标的完成，全提出改进意见，方案的效果，面对方案的影响，或对技进步的贡献。对新方案的建

续表

水平计分	水平2-1 25分	水平2-2 125分	水平2-3 275分	水平2-4 450分	水平2-5 650分
监督管理说明	在某些情况下，主管人员通过检查工作来保持其管理，可能包括检查已完成的工作情况或检查已完成的工作的正确性、适当性，以及对知识和已确立的程序的坚持性。	按指示均不包括在主管的决定或帮助之内。主管人员确保已完成的工作和所使用的方法在技术上是正确的并与知识或规定程序一致。如果下属之前没有执行过类似的任务，那么对工作的审查会随困难任务的增加而增加。		公务员还决定应采取的手段和使用的防范。下属应向主管通报工作进展情况，容易引起争论的事件或含义不清的地方。完成的工作仅从其可行性、同其他工作的可比较性，或符合要求或结果的有效性来予以评估。	议和目标的变更通常被认为是出于财力和物力的利用，或提出于更广泛的计划目的或全国优先事项的考虑。

第五章　美国公务员分类制度　/　245

表5—15　指导方针的水平计分标准

水平计分	水平3—1 25分	水平3—2 125分	水平3—3 275分	水平3—4 450分	水平3—5 650分
指导方针说明	特定的、详尽的指导方针，包括公务员工作的所有重要方面。公职人员应严守指导方针；非主管批准不得变更。	进行工作的程序确立以后，许多特殊指导方针就可以利用。要求公务员利用自己的判断来选定最适宜的指导方针，参考资料以及应用的程序，并且在运用指导方针于特殊场合时，应力求少发生偏差。在这一水平，公务员也可从集中可供选择的方法中决定采用一种。凡碰到不能使用现行指导方针或偏离指导方针时，应反映给主管人员。	指导方针可以利用，但不完全适用于工作或在特征上有差距的情况。公务员利用自己的判断来解释并采用指导方针，如将机关的政策、条例、先例及工作知识应用于特殊情况或问题。公务员分析结果并提出修改建议。	有行政管理政策和先例可以利用，但均系一般性规定，缺少完成工作的指导方针或能只作有限地利用。公务员不拘泥于传统方法或研究倾向或模式，并能创造性地和灵活地加以运用，以便发展新方法、新标准，或提出新政策。	对指导方针只作了概括性的非特征性的说明，即只是概括的政策说明或基本立法，需要大量解释说明。公务员必须利用自己的判断和独创性来解释现行指导方针的含义，并进一步运用于特殊工作领域。通常该公务员被认为是发展和解释指导方针的权威。

表5—16　复杂性的水平计分标准

水平计分	水平4—1 25分	水平4—2 75分	水平4—3 150分	水平4—4 225分	水平4—5 325分	水平4—6 450分
复杂性说明	工作包含的任务明确并直接有关。对于决定需要做什么的工作很少或没有选择的余地。很快就可以看清应采取的行动或应做出的反应。很容易掌握工作业务。	工作包含的任务由涉及各种有关的步骤、过程或方法所组成。关于应做什么的决定包括各种不同的选择，要求公职人员在少数几种容易辨认的情况中加以辨认。应采取的行动或做出的反应，在信息的来源、事务或项目的种类，或其他实质性质的区别等这些方面是有所不同的。	工作包括各种不同的职务，而这些职务涉及不相关和互不相关的过程和方法。关于应取决于对每一工作任务所包括的主题、状态或问题的分析。可从多种选择中选出行动方针。对涉及情况和环境的工作必须加以认识、分析，以便辨别其相互关系。	典型的工作包括不同的职责，这些职责要求采用许多不同的和互不相关的过程和方法，很成熟的与行政或专业领域相关的过程和方法。关于需要做什么的决定需要涉及对非常情况的探讨、不同的估计，以及不矛盾的资料的解释，工作通常涉及大量资料的分析，工作安排，或推荐使用新的方法和技术。	包含多种职责的工作，要求将许多不同的和方法的过程和方法适用于广泛的活动或相当深入的分析，而这些都是专业领域所需要的。关于需要做些什么的决定包括什么方法、方法学或解释和评估过程中的主要不确定性领域，这些不确定性是由项目的持续变化，技术发展未知现象或相互冲突的要求创造新技术，设立标准或发掘新信息。	这一工作包括行政或专业领域的广泛职能与进程。工作任务的特征是要做大量深入的工作，包括不断寻求机关内外人员的支持。关于需要做些什么的决定要包括什么是不明确的问题和要求，以决定问题的性质和范围。这项工作要求不断做出努力来确立概念、原理或来解决老大难问题。

表5—17　范围与效果的水平计分标准

水平计分	水平5—1 25分	水平5—2 75分	水平5—3 150分	水平5—4 225分	水平5—5 325分	水平5—6 450分
范围与效果说明	此项工作涉及完成特别的、例行的操作，而这种操作包括几项单项的任务与程序。工作成果或服务有促进作用；然而，除了直接对组织单位以外，或除了对他人有限服务的时限规定以外，很少有影响。	此项工作涉及执行特别的规则、条例或程序，较典型的是包含工作任务的完整部分或变更大范围内的计划。工作成果或服务影响进一步工作进程或服务的正确性、可靠性或可接受性。	此项工作涉及如何对待常规问题或局势的多样性，以便使之同既定标准一致。工作成果或服务影响制度、方案或设备设计或操作，操作测验、野调查、操作结论等这些活动的正确性，或影响个人的社会、物质和经济的福利。	此项工作涉及确立标准；制定方案；确定计划效果，分析特殊情况，或问题的变化。工作成果或服务影响广泛的机关行业活动，主要活动或其他机构的运作。	工作涉及摆脱情况不明的状态，并办力图弄清问题，重新解决标准问题，或开发新理论。工作成果或服务影响其他专家的工作，影响行政或科学计划或任务的主要方面的发展，或多数人的福祉。	工作涉及计划、发展和执行重要的或行政的科学的方案。方案对机关至关紧要，或在长远的基础上将对大批人员产生影响。

表 5—18　人员接触的水平计分标准

水平	水平 6—1 10 分	水平 6—2 25 分	水平 6—3 60 分	水平 6—4 110 分
人员接触说明	人员接触是指同直属机构、办公室、设计或工作单位内部公务员的以及与之通常执行不同工种、任务和工作有关的或受其支持的单位之外公职人员的接触；以及(或) 这种接触是指同高度组织的一般公众的接触(即，接触的目的以及同谁接触的问题较为清楚。这一水平的典型接触是在同一购票窗口排队、购买入场券。	这一水平的人员接触是指与同一机关但非直属单位的公务员之间的接触。接触的人员包括执行不同工种、任务和工种，即来自机关内各级水平的官员的代表、地域、地区或野外作业办公室的官员，或直属机构的其他操作人员；以及(或) 这种接触是指同一般工种的个别或集体成员在一个中等组织程度单位的接触(例如，这种接触一般是例行性的，通常在公务员工作地点进行；接触的真正目的可能在最初对一方或各方都不清楚；一方或各方可能都得不到有关另一方参加者的作用与权力的信息)。这一水平的典型接触如：同订购飞机票或信息中心申请者在工作信息中心的接触。	这种人员接触是指同中等组织程度的机关成员的以及个别公务员或集体成员的接触(例如，接触不是例行性的，各方接触的目的与范围不相同的，各方作用与权力在接触过程中能加以辨别与发展)。这一水平的典型接触是同那些以检察官身份出现的人员，职业团体代表，新闻媒介或公共行动团体代表的接触。	这种人员接触是指那些全国性或国际性的公务员的接触(例如，个别高级官员，外国政府领导人员，全国或国际性的大公司经理，全国公认的新闻媒介的代表，全国工会主席，州长，或大城市的市长等这些人物的接触。

表 5—19　　　　　　　　　接触目的的水平计分标准

水平计分	水平 7—1 20 分	水平 7—2 50 分	水平 7—3 120 分	水平 7—4 220 分
接触目的的说明	目的是获取、澄清或提供事实或信息，而不管这些事实的性质如何，即从易懂的事实或信息指导高难技术。	目的是采用影响或激励那些正为共同的目标而工作并基本上采取合作态度的个人或团体的方法，来计划、协调工作，或对工作努力程度提出劝告，或解决操作问题。	目的是影响、激励、询问或控制个人或团体。在这级水平接触的人员可能是恐惧的、疑虑的、不合作的，或危险的。因此公职人员必须善于接近这些个人或团体，以便达到预期的效果。如用劝说或协商的办法使之遵守既定政策和法规，或通过与可疑的线人建立融洽关系来获得信息。	目的是在涉及重大或有争议的问题时进行辩护、辩解、协商或解决争端。这级水平的工作通常包括积极参与会议，倾听申诉，或提出相当重要的问题。所接触的人员一般都存在不同的观点、目标或目的。要求公职人员对问题达成共同的理解，用令人信服的办法使之达成妥协，或提出适当的变通办法。

表 5—20　　　　　　　　　体力要求的水平计分标准

水平计分	水平 8—1 5 分	水平 8—2 20 分	水平 8—3 50 分
体力要求说明	工作是坐着的，典型的情况是公职人员可以坐着舒舒服服地做工作。当然，也可能有某些走动、站立、弯曲、拿些轻物品，如纸张、书籍、小物件、驾驶小汽车等等。完成工作不需要特殊的体力要求。	工作需要某种程度的体力，如长时间的站立；在粗糙的、崎岖不平的或多岩石的路面上行走；重复弯曲、蹲伏、弯腰、伸展、伸屈或类似动作；重复提举中等沉重的物件如打字机、录音箱。工作可能要求特殊的，但还是共同的体力上的特点要求与能力，如平均水平以上的敏捷和灵活。	工作要求有相当紧张程度的体力，如反复攀登高梯，举重 50 磅以上的重物，在狭窄范围内蹲伏或爬行，以及为自己或他人防范自然界的侵袭。

表 5—21　　　　　　　　　工作环境的水平计分标准

水平计分	水平 9—1 5 分	水平 9—2 20 分	水平 9—3 50 分
工作环境说明	工作环境包括日常的冒险或不舒适，只要求一般的安全预防措施，这种工作典型的地点如办公室、会议室和教室、图书馆，以及住宅或货车，例如利用安全工作实践于办公设备，避免跌跤，遵守防火规定和交通信号等。工作地区的亮度、温度和通风都适当。	工作包括中等程度的冒险或不舒适，需要特别安全措施，例如，围绕移动部件、车辆或机器工作；接触传染病菌或刺激性化学物品等。可能要求公职人员使用防护服装或用具，如面罩、长袍、外套、长靴、护目镜、手套等。	工作环境包括暴露在潜在危险情况下或恶劣环境下的高度冒险，要求采取一系列的安全或其他预防措施，如在纯属室外高温气候条件下工作，可能受到自然界的侵袭或同罪犯在一起工作，或在类似的不能加以控制的情况下工作。

（三）标准职位说明和标准职位

标准职位说明是用来说明一个真正的工作岗位，该岗位典型地代表这一个职业中的大多数工作。它按照 9 个因素来加以说明，并参照职位系列的因素水平和分数评定及基本标准来说明分数。人事管理总署为政府部门所有带共性的工作岗位颁布标准职位说明，而每个联邦政府机构根据总的要求为该机构特有的工作岗位颁布标准职位说明。

因素评价法常被用于对专业、行政、技术、文书以及助理等职位序列中的典型职位进行分类（见表 5—22 至 5—25）。

表 5—22　　　　　　　　专业职位（Professional Work）

因素水平	GS—05	GS—07	GS—09	GS—11	GS—12	GS—13	GS—14	GS—15
因素 1 所需知识	1—5	1—6	1—6	1—7	1—7	1—8	1—8	1—9
因素 2 监督管理	2—1 or 2—2	2—2	2—3	2—4	2—4	2—4	2—5	2—5
因素 3 指导方针	3—1	3—2	3—3	3—3	3—4	3—4	3—5	3—5

续表

因素水平	GS—05	GS—07	GS—09	GS—11	GS—12	GS—13	GS—14	GS—15
因素4 复杂性	4—2	4—2 or 4—3	4—3	4—4	4—4 or 4—5	4—5	4—5	4—6
因素5 范围与效果	5—1	5—2	5—3	5—3	5—4	5—4 or 5—5	5—5	5—6
因素6 人员接触	6—1 or 6—2	6—2	6—2 or 6—3	6—3	6—3	6—3	6—3	6—3 or 6—4
因素7 接触的目的	7—1	7—1 or 7—2	7—2 or 7—3	7—2 or 7—3	7—3	7—3	7—3 or 7—4	7—3 or 7—4
因素8 体力要求	8—1 or 8—2	8—1 or 8—2	8—1 or 8—2	8—1 or 8—2	8—1 or 8—2	8—1 or 8—2	8—1 or 8—2	8—1 or 8—2
因素9 工作环境	9—1 or 9—2	9—1 or 9—2	9—1 or 9—2	9—1 or 9—2	9—1 or 9—2	9—1 or 9—2	9—1 or 9—2	9—1 or 9—2

资料来源：The Classifier's Handbook（TS-107 August 1991）：14。见 https://www.opm.gov/policy-data-oversight/classification-qualifications/classifying-general-schedule-positions/classifierhandbook.pdf。

表5—23　　　　　　　　行政职位（Administrative Work）

因素水平	GS—05	GS—07	GS—09	GS—11	GS—12	GS—13	GS—14
因素1 所需知识	1—5	1—6	1—6	1—7	1—7	1—8	1—8
因素2 监督管理	2—1 or 2—2	2—2	2—3	2—4	2—4	2—4	2—5
因素3 指导方针	3—1	3—2	3—3	3—3	3—4	3—4	3—5
因素4 复杂性	4—2	4—2 or 4—3	4—3	4—4	4—4 or 4—5	4—5	4—5
因素5 范围与效果	5—1	5—2	5—3	5—3	5—4	5—4 or 5—5	5—5
因素6 人员接触	6—1 or 6—2	6—2	6—2 or 6—3	6—3	6—3	6—3	6—3
因素7 接触的目的	7—1	7—1 or 7—2	7—2 or 7—3	7—2 or 7—3	7—3	7—3	7—3 or 7—4

续表

因素水平	GS—05	GS—07	GS—09	GS—11	GS—12	GS—13	GS—14
因素8 体力要求	8—1	8—1	8—1	8—1	8—1	8—1	8—1
因素9 工作环境	9—1	9—1	9—1	9—1	9—1	9—1	9—1

资料来源：The Classifier's Handbook（TS-107 August 1991）：15。见 https://www.opm.gov/policy-data-oversight/classification-qualifications/classifying-general-schedule-positions/classifierhandbook.pdf。

表5—24　　　　　　　　技术职位（Technical Work）

因素水平	GS—02	GS—03	GS—04	GS—05	GS—06	GS—07	GS—08	GS—09
因素1 所需知识	1—2	1—2	1—3	1—4	1—4	1—4 or 1—5	1—5	1—6
因素2 监督管理	2—1	2—2	2—2	2—2	2—3	2—3	2—3	2—3
因素3 指导方针	3—1	3—1	3—1 or 3—2	3—2	3—2	3—2 or 3—3	3—3	3—3
因素4 复杂性	4—1	4—2	4—2	4—2	4—2	4—3	4—3	4—3 or 4—4
因素5 范围与效果	5—1	5—1	5—2	5—2	5—2 or 5—3	5—3	5—3	5—3
因素6 人员接触	6—1	6—1 or 6—2	6—2	6—2	6—2	6—2	6—2	6—2
因素7 接触的目的	7—1	7—1	7—1	7—1	7—2	7—2	7—2	7—2
因素8 体力要求	8—1 or 8—2	8—1 or 8—2	8—1 or 8—2	8—1 or 8—2	8—1 or 8—2	8—1 or 8—2	8—1 or 8—2	8—1 or 8—2
因素9 工作环境	9—1 or 9—2	9—1 or 9—2	9—1 or 9—2	9—1 or 9—2	9—1 or 9—2	9—1 or 9—2	9—1 or 9—2	9—1 or 9—2

资料来源：The Classifier's Handbook（TS-107 August 1991）：16。见 https://www.opm.gov/policy-data-oversight/classification-qualifications/classifying-general-schedule-positions/classifierhandbook.pdf。

表5—25　　文书和助理职位（Clerical And Assistance Work）

因素水平	GS—01	GS—02	GS—03	GS—04	GS—05	GS—06	GS—07
因素1 所需知识	1—1	1—2	1—2	1—3	1—3	1—4	1—4
因素2 监督管理	2—1	2—1	2—2	2—2	2—2	2—2	2—3
因素3 指导方针	3—1	3—1	3—1	3—2	3—2	3—3	3—3
因素4 复杂性	4—1	4—1	4—2	4—2	4—3	4—3	4—3
因素5 范围与效果	5—1	5—1	5—1	5—2	5—2	5—2 or 5—3	5—3
因素6 人员接触	6—1	6—1	6—1 or 6—2	6—2	6—2	6—2	6—2
因素7 接触的目的	7—1	7—1	7—1	7—1	7—1 or 7—2	7—1 or 7—2	7—2
因素8 体力要求	8—1	8—1	8—1	8—1	8—1	8—1	8—1
因素9 工作环境	9—1	9—1	9—1	9—1	9—1	9—1	9—1

资料来源：The Classifier's Handbook（TS‐107 August 1991）：17。见 https：//www.opm.gov/policy‐data‐oversight/classification‐qualifications/classifying‐general‐schedule‐positions/classifierhandbook.pdf。

标准职位是指将标准职位说明中每一因素的相应分数值以及这些分数值的总分，通过一张由人事管理总署制定的换算表，换算成相应的GS等级，这便成为标准职位的等级，从而达到定级定薪的目的。分类职位作成因素评价格式的职位说明后，同标准职位说明加以比较，如果两者正好一致，分类职位的各种因素的分数值及其总分，亦可按同样方法换算成相应的GS等级，从而达到分类职位定级定薪的目的。

表 5—26　　　　　　　　　　公务员职位分类评价简表

职位名称、职系和职级			
机构			
职位			
评价因素	分数分配	所用标准	备注
职位所需知识			
监督管理			
指导方针			
复杂性			
范围和效果			
人员接触			
接触目的			
体力要求			
工作环境			
概述	总分数		
	职级转化		

资料来源：The Classifier's Handbook（TS–107 August 1991）：13。见 https：//www.opm.gov/policy–data–oversight/classification–qualifications/classifying–general–schedule–positions/classifierhandbook.pdf。

表 5—27　　　　　　　　　　公务员职等换算表

GS Grade（职级）	Point Range（分数范围）
1	190—250
2	255—450
3	455—650
4	655—850
5	855—1100
6	1105—1350
7	1355—1600
8	1605—1850
9	1855—2100
10	2105—2350

续表

GS Grade（职级）	Point Range（分数范围）
11	2355—2750
12	2755—3150
13	3155—3600
14	3605—4050
15	4055—up

资料来源：Introduction to the Position Classification Standards（TS – 134 July 1995, TS – 107 August 1991, Revised: August 2009）: 56。

https://www.opm.gov/policy – data – oversight/classification – qualifications/classifying – general – schedule – positions/positionclassificationintro.pdf。

第四节　现行联邦公务员分类管理

一　公务员分类考录

（一）考录类型

美国公务员考录中，分三类职位，即竞争性职位、特殊职位和高级公务员（SES）职位。竞争性职位包括联邦政府行政部门的所有公务员职位，但也有一些例外。竞争性职位在被任命之前必须经过竞争性的招聘程序（如竞争性考试），并向所有申请人开放。这个过程可能包括笔试，对个人教育和经验的评估，和/或对在该职位上成功表现所必需的其他特质的评估。

特殊职位的任用是联邦政府内无须通过竞争即能获得的任用。被任命为特殊职位的方式有很多，如在美国人事管理总署（OPM）的授权范围内任命为特殊职位（如退伍军人的招聘任命）或任命为由人事管理总署认定的例外职位（如律师）。

高级公务员（SES）由负责领导政府持续不断转型的人员组成。这些领导人员拥有良好的行政管理技能，对政府有着广泛的看法，并对公共服务作出了以宪法为基础的承诺。作为 1978 年《公务员制度改革法案》（*Civil Service Reform Act of 1978*）的基石，高级公务员（SES）被设计为一群根据其领导资格条件挑选出来的高级管理人员。

由于特殊职位无须通过竞争,以下仅介绍竞争性职位和高级公务员(SES)职位。无论是竞争性职位还是高级公务员(SES)职位,均以胜任力(competencies)或知识、技能和能力(KSAs)作为考录的基础。胜任力是个人成功履行工作职责所需的知识、技能、能力、行为和其他特征的可测量模式。胜任力指定了执行工作任务的"方式",或成功完成工作所需的条件。

(二)竞争性职位考录

20世纪90年代之后,随着美国在公务员制度改革中不断下放权力(主要是通过授权以扩大政府各部门或机构的公务员管理权),人事管理总署于1996年将考试权下放给联邦各部门,并运用于几乎所有竞争性职位。各机关根据功绩制原则、人事机关法规及人事管理总署的授权考试作业手册自行开展竞争性考试。而人事管理总署仅负责查核考录过程是否符合功绩制原则。

竞争性职位考录以是否具备履行职责所需要的胜任能力/ KSAs 为基础。评估工具包括结构化面试、笔试、评估中心、工作样本、职业问卷(评分计划/评分表)等。① 考录机构可以选择一个或多个评估工具来衡量一个人对特定工作的胜任力/ KSAs。人事管理总署提供了关于每一种方法的优点和缺点的信息,以帮助考录机构确定哪种方法将最有效地满足机构招聘需求。机构也可以用其他测评工具,只要符合相关法律法规要求即可。

2010年5月11日发布的《关于改善联邦招聘和招聘程序的总统备忘录》(The Presidential Memorandum on Improving the Federal Recruitment and Hiring Process)要求申请程序不可过于繁琐或耗时。为那些寻求联邦就业的人提供一个简单易用的程序,申请人在最初申请时只需要提交简历和任何要求的表格的副本(如记录退伍军人优先资格的表格)。来自申请人的任何来源、任何格式的简历均需接受。申请人可以提交求职信,但不是必需的。

1981年11月19日,美国哥伦比亚特区地方法院解决了1979年提起的一起集体诉讼。该诉讼称,政府用来填补 GS-5 和 GS-7 职等约110

---

① https://www.opm.gov/policy-data-oversight/assessment-and-selection/.

个职位的专业和行政职业生涯考试（Professional and Administrative Career Exam，PACE）[①] 对非洲裔美国人和拉美裔美国人的选择产生了不利影响。当双方达成一项由法院批准的判决令（卢瓦诺判决令）时，诉讼得以解决。根据该法令，政府被要求停止使用PACE考试，人事管理总署被要求开发一种新的评估工具供各机构使用，以填补该法令所涵盖的职位。OPM开发了美国行政职业评估工具（Administrative Careers with America，ACWA）职位来满足这一要求。禁止使用以前的PACE考试的禁令仍然存在，但该法令的其他方面在2007年终止。

ACWA笔试和ACWA评级表是两个独立的评估工具，可用于以前的PACE所涵盖的专业和行政职位。这些工具只适用于在入职一级，即GS-5或GS-7，曾经需要参加PACE考试的职业；分类间隔为2级；并且有潜力覆盖到GS-9或更高等级。

（三）高级公务员（SES）职位考录

胜任力是高级公务员取得成功的关键个人和专业特质，美国人事管理总署确定了6个方面28项胜任力。其中，核心胜任力（Executive Core Qualifications，ECQs）[②] 包括5个方面（引领变革、领导人员、结果驱动、商业头脑、建立联盟）22项内容；基本胜任力[③]包括6项内容。核心资格定义了建立联邦组织文化所需的胜任力，即以结果为导向，服务客户，并在组织内外建立成功的团队和联盟。核心资格为SES所必需，许多部门和机构将其用于管理职位的选拔、绩效管理和领导力发展。ECQs旨在评估管理经验与潜力，而非技术专长；衡量的是一个人是否具备在多个SES职位上取得成功所需的广泛管理技能，而不是他们是否是某个职位的最佳候选人。基本胜任力是每项核心胜任力的基础。

1. 核心胜任力——引领变革

该胜任力涉及在组织内部和外部实现战略变革以实现组织目标的能

[①] 1974年开始应用的联邦公务员录用考试，该考试适用于社会科学、艺术与信息、工业与商业、检查、调查与合规、教育与培训等110个职系。

[②] OPM's Guide to the Senior Executive Service Qualifications，资料来源：https：//www.opm.gov/policy-data-oversight/senior-executive-service/reference-materials/guidetosesquals_2012.pdf。

[③] https：//www.opm.gov/policy-data-oversight/assessment-and-selection/competencies/proficiency-levels-for-leadership-competencies.pdf。

力，即制定组织愿景并在不断变化的环境中实施它的能力。主要包括以下 6 项胜任力：(1) 创造力与革新。对情况产生新的见解；质疑传统方法；鼓励新的想法和创新；设计和实施新的或尖端的程序/流程。(2) 外部意识。及时了解影响组织与影响利益相关者观点的地方、国家和国际政策及趋势；意识到组织对外部环境的影响。(3) 灵活性。对变化和新信息持开放态度；快速适应新信息、不断变化的条件或意想不到的障碍。(4) 韧性。有效应对压力；即使在逆境中，仍然保持乐观和坚持。从挫折中迅速恢复。(5) 战略思维。制定目标和优先事项，并在全球环境中实施符合组织长期利益的计划。把握机会并管理风险。(6) 远见。着眼长远，与他人建立共同愿景；作为组织变革的催化剂。影响他人将愿景转化为行动。

2. 核心胜任力——领导人员

该胜任力包括领导人们实现组织愿景、使命和目标的能力。ECQs 的本质是提供一个包容的工作场所，促进他人的发展，促进合作和团队合作，支持建设性解决冲突的能力。主要涉及以下 4 项胜任力：(1) 冲突管理。鼓励创造性的紧张和不同的意见。预见并采取措施防止产生反效果的冲突。以建设性的方式管理和解决冲突与分歧。(2) 多元化平衡。营造一个包容的工作环境，在这里，多样性和个人差异得到重视和利用，以实现组织的愿景和使命。(3) 发展他人。通过提供持续的反馈和提供通过正式和非正式方法学习的机会，发展其他人的能力，并为组织作出贡献。(4) 团队建设。激励和培养团队的承诺、精气神、自豪感和信任。促进合作，激励团队成员完成团队目标。

3. 核心胜任力——结果驱动

该胜任力包括满足组织目标和客户期望的能力。ECQs 所固有的能力是通过应用技术知识、分析问题和计算风险来作出决策，从而产生高质量的结果。主要涉及以下 6 项胜任力：(1) 问责制。让自己与他人对可衡量的高质量、及时和成本效益的结果负责。确定目标，设定优先级，并委派工作。为错误承担责任。遵守已建立的控制系统和规则。(2) 客户服务。预测并满足内部和外部客户的需求。提供优质的产品和服务；致力于持续改进。(3) 果断。即使数据有限或解决方案不能令人满意，也能及时作出明智、有效的决策；感知决策的影响和含义。(4) 企业家精神。

通过识别新机会为组织未来的成功定位；通过开发或改进产品或服务来建立组织。承担计算风险以实现组织目标。（5）解决问题。识别和分析问题；权衡信息的相关性和准确性；生成和评估替代解决方案；提出建议。（6）技术可信度。理解并适当应用与专业知识相关的原则、程序、要求、法规和政策。

4. 核心胜任力——商业头脑

该胜任力包括战略性地管理人力、财务和信息资源的能力。主要涉及以下 3 项胜任力：（1）财务管理。了解公司的财务流程。准备、论证和管理项目预算。监督采购和合同达成预期结果。监控支出并使用成本效益思维来设定优先级。（2）人力资本管理。基于组织目标、预算考虑、人员需求构建与管理劳动力。确保适当地招聘、挑选、评估和奖励员工；采取行动解决性能问题。管理多部门员工和各种工作情况。（3）技术管理。了解最新的技术发展。有效利用技术达到目的。确保技术系统的接入和安全。

5. 核心胜任力——建立联盟

该胜任力涉及在内部以及与其他联邦机构、州和地方政府、非营利组织和私营部门组织、外国政府或国际组织建立联盟以实现共同目标的能力。主要涉及以下 3 项胜任力：（1）合作。发展网络并建立联盟；跨界合作以建立战略关系并实现共同目标。（2）政治头脑。识别影响组织工作的内部和外部政治。感知组织和政治现实并采取相应行动。（3）影响/谈判。说服他人；通过给予和获取建立共识；获得他人的合作以获取信息并完成目标。

6. 基本胜任力

基本胜任力是前述 5 项核心胜任力的基础。涉及以下 3 项胜任力：（1）人际交往能力，以礼貌、体恤和尊重的态度对待他人。考虑并适当回应不同情况下不同人的需求和感受。（2）口头表达能力，口头陈述清晰且有说服力。有效倾听；根据需要澄清信息。（3）正直/诚实品质，以诚实、公平和有道德的方式行事。言行一致；树立高道德标准。（4）书面表达能力。以清晰、简洁、有组织、有说服力的方式传递书面信息给目标受众。（5）持续学习能力。评估和认识自己的长处和短处；追求自我发展。（6）公共服务动机，展现服务公众的决心。确保行动符合公众需要；将组织目标和实践与公共利益联系起来。

在人事管理总署的人事编制范围内，各行政机构可自行决定高级公务员①的资质要求和考录方式。申请高级公务员职位有两种方式：一是向用人机构提出申请，在进入部门选拔后，该部门将合格名单递交人事管理总署，由人事管理总署及资格审查委员会确定候选人名单。二是向联邦政府高级公务员候选人发展项目提交申请，参加该项目后，经由资格审查委员会审查通过，当部门出现用人空缺时，可从高级公务员候选人名单中直接任命，不再参加后续竞争性程序。在这两种方式中，是否批准候选人最终进入高级公务员队伍的决定权掌握在人事管理总署的资格审查委员会（由三名在职并来自不同机构的高级公务员管理人员组成），而不是各行政用人机构。② 在各行政机构将候选人名单递交资格审查委员会之前，需要将候选人的材料和条件进行分类。

当机构通过竞争性的空缺公告招聘时，可以选择以下方式招录：（1）以简历为基础：要求求职者只提交一份简历。申请人通过简历展示拥有ECQs和技术资格。（2）以业绩记录为基础：要求申请人提交一份简历和说明，强调拥有ECQs和技术资格。（3）传统方式：要求申请人提交简历和说明，强调拥有ECQs和技术资格。

考录通过的标准③有三种：（1）标准A——具有优秀的管理经验。候选人必须在所有五个ECQs中都有管理经验。他们的申请应反映出获得SES所需的知识、技能和能力的全面记录。除了联邦工作经验外，这一记录还可以包括专业与志愿者经验、教育、培训和奖励。（2）标准B——成功参加了人事管理办公室批准的候选人发展计划（CDP）。参与CDP项目

---

① 高级公务员分为常任高级公务员和非常任高级公务员。常任高级公务员是指普通公务员通过竞争性考试一步步晋升而获得该职位。非常任高级公务员是通过总统或部门机构的政治首脑任命而产生的，不需要通过国会的批准。此处介绍通过竞争性考试获得提升的常任高级公务员。高级公务员常在工商企业经理中选拔，很少自低级公务员晋升而来。

② 人事总署召集资格审查委员会提供独立的同行评议。资格审查委员会审查是高级公务员选择过程中的最后也是最关键的一步。见 United States Office of Personnel Management：Guide To The Senior Executive Service。资料来源：https：//www.opm.gov/policy-data-oversight/senior-executive-service/reference-materials/guidesesservices.pdf

③ OPM's Guide to the Senior Executive Service Qualifications，资料来源：https：//www.opm.gov/policy-data-oversight/senior-executive-service/reference-materials/guidetosesquals_2012.pdf。

并成功完成该项目的候选人有资格获得 SES 的非竞争性聘用。在 2009 年 12 月法规修订之前，CDP 的空缺可以在一个机构内公布，而不是在整个政府范围内；这些毕业生必须竞争 SES 职位。无论哪种情况，CDP 毕业生都不能保证在 SES 就业。该机构的执行资源委员会主席必须证明候选人成功地完成了 CDP 的所有活动。资格审查委员会（QRB）审查每个候选人的培训和发展经验，以及之前的经验，以确保他们为认证高管资格提供充分的基础。（3）标准 C——拥有特殊或独特的品质，这些品质表明其成功的可能性。候选人必须具备特殊或独特的资格，以支持履行职位职责的能力，并有潜力迅速获得 ECQs 的全部能力（例如，通过高级公务员经验特别熟悉机构的程序的个人，或者对机构的最高政策水平有重大影响）。需要指出的是，标准 C 的情况非常罕见，只有在具有良好经验的杰出候选人无法获得的情况下才适用。

二　公务员分类考核

美国授权各部门负责普通公务员的考核。统一的考核只针对高级公务员开展，以下仅介绍美国高级公务员的考核。美国联邦政府 2010 年出台了《政府绩效与结果法案修正案》，对 1993 年出台的《政府绩效与结果法案》进行修正。2012 年，美国人事管理总署与美国行政管理和预算局联合推出了高级公务员的绩效考核系统。该系统从绩效考核的内容、过程、标准等方面为各机构提供了一个标准化的框架来实施高级公务员的绩效管理，其目的在于通过富有效率的管理来实现组织的战略目标。

（一）考核内容

美国高级公务员的考核内容即高级公务员的核心胜任力。在核心胜任力框架中，结果驱动是对业绩的考核，其他 4 项考核的是完成业绩过程中反映出的能力。在结果驱动这一维度下，要从高级公务员所在机构的职能出发，将其具体工作进行细化或量化，形成可衡量的目标与指标。

1. 引领变革

制定并实现一个组织愿景，该愿景整合了关键的组织目标和计划目标、优先事项、价值观和其他因素。考核主要包括：评估和适应不断变化的情况，实施创新解决方案以进行组织改进，从增量改进到方向或方法的重大转变,视情况而定。平衡变化和连续性;不断努力改进服务和项目绩效;创建一个鼓励创造性思维、协作和透明度的工作环境;即使在逆境中,也能聚焦于计划重点。

2. 领导人员

设计和实施战略,最大限度地发挥员工潜力,将组织横向和纵向连接起来,培养高道德标准,以实现组织的愿景、使命和目标。考核主要包括:提供具包容性的工作场所,促进他人充分发挥潜力;允许所有员工全面参与;促进协作、合作和团队合作,支持建设性解决冲突。确保员工绩效计划与组织的使命和目标相一致,确保员工得到建设性的反馈,并根据明确定义和沟通的绩效标准对员工进行现实的评估。要求员工对适当水平的绩效和行为负责。了解并考虑员工的意见。招聘、留住和培养人才,以建立一支反映国家高素质、多样化的劳动力队伍,在支持劳动力多样性、工作场所包容性以及平等就业政策和计划的同时,具备实现组织绩效目标所需的技能。

3. 商业头脑

以建立公众信任和完成组织使命的方式评估、分析、获取和管理人力、财力、物力和信息资源。使用技术增强流程和决策制定。执行运营预算;编制合理的预算申请;管理资源。

4. 建立联盟

征求并考虑来自内部和外部利益相关者或客户的反馈。与有关各方协调,最大限度地吸收有关利益相关方的意见,促进不同群体公开交换意见,并加强内部和外部支持。以令人信服的方式解释、倡导和表达事实和观点,并酌情与内部和外部的个人和团体进行谈判。与其他组织建立专业网络,识别影响组织工作的内部和外部政治因素。

5. 结果驱动

这一关键要素包括在评估期间期望 SES 取得的具体绩效结果,重点是战略计划的可衡量结果或其他与组织目标和目的明确一致的可衡量产出及结果。绩效计划至少应包括绩效要求(包括措施、目标、时间表或质量描述,视情况而定),描述达到 3 级(完全称职)的绩效标准,建议为 5 级(卓越)和 2 级(基本称职)设定标准。

(二) 考核标准①

每一项核心胜任力的考核标准如下：

5级：表现出色，营造一种氛围，在高管的组织、机构、部门或政府范围内保持卓越并优化结果。这代表了最高级别的执行绩效，对实现本组织使命的非凡影响就是明证。SES是一位鼓舞人心的领导者，被机构领导层、同事和员工视为楷模。SES持续为机构努力作出重大贡献或带头实现重要的机构目标，始终以尽可能高的质量实现期望，始终应对挑战，超越目标，并在每一步都提前完成任务。

绩效可通过以下示例进行演示：（1）通过开发创造性的解决方案，解决可能对组织、机构或政府产生不利影响的项目问题，克服意外障碍或棘手问题。（2）通过以身作则的领导，创造一个培养创造性思维和创新的工作环境；促进核心流程重组；以及实现既定的组织绩效目标。（3）主动为项目和政策的制定和实施确定新的机会，或寻求更多的机会，为优化结果作出贡献；承担经过计算的风险以实现组织目标。（4）即使在过程中承担了超出正常的要求和时间压力，也能实现目标。（5）取得对组织、机构或政府有重大价值的成果。（6）在项目交付或组织日常运营成本方面实现了显著的效率或成本节约。

4级：表现出非常高的绩效水平，超出了成功履行SES职位和职责范围所需的水平。是一位久经考验的高效领导者，他能建立信任，并向机构领导、同事和员工灌输信心。高管始终超出既定的绩效预期、时间表或目标（如适用）。可通过以下方式证明绩效：（1）在实现一个或多个战略目标方面取得重大进展。（2）在处理项目运作或政策挑战方面表现出非凡的智慧。（3）取得超出预期的结果，提前实现组织、机构或政府的目标。

3级：表现出预期的高水平绩效，其行动和领导能力为实现战略目标和有意义的结果作出积极贡献。是一位高效、可靠的领导者，在商定的时间表内，根据质量、数量、效率和/或有效性的衡量标准，提供高质量的结果。满足并经常超过为该职位设定的具有挑战性的绩效预期。

---

① Senior Executive Service Performance Management System，https：//www.opm.gov/policy-data-oversight/senior-executive-service/basic-appraisal-system/basic-ses-system-description.pdf.

可通过以下方式证明绩效：（1）抓住机会解决问题，并在需要时进行更改。（2）找到严重问题的解决方案，并支持采用这些解决方案。（3）设计导致改进的策略。

2级：对组织的贡献在短期内是可以接受的，但不会显著推动组织实现其目标。虽然通常能够达到既定的绩效预期、时间表和目标，但偶尔会出现影响运营和/或引起管理层担忧的失误。在显示出通过他人完成工作的基本能力的同时，在激励下属尽最大努力或有效组织这些努力以解决组织及其工作特有的问题方面可能表现出有限的能力。

1级：在重复的情况下，执行官表现出有损于任务目标的绩效缺陷。通常被机构领导层、同僚或员工视为无效。未达到既定的绩效预期/时间表/目标，未能生产或生产出不可接受的工作产品、服务或成果。

考核内容和标准确立后，需要为每个关键要素分配一个权重来体现不同关键要素的重要程度。考核满分为100分，其中，结果驱动关键要素的权重不低于20%；其他4个关键要素的权重不低于5%；任何一个要素的权重不得超过结果驱动元素。

（三）结果应用

美国联邦政府高级公务员绩效考核系统给出了5个绩效等级：一级（不称职）、二级（基本称职）、三级（完全称职）、四级（非常称职）、五级（杰出）。[①]

高级公务员的绩效考核结果主要用于薪酬调整、奖励授予、职位调整以及确定培训需求等方面。

在调整薪酬方面，各机构要建立起基于个人绩效表现和（或）对组织绩效的贡献程度的、符合自身特色的绩效薪酬体系。其中既有对基本工资的调整，也有一次性的绩效奖励。

在授予奖励方面，与高级公务员绩效考核结果有关的奖项有两种：（1）总统奖。总统奖每年由美国总统签发给绩效表现优异、踏实勤奋、持续追求卓越以及拥有杰出领导力的高级公务员。总统奖分为杰出奖（Distinguished）和一等奖（Meritorious）。杰出奖获得者将得到其年薪

[①] 资料来源：https://www.opm.gov/policy-data-oversight/senior-executive-service/performance/。

35%的一次性奖励，一等奖获得者则会得到其年薪20%的一次性奖励。（2）绩效奖。绩效奖由各机构的绩效审查委员会向机构首长推荐，由机构首长决定获奖者。绩效奖的奖金一般介于年薪的5%—20%之间，具体数额由各机构根据年度预算来确定。[1]

在调整职位方面，如果高级公务员的绩效考核结果欠佳，相关机构必须采取以下措施：第一，重新安排、调动或解聘最终评级为一级的高级公务员；第二，解聘三年期间内至少两次最终评级低于三级（即两次二级或二级和一级各一次）的高级公务员；第三，解聘五年内两次最终评级为一级的高级公务员。[2]

在确定培训需求方面，各机构要以绩效考核结果为依据，分析高级公务员绩效不佳的问题及原因，并确定在哪些方面需要参加培训，同时为高级公务员提供所需培训的资料和课程。

三 公务员分类定薪

美国联邦公务员工资主要包括基本工资、绩效工资、津补贴等组成部分。其中，基本工资是对公务员的工作内容、难易程度、责任大小、任职资格等的补偿。

绩效工资是对工作业绩的补偿，包括各种现金奖、工作成绩奖、政府推荐奖等。津补贴多为条件性津贴，根据工作环境、工作条件以及个人条件发放。艰苦地区、危险岗位和特殊岗位的公务员除了领取地区差额工资之外，还享有津贴补贴。以下仅介绍基本工资。所列工资表是年基本工资，于2022年1月开始正式生效。

基本工资按照公务员类别的不同分为两大类，一是适用于白领职业公务员的工资体系，二是适用于蓝领职业公务员的工资体系。

---

[1] United States Office of Personnel Management Guide To The Senior Executive Service 2017.03 资料来源：https://www.opm.gov/policy-data-oversight/senior-executive-service/reference-materials/guidesesservices.pdf。

[2] Senior Executive Service Performance Management Systemm，资料来源：https://www.opm.gov/policy-data-oversight/senior-executive-service/basic-appraisal-system/basic-ses-system-description.pdf。

(一) 白领公务员分类定薪

适用于白领的工资体系分为两大类，即一般公务员及级别与一般公务员相当的公务员工资计划（General Schedule and Equivalently Graded Pay Plans，也称 GSEG Pay Plans）和其他白领工资计划（Other White Collar Pay Plans）。其中，一般公务员及级别与一般公务员相当的公务员工资计划又分为标准 GSEG 工资计划（Standard GSEG Pay Plans）和其他 GSEG 工资计划（Other GSEG Pay Plans）；其他白领工资计划（Other White Collar Pay Plans）又分为政府部门广泛应用或适用多部门的工资计划（Governmentwide or Multi-Agency Plans）和适用单个部门的工资计划（Single Agency Pay Plans）。在各工资计划之下细分为若干序列。

一般公务员及级别与一般公务员相当的公务员工资计划之下有一般公务员序列（GS）和执法人员序列（GL）等。其他白领工资计划之下有外交人员序列、退役军人健康管理序列、高级公务员工资序列、行政首长序列、副总统与国会议员序列、司法法官序列等。其中，（1）一般公务员序列（General Schedule），适用对象为 1-15 级一般公务员，该工资序列约覆盖 70% 的联邦公务员白领职业[1]；（2）执法人员序列（Law Enforcement Officer Payscale），适用对象为警察、特工、调查人员等执法人员[2]；（3）外交人员序列（Foreign Service），适用对象为驻外人员；（4）退役军人健康管理序列（The schedules for the Veterans Health Administration of the Department of Veterans Affairs），适用对象为在退役军人事务部工作的健康管理人员；（5）高级公务员工资序列（Senior Executive Service，SES），适用对象为高级公务员，包括国务卿、总统内阁成员、各部委的高级职位。

表 5—28　　　美国一般公务员序列（GS）工资表　　　单位：美元

级别	1 档	2 档	3 档	4 档	5 档	6 档	7 档	8 档	9 档	10 档
GS-1	20172	20849	21519	22187	22857	23249	23913	24581	24608	25234
GS-2	22682	23222	23973	24608	24886	25618	26350	27082	27814	28546
GS-3	24749	25574	26399	27224	28049	28874	29699	30524	31349	32174

---

[1] 资料来源：http://www.federalpay.org/。
[2] 资料来源：http://www.federalpay.org//leo/agencies。

续表

级别	1档	2档	3档	4档	5档	6档	7档	8档	9档	10档
GS-4	27782	28708	29634	30560	31486	32412	33338	34264	35190	36116
GS-5	31083	32119	33155	34191	35227	36263	37299	38335	39371	40407
GS-6	34649	35804	36959	38114	39269	40424	41579	42734	43889	45044
GS-7	38503	39786	41069	42352	43635	44918	46201	47484	48767	50050
GS-8	42641	44062	45483	46904	48325	49746	51167	52588	54009	55430
GS-9	47097	48667	50237	51807	53377	54947	56517	58087	59657	61227
GS-10	51864	53593	55322	57051	58780	60509	62238	63967	65696	67425
GS-11	56983	58882	60781	62680	64579	66478	68377	70276	72175	74074
GS-12	68299	70576	72853	75130	77407	79684	81961	84238	86515	88792
GS-13	81216	83923	86630	89337	92044	94751	97458	100165	102872	105579
GS-14	95973	99172	102371	105570	108769	111968	115167	118366	121565	124764
GS-15	112890	116653	120416	124179	127942	131705	135468	139231	142994	146757

资料来源：Executive Order for 2022 Pay Schedules，见 https：//www.opm.gov/policy-data-oversight/pay-leave/salaries-wages/pay-executive-order-2022-adjustments-of-certain-rates-of-pay.pdf。

表5—29　　　　　　　　执法人员序列工资表　　　　　　　　单位：美元

级别	1档	2档	3档	4档	5档	6档	7档	8档	9档	10档
LEO-3	29699	30524	31349	32174	32999	33824	34649	35474	36299	37124
LEO-4	33338	34264	35190	36116	37042	37968	38894	39820	40746	41672
LEO-5	38335	39371	40407	41443	42479	43515	44551	45587	46623	47659
LEO-6	40424	41579	42734	43889	45044	46199	47354	48509	49664	50819
LEO-7	43635	44918	46201	47484	48767	50050	51333	52616	53899	55182
LEO-8	45483	46904	48325	49746	51167	52588	54009	55430	56851	58272
LEO-9	48667	50237	51807	53377	54947	56517	58087	59657	61227	62797
LEO-10	53593	55322	57051	58780	60509	62238	63967	65696	67425	69154

资料来源：https：//www.federalpay.org/leo/2022。

表 5—30　　　　　　　　　美国外交序列工资表　　　　　　　　单位：美元

级别	1 级	2 级	3 级	4 级	5 级	6 级	7 级	8 级	9 级
1 档	112890	91475	74122	60061	48667	43507	38894	34770	31083
2 档	116277	94219	76346	61863	50127	44812	40061	35813	32015
3 档	119765	97046	78636	63719	51631	46157	41263	36887	32976
4 档	123358	99957	80995	65630	53180	47541	42501	37994	33965
5 档	127059	102956	83425	67599	54775	48968	43776	39134	34984
6 档	130870	106045	85928	69627	56418	50437	45089	40308	36034
7 档	134797	109226	88506	71716	58111	51950	46441	41517	37115
8 档	138840	112503	91161	73867	59854	53508	47835	42763	38228
9 档	143006	115878	93896	76083	61650	55113	49270	44046	39375
10 档	146757	119354	96712	78366	63499	56767	50748	45367	40556
11 档	146757	122935	99614	80717	65404	58470	52270	46728	41773
12 档	146757	126623	102602	83138	67367	60224	53838	48130	43026
13 档	146757	130421	105680	85633	69388	62031	55454	49574	44317
14 档	146757	134334	108851	88202	71469	63891	57117	51061	45646

资料来源：Executive Order for 2022 Pay Schedules，见 https：//www.opm.gov/policy – data – oversight/pay – leave/salaries – wages/pay – executive – order – 2022 – adjustments – of – certain – rates – of – pay.pdf。

表 5—31　　　　　退役军人事务部健康管理序列工资表　　　　　　单位：美元

级别	最低工资	最高工资
分管健康管理的副部长、医疗中心主任和综合网络服务中心主任序列		
	135468	203700
内科医生、牙医、足医序列		
内科医生	111035	162849
牙医	111035	162849
足科医生	111035	162849
脊医及验光师		
首席	112890	$146757
高级	95973	124764
中级	81216	105579
取得资格	68299	88792
待获取资格	56983	74074

续表

级别	最低工资	最高工资
具有扩展功能牙科序列辅表		
主任	112890	$146757
助理主任	95973	124764
首席	81216	105579
高级	68299	88792
中级	56983	74074
取得资格	47097	61227
待获取资格	40528	52687
实习生	34649	45044

资料来源：Executive Order for 2022 Pay Schedules，见 https：//www.opm.gov/policy-data-oversight/pay-leave/salaries-wages/pay-executive-order-2022-adjustments-of-certain-rates-of-pay.pdf。

表5—32　　　　　　高级公务员序列工资表　　　　　单位：美元

级别	最低工资	最高工资
在需通过高级公务员绩效考核评估的机构任职的高级公务员	135468	203700
在无须通过高级公务员绩效考核评估的机构任职的高级公务员	135468	187300

资料来源：Executive Order for 2022 Pay Schedules，见 https：//www.opm.gov/policy-data-oversight/pay-leave/salaries-wages/pay-executive-order-2022-adjustments-of-certain-rates-of-pay.pdf。

表5—33　　　　　　行政首长序列工资表　　　　　单位：美元

级别	工资
1级（Level I）	226300
2级（Level II）	203700
3级（Level III）	187300

续表

级别	工资
4级（Level IV）	176300
5级（Level V）	165300

资料来源：Executive Order for 2022 Pay Schedules，见 https：//www.opm.gov/policy－data－oversight/pay－leave/salaries－wages/pay－executive－order－2022－adjustments－of－certain－rates－of－pay.pdf。

表5—34　　　　　　　　　副总统与国会议员工资表　　　　　　　　单位：美元

级别	工资
副总统	261400
参议院参议员	174000
众议院众议员	174000
众议院代表	174000
波多黎各驻地专员	174000
参议院临时议长	193400
参议院多数党领袖和少数党领袖	193400
众议院多数党领袖和少数党领袖	193400
众议院议长	223500

资料来源：Executive Order for 2022 Pay Schedules，见 https：//www.opm.gov/policy－data－oversight/pay－leave/salaries－wages/pay－executive－order－2022－adjustments－of－certain－rates－of－pay.pdf。

表5—35　　　　　　　　　司法法官序列工资表　　　　　　　　单位：美元

级别	工资
首席大法官	286700
最高法院大法官	274200
巡回法官	236900
地区法官	223400
国际贸易法院法官	223400

资料来源：Executive Order for 2022 Pay Schedules，见 https：//www.opm.gov/policy－data－oversight/pay－leave/salaries－wages/pay－executive－order－2022－adjustments－of－certain－rates－of－pay.pdf。

3. 地区可比工资

美国联邦公务员多数不在华盛顿特区任职，而是散布在各州为使各地工资具有可比性，美国 1990 年发布的《联邦公务员可比性工资法案》（Federal Employees Pay Comparability Act of 1990，FEPCA）[1] 建立了地区工资制度，自 1994 年起开始正式施行。在每个工资区，地区可比性工资坚持同工同酬原则，但在不同工资区之间，该法通过划分工资区、确立地区工资系数的办法，体现不同地区的工资水平差异。其中，工资系数主要根据每年的工资调查结果，参考各工资区内私营部门雇员的工资水平而得出。工资区制度广泛应用于一般公务员序列、执法人员序列等，以平衡地区间的工资差异。

当前，美国设立了 53 个工资区，每个工资区对应的工资系数不同，工资系数按年度进行调整。[2] 公务员基本工资来源于两个部分：一部分是不同序列人员对应的基本工资表中的工资；另一部分是地区工资，即基本工资表中的工资乘以该地区的工资系数。

表 5—36 美国工资区划分和工资系数

工资区	工资系数（%）	工资区	工资系数（%）
阿拉斯加	30.42	印第安纳波利斯	17.26
奥尔巴尼	18.68	堪萨斯城	17.67
阿尔伯克基	17.14	拉雷多	19.85
亚特兰大	22.63	拉斯维加斯	18.25
奥斯汀	18.80	洛杉矶	33.61
伯明翰	16.81	迈阿密	23.80
波士顿	30.09	密尔沃基	21.32
布法罗	20.78	明尼阿波利斯	25.49
伯灵顿	17.62	纽约	35.06
夏洛特	18.06	奥马哈	16.93

[1] 该法规定：公务员工资确定基于以下四项原则：在每一工资区域内实行同工同酬；在每一工资区内，工资差别水平应基于工作与表现；联邦工资标准应与同一工资区域内同一工作性质的非联邦工资标准相比较；保持联邦与非联邦雇员间的工资平衡。

[2] 资料来源：https://www.federalpay.org/gs/locality。

续表

工资区	工资系数（%）	工资区	工资系数（%）
芝加哥	29.18	棕榈湾	17.01
辛辛那提	20.94	费城	26.95
克利夫兰	21.25	凤凰城	20.84
科罗拉多	18.42	匹兹堡	19.90
哥伦布	20.69	波兰特	24.34
科珀斯	16.82	罗利	20.94
达拉斯	25.68	里士满	20.64
达文波特	17.58	萨克拉门托	27.30
代顿	19.93	圣安东尼奥	17.39
丹佛	28.10	圣地亚哥	30.87
得梅因	16.52	圣何塞	42.74
底特律	27.86	西雅图	28.28
哈里斯堡	17.90	圣路易斯	18.35
哈特福德	30.20	图森	17.77
夏威夷	20.40	弗吉尼亚海滩	17.18
休斯敦	33.96	华盛顿特区	31.53
亨茨维尔	20.45	美国其他地区	16.20

资料来源：Executive Order for 2022 Pay Schedules，见 https://www.opm.gov/policy-data-oversight/pay-leave/salaries-wages/pay-executive-order-2022-adjustments-of-certain-rates-of-pay.pdf。

（二）蓝领公务员分类定薪

适用于蓝领公务员的工资体系分为联邦工资计划（Federal Wage System Pay Plans）和其他蓝领工资计划（Other Blue Collar Pay Plans）两大类。在这两大类之下细分若干序列。联邦工资计划之下有一般职位序列（Nonsupervisory Pay Schedules）、管理人员序列（Leader Pay Schedules）、负责人序列（Supervisory Pay Schedule）等。联邦工资计划旨在使在联邦政府部门工作的蓝领雇员的工资与其所属的工资区中在私营部门从事同类工作的人员的工资相当。联邦工资计划涉及的工资区包括130个联邦拨款基金工资区和118个非拨款基金工资区。① 联邦工资计划实施按小时计算的工资标准，工资从每小时8美元到50美元不等，主管职位的工资更高。② 工会集体谈判在蓝领工资水平的决定中发挥了重要作用。人事管理总署在当地工会的帮助下，为美国的每一个工资区建立了工时工资表。③ 与一般公务员序列工资表类似，蓝领公务员的工资表也是工资级别和工资档次决定的，其中，工资级别由职位和资历决定，工作档次由在某一职位任职的年限决定。以下将以亚拉巴马州安妮斯顿军用仓库（联邦拨款基金工资区）和华盛顿州古德费罗空军基地（非拨款基金工资区）为例进行说明。

表5—37　　　　安妮斯顿军用仓库蓝领工人工资表　　　单位：美元/小时

级别	1档	2档	3档	4档	5档
1级	12.06	12.56	13.06	13.57	14.04
2级	12.96	13.51	14.01	14.57	15.10
3级	13.94	14.54	15.11	15.70	16.27
4级	14.92	15.54	16.16	16.79	17.41
5级	15.86	16.52	17.18	17.85	18.49
6级	16.78	17.47	18.14	18.83	19.53
7级	17.63	18.38	19.11	19.84	20.57
8级	18.53	19.33	20.09	20.86	21.63
9级	19.43	20.25	21.05	21.89	22.67
10级	20.34	21.19	22.03	22.87	23.73
11级	21.22	22.11	22.99	23.87	24.76
12级	22.12	23.04	23.96r	24.89	25.81
13级	23.02	23.98	24.94	25.92	26.85
14级	23.99	24.99	25.99	26.99	27.99
15级	24.96	26.00	27.05	28.07	29.12

资料来源：https://www.federalpay.org/fws/2022/alabama/1-anniston-army-depot。

---

① Federal Wage System Overview [EB/OL]. [2022-05-12]. https://www.opm.gov/policy-data-oversight/pay-leave/pay-systems/federal-wage-system/#url=Overview.
② https://www.federalpay.org.
③ https://www.federalpay.org/fws/2022.

表 5—38　　　　　安妮斯顿军用仓库管理人员工资表　　　单位：美元/小时

级别	1 档	2 档	3 档	4 档	5 档
1 级	13.27	13.84	14.35	14.92	15.47
2 级	14.24	14.83	15.43	16.02	16.62
3 级	15.35	15.99	16.62	17.26	17.90
4 级	16.41	17.10	17.77	18.46	19.14
5 级	17.45	18.15	18.88	19.61	20.35
6 级	18.44	19.20	19.95	20.76	21.51
7 级	19.40	20.21	21.02	21.83	22.64
8 级	20.41	21.24	22.09	22.94	23.80
9 级	21.38	22.27	23.16	24.06	24.94
10 级	22.35	23.30	24.23	25.17	26.09
11 级	23.34	24.32	25.29	26.27	27.24
12 级	24.34	25.34	26.36	27.38	28.39
13 级	25.32	26.38	27.43	28.49	29.54
14 级	26.39	27.48	28.58	29.69	30.78
15 级	27.45	28.60	29.75	30.89	32.04

资料来源：https://www.federalpay.org/fws/2022/alabama/1-anniston-army-depot。

表 5—39　　　　　安妮斯顿军用仓库负责人工资表　　　单位：美元/小时

级别	1 档	2 档	3 档	4 档	5 档
1 级	18.10	18.84	19.61	20.38	21.11
2 级	19.00	19.79	20.57	21.37	22.14
3 级	19.98	20.82	21.65	22.47	23.32
4 级	21.03	21.92	22.79	23.67	24.53
5 级	21.96	22.86	23.79	24.70	25.62
6 级	22.85	23.81	24.76	25.70	26.67
7 级	23.75	24.74	25.70	26.71	27.70
8 级	24.64	25.66	26.69	27.72	28.77
9 级	25.55	26.61	27.67	28.73	29.79
10 级	26.43	27.52	28.62	29.74	30.82
11 级	27.30	28.43	29.56	30.71	31.84
12 级	28.31	29.50	30.68	31.85	33.03

续表

级别	1 档	2 档	3 档	4 档	5 档
13 级	29.68	30.92	32.15	33.39	34.63
14 级	31.19	32.49	33.80	35.10	36.40
15 级	33.10	34.47	35.85	37.23	38.63
16 级	35.25	36.72	38.20	39.65	41.13
17 级	37.67	39.27	40.82	42.38	43.97
18 级	40.38	42.04	43.73	45.42	47.09
19 级	41.56	43.29	45.02	46.75	48.48

资料来源：https://www.federalpay.org/fws/2022/alabama/1-anniston-army-depot。

表 5—40　　　　古德费罗空军基地行政支持人员工资表　　单位：美元/小时

级别	1 档	2 档	3 档	4 档	5 档
1 级	7.65	7.96	8.28	8.59	8.92
2 级	8.35	8.71	9.04	9.40	9.73
3 级	9.18	9.55r	9.94	10.30	10.70
4 级	10.02	10.44	10.87	11.28	11.70
5 级	10.91	11.37	11.83	12.28	12.74
6 级	11.81	12.28	12.79r	13.29	13.77
7 级	12.59	13.13	13.66	14.18	14.68

资料来源：https://www.federalpay.org/fws/2022/washington/237-goodfellow-air-force-base。

表 5—41　　　　古德费罗空军基地贸易、技艺人员工资表　　单位：美元/小时

级别	1 档	2 档	3 档	4 档	5 档
1 级	7.65	7.96	8.28	8.59	8.92
2 级	8.02	8.36	8.71	9.03	9.37
3 级	8.42	8.77	9.11	9.46	9.82
4 级	8.83	9.19	9.55	9.93	10.29
5 级	9.46	9.86	10.25	10.64	11.03
6 级	10.14	10.55	10.97	11.40	11.82
7 级	10.79	11.22	11.66	12.13	12.57

续表

级别	1 档	2 档	3 档	4 档	5 档
8 级	11.42	11.89	12.38	12.85	13.31
9 级	12.11	12.61	13.11	13.62	14.12
10 级	12.77	13.30	13.84	14.37	14.90
11 级	13.44	14.01	14.57	15.13	15.69
12 级	14.13	14.71	15.29	15.88	16.48
13 级	14.77	15.37	15.98	16.60	17.20
14 级	15.39	16.05	16.68	17.32	17.96
15 级	16.03	16.69	17.37	18.03	18.68

资料来源：https：//www.federalpay.org/fws/2022/washington/237 - goodfellow - air - force - base。

表 5—42　古德费罗空军基地贸易、技艺管理人员工资表　　单位：美元/小时

级别	1 档	2 档	3 档	4 档	5 档
1 级	8.42	8.77	9.11	9.46	9.82
2 级	8.83	9.19	9.56	9.94	10.30
3 级	9.25	9.64	10.03	10.41	10.80
4 级	9.71	10.10	10.52	10.91	11.32
5 级	10.41	10.84	11.27	11.72	12.14
6 级	11.15	11.61	12.07	12.54	12.99
7 级	11.86	12.35	12.84	13.33	13.82
8 级	12.57	13.09	13.62	14.13	14.66
9 级	13.31	13.87	14.42	14.98	15.54
10 级	14.05	14.64	15.22	15.80	16.39
11 级	14.79	15.42	16.03	16.64	17.26
12 级	15.52	16.18	16.82	17.47	18.12
13 级	16.23	16.89	17.57	18.26	18.93
14 级	16.95	17.66	18.34	19.05	19.77
15 级	17.61	18.34	19.08	19.82	20.56

资料来源：https：//www.federalpay.org/fws/2022/washington/237 - goodfellow - air - force - base。

表 5—43　　　　　古德费罗空军基地贸易、技艺负责人工资表　单位：美元/小时

级别	1 档	2 档	3 档	4 档	5 档
1 级	9.92	10.32	10.73	11.15	11.56
2 级	10.29	10.72	11.16	11.58	12.01
3 级	10.68	11.13	11.57	12.01	12.46
4 级	11.09	11.55	12.02	12.47	12.94
5 级	11.75	12.24	12.73	13.22	13.71
6 级	12.42	12.92	13.45	13.98	14.48
7 级	13.07	13.62	14.13	14.69	15.22
8 级	13.70	14.27	14.84	15.43	15.99
9 级	14.52	15.13	15.73	16.33	16.95
10 级	15.32	15.97	16.60	17.24	17.88
11 级	16.15	16.81	17.49	18.16	18.84
12 级	16.95	17.65	18.35	19.05	19.77
13 级	17.72	18.43	19.18	19.91	20.66
14 级	18.49	19.24	20.03	20.80	21.57r
15 级	19.22	20.03	20.83	21.61	22.44
16 级	20.04	20.86	21.70	22.53	23.39
17 级	20.84	21.70	22.57	23.44	24.30
18 级	21.62	22.53	23.44	24.36	25.25
19 级	22.45	23.39	24.30	25.24	26.20

资料来源：https://www.federalpay.org/fws/2022/washington/237 - goodfellow - air - force - base。

表 5—44　　　　　古德费罗空军基地行政客服人员工资表　　单位：美元/小时

级别	1 档	2 档	3 档	4 档	5 档
1 级	7.65	7.96	8.28	8.59	8.92
2 级	8.04	8.37	8.71	9.04	9.37
3 级	8.60	8.95	9.32	9.67	10.04
4 级	9.37	9.77	10.14	10.54	10.93
5 级	10.12	10.54	10.96	11.39	11.83
6 级	10.95	11.39	11.84	12.32	12.76
7 级	11.69	12.17	12.68	13.15	13.66

资料来源：https://www.federalpay.org/fws/2022/washington/237 - goodfellow - air - force - base。

第 六 章

比较与启示

第一节 当前公务员分类制度的比较分析

当前，各国均已形成符合本国国情的公务员分类制度。日本现行公务员分类制度是工资表分类制，即采用不同类型的工资表对所有一般职公务员进行分类管理。韩国现行公务员分类制度是部分职位分类制，即对部分一般职按照职位分类制进行管理。英国现行公务员分类制度是在品味分类制的基础上融入了职位分类制的特质，构建起品味分类、职位分类相融合的分类制度。美国现行公务员分类制度仍以职位分类制为主导，但也借鉴了品味分类制的优点，对高级公务员实行"级随人走"的管理方式。四国的分类制度既存在一定的共性，也有各自的个性特点。

一 均基于工作性质进行横向分类，但繁简程度不一

各国公务员均基于工作性质实施横向分类。但各自结合了本土情况，形成的分类结果有较大差异，繁简不一。

日本 2021 年国家公务员总数为 58.8 万人，其中一般职公务员为 29.0 万人，占 49.3%；特别职公务员为 29.8 万人，占 50.7%。日本国家公务员一般职工资表分为 11 类 17 种，即行政职工资表（一）（二）；专门行政职工资表；税务职工资表；公安职工资表（一）（二）；海事职工资表（一）（二）；教育职工资表（一）（二）；研究职工资表；医疗职工资表（一）（二）（三）；福利职工资表；专业职工资表；指定职工资表（如事务次官、大学校长等）。每种工资表均有其适用范围，如行政职工资表

（一）适用于所有不适用一般职其他工资表的公务员；专门行政职工资表适用于植物防疫官、家畜防疫官、专利厅的审查官及法官、海事技术专业官及船舶检查官等。

韩国 2020 年国家公务员总数为 746267 人，经历职中的一般职为 173727 人，占国家公务员总数的 23.28%；特定职为 571919 人，占比 76.63%，两者合计为 745646 人，占比为 99.91%。一般职中，按照职位分类进行管理的人员最多，达 138131 人，在一般职中占比为 79.51%。参与职位分类的国家公务员分为 3 个职群、53 个职列和 136 个职类。行政职群下设 15 个职列、25 个职类，技术职群下设 24 个职列、85 个职类，管理（运营）职群下设 14 个职列、26 个职类。

英国 2021 年公务员人数总计为 484880 人。英国公务员按工作性质的不同划分为 10 个功能领域和 28 个公认的专业类别。英国公务员第一大专业类别是运营服务，从事该职业的公务员接近半数，占比为 48.35%。这些公务员负责直接向公民或企业提供政府服务，包括支付福利与养老金、提供就业服务以及发放驾照等。排名在第二至第十的职业分别为政策，税务，项目服务，科学与工程，数字、数据和技术，法律，财政，安全，人力资源，占比分别为 7.99%、4.89%、4.40%、3.87%、3.65%、3.34%、2.51%、2.28%、2.16%。

美国 2021 年联邦公务员总数为 2170157 人。其中，白领人数为 1985352 人，占比为 91.55%；蓝领人数为 183345 人，占比为 8.45%。美国白领职业职员所适用的一般职务序列（GS 序列）人数为 1450528 人，占公务员总数的比例为 66.84%。一般职务序列（GS）共分为 23 个职组，400 个职系。蓝领职业公务员适用的是联邦工资序列（Federal Wage System），共分为 36 个工作簇和 210 种具体职业。

二　均根据难易程度等因素实施纵向分级，但标准与结果有别

各国均对职务（职位）进行了纵向分级，但依据的分级标准存在一定差异，呈现的结果也各不相同。日本根据所担任职务的复杂程度、难易程度和责任轻重建立标准职位，对职位进行分级。职务相同的情况下，内容简单、难度低和责任轻的工作对应的职务级别低，工作内容复杂、难度高和责任重的工作职务级别高。职务级别的划分，根据所适用工资表的不

同而不同，最高11级，最低3级，指定职无职级。日本一般职公务员在11类17种工资表下分若干级。针对工资表中的不同级别，根据日本人事院规则9—8规定了其对应的标准职务。每类工资表中的不同级别均对应不同的标准职务。

韩国根据所担任职务的难易程度和责任轻重对职位划分等级。韩国政府根据国家公务员类别的不同规定了不同的等级/职级体系。一般职中，行政、技术、管理运营职分为1—9级（含SCS）9个级别；专门官分高级专门官和专门官2个级别；研究职分为1—5级研究官（含SCS）和6—7级研究员共7个级别；指导职分为2—5级指导官（含SCS）和6—8级研究员共7个级别；邮政职分为邮政1—9级共9个级别；专业经历官分为A、B、C 3个级别；专业任期制和临时任期制均分为5个级别。参与职位分类的一般职公务员在3—9级。其中，3—4级为部门正职，5级为部门副职，6—9级公务员为普通职员。行政职群和技术职群公务员对应的等级为3—9级；管理（运营）职群公务员对应的等级为6—9级。

英国根据所在岗位的性质和任职资格条件确定公务员级别。针对高级公务员，评级的决定因素主要体现在人员管理、职责程度、决策权限、影响力、专业能力5个方面；针对一般公务员，评级的决定因素主要体现在知识与技能、交流与沟通、问题处理、决策权、自主权、资源管理、影响力7个方面。自1996年起，英国政府授权各部自行对一般公务员进行分级。因公务员的等级划分已下放至各部门，有些组织可能有自己的级别结构，部门间的级别结构各不相同，但各部门被要求按职责级别将其等级反映到一个通用框架，即AO/AA（行政管理人员/助理），EO（执行官），SEO/HEO（资深/高级执行官）和Grades 6&7（高级管理人员）。

美国根据联邦公务员类别的不同进行不同的等级划分。白领职业中，最具代表性的一般职位序列（GS）采取的是职位分类制，即根据职位的复杂程度、难易程度、责任轻重与任职资格条件将公务员划分不同的职等与职级。一般职位序列评级采用的是因素评价法（FES），包括基准标准、各种职位序列的因素水平说明和分数评定，标准职位序列说明及标准职位。基准标准说明了9个因素和各因素的不同水平等级以及每个水平等级适用的点数。这9项因素是职位所需知识、监督管理、指导方针、复杂性、范围与效果、人员接触、接触目的、体力要求和工作环境。标准职位是指将标准职位说明中每一因素的相应分数值以及这些分数值的总分，通过一张由人事管理总署制定的换算表，换算成相应的 GS 等级。一般职位序列分为 GS-1 至 GS-15 的职位高低等级。职位相同的情况下，内容简单、难度低和责任轻的工作对应的职等低，工作内容复杂、难度高和责任重的职等高。

三 均以分类制度为基础推行分类管理，但具体内容不同

各国公务员分类制度为公务员考录制度、考核制度、薪酬制度等奠定了良好的基础。就考录制度而言，日本公务员考试分 4 类，即综合职考试、一般职考试、专业职考试和录用有经验者考试。每类又分为多种考试，以 2016 年公务员考试为例，考试形式有 21 种，即：（1）综合职考试（有 2 种，毕业研究生考试及大学毕业生水平的考试），录用公务员的职务是负责与政策的企划及立案或调研和研究相关的事务。（2）一般职考试（有 3 种，大学毕业生水平的考试、高中毕业生考试及社会人士考试），录用公务员的职务是负责规律性的事务。（3）专业职考试（有 15 种，皇宫护卫官、刑务官、入境警备官、税务官、劳动标准监督官、航空安保、海上安保等），录用公务员的职务为负责在特定的行政领域里必须运用专业知识来处理的事务。（4）录用有经验者考试，即录取民营企业里具有实际业务经验或具有类似其他这种经验的人士为股长以上的官职。

韩国公务员考试一般分为公开竞争考试和专门录用考试（适用于那些需要考虑政治因素或非常专业的职位，通过公开竞争性考试很难招到合适的人才）两大类。公开竞争考试根据横向上类别的不同和纵向上级别的不同进行分类分级考录，横向上，不同类别人员如惩教、保护、检察、毒品调查、出入境管理、行政、税务、关税、社会福利、审计、工业、农业、林业、航空、设施、电子计算、广播通信等的第二轮考试科目均为与职位相关的专业科目；纵向上，考录分为针对 5 级岗的考录、6—7 级岗的考录和 8—9 级岗的考录，5 级岗、6—7 级岗和 8—9 级岗的考试的难度不同，岗位等级越高，考试科目越多，难度越大。专门录用考试包括录用职位资格证书持有者、特殊学校毕业生、专门学校毕业生、有经验的科研人员与特殊专业研究人员、外国语言专家等 13 种。

英国 1996 年开始对一般公务员和高级公务员实行分别管理。普通公

务员的考录在中央政府所制定的《2010 年宪法改革和治理法案》和公务员委员会发布的招聘原则的框架内，授权由各部门首长负责，由各机关自行办理。高级公务员的招录须经"公务员考录委员会"监督及"内阁办公室"核准后办理。成为英国公务员的途径主要有三种：一是学徒制项目，二是快速升迁项目，三是直接申请空缺岗位。其中，前两类针对毕业生群体，第三类针对非毕业生群体。无论哪种途径，成为英国公务员的申请流程均与申请一般的工作大致相同。各部门部门可按照成功者特征分析框架，采取灵活的招聘方式以实现人岗匹配。行为可以在招聘过程的不同阶段以多种方式进行评估，包括：申请表、简历、公务员判断测试、面试、演示、实际业务演练、笔头分析/练习、性格测试、工作相关模拟、组织运动/讨论、角色扮演、口头简报、评估中心等。优势可以通过多种方式进行评估，如：面试、录制视频采访、定制情境优势测试、模拟评估、性格测试等。能力可以通过心理测试来评估，通常是在网上进行测试。公务员考试中最常见的考试有：（1）语言测试（VRT）—评估语言能力；（2）数字测试（NRT）—评估数字能力。经验可以通过申请表、简历、面试等途径来评估。技术水平的评估方法包括：申请表、简历、面试、技术演示和练习、技术测试、演示、工作样本、实际业务演练、工作相关的模拟、口头简报练习、笔头分析/练习、评估中心。

美国公务员考录分三类职位，即竞争性职位、特殊职位和高级公务员职位。特殊职位的任用无须通过竞争即能获得任用。竞争性职位和高级公务员（SES）职位，均以胜任力（competencies）或知识、技能和能力（KSAs）作为考录的基础。20 世纪 90 年代之后，美国人事管理总署将考试权下放给联邦各部门，并运用于几乎所有竞争性职位。各机关根据功绩制原则、人事机关法规及人事管理总署的授权考试作业手册自行办理竞争性考试。而人事管理总署仅负责查核考录过程是否符合功绩制原则。竞争性职位考录以是否具备履行职责所需要的胜任能力/ KSAs 为基础。评估工具包括结构化面试、笔试、评估中心、工作样本、职业问卷（评分计划/评分表）等。考录机构可以选择一个或多个评估工具来衡量一个人对特定工作的胜任力/ KSAs。对高级公务员而言，美国人事管理总署确定了 6 个方面（基本胜任力和 5 个方面的核心胜任力）28 项胜任力以判断其是否能获得任用。基本胜任力是每项核心胜任力的基础，涉及人际交往能力、口头表达能力、书面表达能力等6项基本能力要求。核心胜任力旨在评估管理经验与潜力，而非技术专长；衡量的是一个人是否具备在多个SES职位上取得成功所需的广泛管理技能，而不是他们是否是某个职位的最佳候选人。核心胜任力包括引领变革、领导人员、结果驱动、商业头脑、建立联盟5个方面22项内容。

就考核制度而言，日本公务员考核评价包括能力评价和业绩评价两方面内容，在能力评价中，按照公务员类别的不同确定不同评价要素，如一般行政职（府、省或中央直属机关内设机构）根据课长、室长、课长辅佐、系长、系员等不同级别设置不同的评价项目；在业绩评价中，尽管设定了相同的评价要素——业务内容（包括内容、期限、成果质量）、业务目标、困难度、重要性等，但这些评价要素因人员类别不同而不同。

韩国对不同类型人员采用了不同的考核评价方法，对高位公务员团、4级以上的一般职公务员（包括研究职、指导职等）采取能力评价制与绩效合同评价制相结合的方式，尽管高位公务员团与4级以上公务员的能力评价项目相同，但每个项目的具体指向有较大差异；对5级及以下的一般职公务员（包括研究职、指导职）采取工作业绩评价制。

英国统一的考核只针对高级公务员开展。在对高级公务员的表现进行考核时，必须考虑他们"做了什么"以及"如何做的"：一是达成了什么目标以及达到了什么程度；二是目标实现的路径。即根据《领导力声明》《成功者特征分析框架》中要求的行为，其展现出相关行为的程度以及他们的部门或专业的多元化和包容性战略中展示的行为的程度，包括他们如何管理他们负责的资源（人员和财务）。评价内容主要涉及业务表现、财务与效率、人员与能力、组织贡献4个方面。其中，在业务表现维度上，对局长和总干事的行为要求与对副局长或同等级别的高级公务员的行为要求进行了区分。

美国统一的考核只针对高级公务员开展。2012年，美国人事管理总署与美国行政管理和预算局联合推出了高级公务员的绩效考核系统。该系统从绩效考核的内容、过程、标准等方面为各机构提供了一个标准化的框架来实施高级公务员的绩效管理，其目的在于通过富有效率的管理来实现组织的战略目标。在对高级公务员的表现进行考核时，侧重考核其核心胜任力。在核心胜任力框架中，结果驱动反映的是对业绩的考核，要求从高级公务员所在机构的职能出发，将其具体工作进行细化或量化，形成可衡量的目标与指标，其权重不低于20%。其他4项核心胜任力考核——引领变革、领导人员、结果驱动、商业头脑、建立联盟是对完成业绩过程中反映出的能力的考核，其权重不低于5%；任何一个要素的权重不得超过结果驱动元素。5项核心胜任力均有对应的考核标准。

就薪酬制度而言，日本国家公务员一般职的工资表分为17种，每种工资表中，在各级别之下均设置了号俸，根据号俸拉开工资差距。除专业职和指定职之外的15种工资表中，号俸最多达145个，最少则有21个。

韩国国家公务员的工资制度大致分为月薪制和年薪制，其中月薪制覆盖对象范围广泛，根据职位类别不同分为11种工资表。在每种工资表的各级别之下均设置工资档次以拉开差距。一般职中的行政、技术、管理运营职基本属于一般职、特定职和别定职公务员工资表的覆盖范围，9个级别之下，工资档次最多的为32个，最少的有23个。

英国除高级公务员工资制度外，政府没有建立统一的公务员工资制度。普通公务员的工资在财政部所制定的公务员管理的标准和原则架构下，授权各部首长负责，每个部门都被鼓励建立工资结构和支付规模，以满足各部门的个性化需求。高级公务员工资级别评估的一大特色就是薪级不与官位、品级挂钩，而是与高级公务员所任职位的工作量挂钩。职位工作量由高级职位评估程序决定。职位分值确定不同级别，不同的分值职位对应不同的薪级。当前，英国高级公务员采用工资宽带制度。高级公务员主要包括3级工资宽带。每一级工资宽带均设有最低值与最高值，公务员工资可根据个人表现在工资宽带范围内变动。

美国基本工资按照公务员类别的不同分为两大类，一是适用于白领职业公务员的工资体系，二是适用于蓝领职业公务员的工资体系。适用于白领的工资体系分为两大类，一般公务员及级别与一般公务员相当的公务员工资计划和其他白领工资计划。其中，一般公务员序列（General Schedule），适用对象为1-15职等的一般公务员，该工资序列约覆盖70%的联邦公务员白领职业。在各职等之下，均设置了10个工资档次以拉开不同职级间的差距。高级公务员设有最低工资与最高工资，公务员工资可根据个人表现在此范围内浮动。

第二节 对我国公务员分类制度的启示

通过对各国公务员分类制度的演进脉络与现行公务员分类制度的分析与比较，为我国推进公务员分类制度的发展提供了有益启示，主要表现在以下四个方面：

一　模式选择上，应注重与本国实际情况相结合

各国分类制度的演进充分表明，无论是采用职位分类制还是其他分类制度，对作为治国理政主体的公务员进行科学、合理的分类是提高管理效能和科学化水平的首要前提。但公务员分类制度改革不宜盲目推进，应注重与本国实际情况相结合，综合考虑国家治理目标、人事制度改革的要求和行政文化传统等现实因素。就模式选择而言，日本和韩国行政文化传统与我国相似，其公务员分类制度的演进对我国具有较强的启示意义。日本和韩国推行职位分类制的目标是实现国家治理目标、人事制度改革的要求，在国家治理目标上，日本和韩国都期待通过引进职位分类制度提升政府治理水平，提高其在国际上的竞争力；在人事制度改革要求上，日本最初的直接目标是解决工资界定和发放的问题，韩国的直接目标是提升公务员管理科学化水平。然而，在模式选择上，由于未充分考虑行政文化传统因素，最终导致在美国行之有效的职位分类制度，移植到日本和韩国却出现水土不服现象，障碍重重。日本和韩国的行政文化传统均有很强的身份等级意识和团队合作意识，导致职位分类制度难以得到公务员群体的心理认同。在施行职位分类制度之前，日本和韩国一直都在实施品位分类制。当以"事"为中心的职位分类制度与以"人"为中心的行政文化传统产生了激烈的碰撞与分歧时，长期秉持人本主义思想的公务员群体大多倾向于强烈抵制职位分类制度。

基于我国现阶段"国家治理效能得到新提升"这一主要目标和"建设高素质专业化干部队伍"的改革要求，我国应选择与当前行政文化传统相匹配的分类制度模式，以提升管理效能和科学化水平。要在充分吸收科学分类的精神并充分比较各国现行分类模式的基础上，形成具有我国特色的分类制度。可综合借鉴各国模式，充分考虑我国行政文化传统，促进

"人"与"事"的有机结合。

二 横向分类上，应着重区分不同职位间的差异性

在横向分类上，要基于职位性质的差异性进行分类。在开展该项工作之前，需厘清两个问题：一是路径选择问题，二是职组、职系的划分问题。根据职位性质进行细分，有两种路径可以选择：其一，延续当前综合管理类、专业技术类和行政执法类三大类的划分，在三大类之下细分职组与职系；其二，另起炉灶划分职组与职系，不划分大类。建议另行划分职组职系，主要基于以下两点考虑：一是综合管理类、专业技术类和行政执法类会存在一定的交叉，任何一个职位都可能既要求具备与所在专业领域相关的专业技术知识与能力，同时也要求具备综合性的行政管理知识或能力，只是程度不同而已，从这个意义上讲，对综合管理类、专业技术类和行政执法类很难作出明确的边界划分；二是我国公务员与其他国家的范围有所不同，专业技术类职位大多集中于事业单位，单独将专业技术类列为公务员分类中的一大类，对象覆盖范围远远小于综合管理类和行政执法类，三大类之间容易存在失衡的状况。

关于职组、职系的划分问题。从各国的公务员分类制度演进历程可以看出，公务员分类如何在科学化、精细化与现实之间进行平衡是决定分类制度成败的关键因素。从理论上讲，国家行政管理承担着按照党和国家决策部署推动经济社会发展、管理社会事务、服务人民群众的重大职责，为达到推动经济社会发展、有效管理和服务社会的目的，公务员分类也应随着社会分工的精细化而日益科学化和精细化。但就现实而言，国家机关所承担的工作并非直接提供生产和服务，因此公务员分类的类别数不必等同于社会分工的精细类别数。从各国公务员分类制度经验与教训来看，在横向分类原则的把握上，职组、职系不宜过多。这是因为，尽管不同性质的职位之间存在一定的差异，但类别过多会人为阻碍公务员之间的交流，增加管理成本，降低管理的韧性。建议我国在职组的划分上，综合职位分类与品位分类模式，并结合我国《职业分类大典》中的类别，同时辅以职位抽样调查，将公务员职位分为行政、工商、税务、审计、统计、工业、农业、林草业、畜牧业、水利、教育、科技、医疗卫生、文化、经济金融、交通运输、气象、航空航天、电子

计算、广播通信、环保、检疫检验、社会保障与社会福利等职组，在各个职组之下细分职系。

三　纵向分级上，应通盘考量不同职位间的共通性

在纵向分级上，应立足于职位的复杂程度、难易程度和责任轻重等因素，建立统一的定级标准，用同样的标准对来自不同职组、职系的职位进行定级。美国式的职位归级方法采用了完全定量化的因素评价法，日本和韩国曾照搬使用，不仅归级程序及操作十分繁杂，以致工作人员都感到厌烦，成效极差。特别需要强调的是，我国现行的职务职级并行中的"职级"是与美国等职位分类国家的"职等"（Grade）相对应的，而非"职级"（Class of Positions）。可结合日本和韩国的历史教训与改制后的经验，在我国公务员纵向分级中，可针对职务职级并行中的"职级"建立定级标准框架，将职位的复杂程度、难易程度和责任轻重、资格条件等因素细分解为具体的维度，如工作复杂性、监督管理、职责范围、决策权限、沟通、影响力及所需知识技能等，以定性描述的方式呈现出相对细化的标准，并进行定级。

四　实施路径上，应以分类制度为基础推进分类管理

完善公务员分类制度不是目的，而是为了服务于建设高素质和专业化干部队伍的改革要求，服务于推动国家治理体系和治理能力现代化的需要，最终致力于实现第二个百年奋斗目标——全面建设社会主义现代化国家。为此，我国应加速推动分类制度的科学化进程，并将分类制度与考录制度、考核制度、工资制度等进行有机结合，实施公务员分类管理。在考录上，建议以事业为上、人岗相适、人事相宜为原则，实施分类考录，针对不同类别的公务员开展分类考试，普遍增设与职位类别相关的专业性考试科目，提高公务员的专业化水平；对一些通过公开考录难以招到的紧缺岗位，可增设专门录用考试，增强党政部门服务于经济社会高质量发展、应对快速变化的国内外环境的能力。在考核上，建议在现有的德能勤绩廉的框架下，根据不同类型不同级别岗位对公务员能力素质要求的不同，开展能力考核，根据不同类型不同级别岗位承担的职责任务目标、完成的数量、质量、进度和难度等，开展业绩考核，充

分体现各类各级公务员不同岗位特点。在工资上，建议科学确定不同类别人员的工资表，在职级之下设立较多的工资档次，并明确各类各级公务员在各工资档次的工资。鉴于当前公务员的职务层次比较有限，建议增强职级的独立性，强化职级之下的工资档次对公务员的激励作用，增强公务员干事创业的活力。

参考文献

一 著作

董克用主编：《人力资源管理概论》，中国人民大学出版社 2007 年版。

何宪主编：《改革完善公务员工资制度研究》，中国人事出版社 2015 年版。

黄达强主编：《各国公务员制度比较研究》，中国人民大学出版社 1990 年版。

姜海如：《中外公务员制度比较》，商务印书馆 2013 年出版。

李华民：《各国人事制度》，五南图书出版公司 1988 年版。

刘守恒、吴统慧、彭发祥主编：《比较人事行政》，湖南科学技术出版社 1992 年版。

刘文英：《日本官吏与公务员制度史 1868—2005》，北京图书馆出版社 2008 年版。

刘重春：《理性化之路——韩国公务员制度研究》，中国社会科学出版社 2012 年版。

末川博编著：《六法全书》（日文版），岩波书店 1983 年版。

王雷保主编：《公务员职位分类教程》，机械工业出版社 1989 年版。

吴云华主编：《国外及我国港台地区公务员职位分类研究》，中国人事出版社 2014 年版。

吴志华主编：《当今外国公务员制度》，上海交通大学出版社 2008 年版。

徐颂陶主编：《国家公务员制度全书》，吉林文史出版社 1994 年版。

徐颂陶主编：《外国公务员法规选编》，河北人民出版社 1989 年版。

许南雄：《各国人事制度——比较人事制度》，商鼎数位出版有限公司

2017 年版。

张柏林主编：《〈中华人民共和国公务员法〉释义》，中国人事出版社、党建读物出版社 2007 年版。

张金鉴：《各国人事制度概要》，台湾三民书局 1981 年版。

张荆、赵晓霞、袁娟、冀雅儒：《国家行政效率之本——中日公务员制度比较研究》，知识产权出版社 2007 年版。

中国软科学研究会：《第十一届中国软科学学术年会论文集（下）》，中国软科学杂志社 2015 年版。

邹钧、李完禾、梁君编译：《日本干部管理法》，法律出版社 1984 年版。

左然、周至忍、毛寿龙编译：《新兴现代化国家行政改革研究——转型中的韩国公共政策与行政改革》，国家行政学院出版社 1999 年版。

二　期刊

柏良泽：《日本公务员的工资结构》，《组织人事学研究》1994 年第 4 期。

柏良泽：《日本国家公务员的职务种类及划分》，《干部人事月报》1994 年第 8 期。

刘碧强：《美英公务员分类管理制度演变及其启示》，《中国石油大学学报》（社会科学版）2013 年第 2 期。

毛桂荣：《日本没有职位分类制的公务员人事管理办法》，《公共管理高层论坛》2006 年第 2 期。

任钢建：《由繁到简日臻完善——加拿大公务员职位分类一瞥》，《中国公务员》1994 年第 1 期。

石庆环：《欧美公务员分类制度的基本特征及其历史演变》，《东北师大学报》2000 年第 3 期。

宋世明：《当代西方公务员制度改革与我国公务员立法》，《理论探讨》2004 年第 2 期。

郑晓燕：《加拿大公务员职位分类制度改革》，《社科纵横》（新理论版）2008 年第 4 期。

朱光明：《日本公务员制度改革述评》，《中国行政管理》2010 年第 1 期。

朱祝霞：《公务员职位分类制的进路与分野——日本、韩国的经验教训及其启示》，《中国行政管理》2022 年第 6 期。

后　　记

　　自2013年入中国人事科学研究院从事公务员管理研究以来，我一直期待能出版一部公务员制度方面的专著，完成个人从公务员制度领域知识的消费者到知识的生产者的转换，以产生知识的溢出效应。近年来，随着公务员分类制度改革的不断推进，我开始重点关注公务员分类制度的发展并收集国外相关资料，《外国公务员分类制度》一书的出版算是对我近年来开展公务员制度研究的一个阶段性小结。

　　在本书即将付梓出版之计，首先要感谢中国人事科学研究院余兴安院长的大力支持、指导与帮助，余院长在百忙之中多次对本书的框架与内容提出极具建设性的修改意见，使本书的水平得以不断提升！感谢公务员管理研究室前主任梁玉萍研究员、绩效管理与考核奖惩研究室主任任文硕研究员，她们长期不遗余力地指导、支持我在公务员领域开展研究工作，感谢她们的厚爱！感谢北京大学政府管理学院副院长句华教授等人对本书提出的宝贵意见！感谢人事教育处肖海鹏处长为本书第一章绪论提供的部分研究素材！感谢佐藤仁美（日）、禹信（韩）、白种彧（韩）、全智恩（韩）、朴富城（韩）等国际友人在搜集日本和韩国相关资料过程中予以的大力支持！

　　感谢唐志敏书记、柳学智副院长、李建忠副院长、李志更副院长、司若霞副院长和各处室领导同事们一直以来对本人的关心、支持和帮助！感谢事业单位管理研究室前主任熊通成研究员持续的鼓励与慷慨的帮助，使我能够有整段时间专心投入本书的撰写！感谢事业单位研究室薛惠芳老师、牛力老师、丁晶晶老师、甘亚雯老师、胡轶俊老师、毕苏波老师等同事对我工作的大力支持！

　　感谢中国人事科学研究院科研管理处处长黄梅研究员和柏玉林老师为

本书的顺利出版进行的大量沟通、协调以及对书稿写作进度不厌其烦的督促！感谢中国社会科学出版社孔继萍老师对本书严谨、认真、细致的编辑工作！

最后，感谢我的家人和亲朋好友们一直以来对我的支持、关怀与照顾！

朱祝霞

2022 年 9 月

中国人事科学研究院学术文库
已出版书目

《人才工作支撑创新驱动发展评价、激励、能力建设与国际化》
《劳动力市场发展及测量》
《当代中国的行政改革》
《外国公职人员行为及道德准则》
《国家人才安全问题研究》
《可持续治理能力建设探索——国际行政科学学会暨国际行政院校联合会2016年联合大会论文集》
《澜湄国家人力资源开发合作研究》
《职称制度的历史与发展》
《强化公益属性的事业单位工资制度改革研究》
《人事制度改革与人才队伍建设（1978—2018）》
《人才创新创业生态系统案例研究》
《科研事业单位人事制度改革研究》
《哲学与公共行政》
《人力资源市场信息监测——逻辑、技术与策略》
《事业单位工资制度建构与实践探索》
《文献计量视角下的全球基础研究人才发展报告（2019）》
《职业社会学》
《职业管理制度研究》
《干部选拔任用制度发展历程与改革研究》
《人力资源开发法制建设研究》
《当代中国的退休制度》

《英国文官制度文献选译》
《企业用工灵活化研究》
《中国福利制度发展解析》
《中国人才政策环境比较分析（省域篇）》
《中国人才政策环境比较分析（市域篇）》
《当代中国人事制度》
《社会力量动员探索》
《外国公务员分类制度》